Kritische Fallstudien zum Verhalten in Organisationen

Kritische Fallstudien zum Verhalten in Organisationen

Herausgegeben von
Irma Rybnikova und Anna Fornfeist

DE GRUYTER
OLDENBOURG

ISBN 978-3-11-069729-2
e-ISBN (PDF) 978-3-11-069730-8
e-ISBN (EPUB) 978-3-11-069756-8

Library of Congress Control Number: 2020948675

Bibliografische Information der Deutschen Nationalbibliothek
Die Deutsche Nationalbibliothek verzeichnet diese Publikation in der Deutschen
Nationalbibliografie; detaillierte bibliografische Daten sind im Internet über
http://dnb.dnb.de abrufbar.

© 2021 Walter de Gruyter GmbH, Berlin/Boston
Umschlaggestaltung: [M] Britta Zwarg [F] diane555 / DigitalVision Vectors / Getty Images
Satz: le-tex publishing services GmbH, Leipzig
Druck und Bindung: CPI books GmbH, Leck

www.degruyter.com

Inhaltsübersicht

Themengebiet IV: **Destruktive Führung**

Themengebiet V: **Unfälle in Organisationen**

Inhalt

Themengebiet II: **Ungerechtigkeit und Benachteiligung am Arbeitsplatz**

Themengebiet V: **Unfälle in Organisationen**

Irma Rybnikova und Anna Fornfeist

1 Verhalten in Organisationen und kritische Fallstudien: eine Einleitung

1.1 Zusammenfassung

Dieses Kapitel leitet in das Buch ein und gibt eine erste Orientierung über seine Entstehungsgeschichte sowie die daraus resultierenden Besonderheiten. Es wird als ein Projekt des „forschenden Lernens" vorgestellt, bei dem die Studierenden von den Herausgeberinnen angeleitet wurden, ihre eigenen Fallstudien zum Verhalten in Organisationen zu entwickeln und sich dabei in die ausgewählten Themen zu vertiefen. Der Fokus der Fallstudien liegt auf kritischen, also problembehafteten Themen, angefangen bei der misslungenen Arbeitsgestaltung, über die Ungerechtigkeit und Ungleichbehandlung am Arbeitsplatz bis hin zu Unfällen in Organisationen. Der kritische Bezug schlägt sich auch in der theoretischen Analyse der Fallstudien nieder, die des Öfteren auf Machttheorien zurückgreifen, um das Erlebte in Organisationen zu erklären, wie z. B. die Ressourcenabhängigkeitstheorie oder Theorie der destruktiven Führung. Dieses Buch ist nicht nur als Antwort auf den Mangel an Fallstudien im Bereich Personalmanagement und Verhalten in Organisationen entstanden, sondern knüpft auch an bisherige Ansätze der reflexiven Hochschullehre an, welche darauf abzielt, die persönlichen Erfahrungen der Lernenden als Quelle für den Erkenntnisgewinn im Managementbereich fruchtbar zu nutzen. Eine kurze Vorstellung der Inhalte der Fallstudien sowie entsprechende Nutzungsempfehlungen für die Fallstudien in der Hochschullehre bilden den letzten Teil dieses einleitenden Kapitels.

1.2 Entstehungsgeschichte des Buches

Das vorliegende Buch könnte „Fallstudienhandbuch" heißen, enthält es doch ausschließlich Fallstudien. Und doch heißt es anders. Im Unterschied zu manch anderen Fallstudien, die im Bereich Personalmanagement und Organisation bereits existieren (z. B. Domsch, Regnet & von Rosenstiel, 2018; Böhmer, Schinnenburg & Steinert, 2012) wurden diese von den Studierenden entwickelt. An der Hochschule Hamm-Lippstadt haben die Studierenden im Rahmen der Seminare zu Personalmanagement im Bachelorstudiengang Betriebswirtschaftslehre keine Fallstudien analysiert, die sie bereits vorgefunden haben, sondern eigenständig die Fallstudien als ihre Prüfungsleistung verfasst und erarbeitet.

Das Buch umfasst das Ergebnis der Leistungen im Sommersemester 2018 und 2019. Damals hießen die Seminare noch kryptisch „Seminar Personalmanagement

https://doi.org/10.1515/9783110697308-001

und Organisation B". Als eine frisch an die Hochschule berufene Professorin für Personalmanagement hat Irma nach geeigneten Fallstudien aus dem Bereich händeringend gesucht, neidisch auf die Lehrbücher und Fallstudien aus dem angelsächsischen Raum schielend, in denen Fallstudien überaus häufig zu finden und einfach zu nutzen waren. Im deutschsprachigen Raum hingegen war sie kaum fündig geworden. Entweder waren die Fallstudien nur vereinzelt in verschiedenen Lehrbüchern zu finden oder aber viel zu umfangreich, um sie in den Lehrveranstaltungen sinnvoll einzusetzen.

In dieser akuten didaktischen Not lag nichts näher, als die Studierenden nicht mehr als Ursache des Problems, sondern als die Quelle der Lösung zu erkennen. Dafür sprach auch die überaus übliche und meist kritisch bewertete aktuelle Praxis des faktischen Teilzeitstudiums: Gerade an den Hochschulen stellt das Studium nicht die alleinige Haupttätigkeit dar, meist studieren die Lernenden neben einem oder gar mehreren studentischen Jobs. Auch der Umstand, dass ein großer Teil der Studierenden im Vorfeld des Studiums eine Ausbildung absolviert hatte, sprach für zahlreiche Praxiserfahrungen, die die Studierenden bereits mitbrachten. Und mit dem Personalmanagement und Verhalten in Organisationen sammelt wirklich jede und jeder ihre oder seine Erfahrungen, sobald sie oder er spätestens einer geringfügigen Tätigkeit nachgeht.

Im angelsächsischen Raum ist es üblich, dass die Professor(innen)en sich zum Schreiben einer Fallstudie von ihrer Lehre befreien lassen und arbeiten – weiterhin bezahlt und nahezu frei von anderen Verpflichtungen – monatelang an einem einzigen Fall. Die hier enthaltenen Fallstudien sind ebenfalls innerhalb von mehreren Monaten entstanden, um genau zu sein innerhalb von vier Monaten. Lediglich haben weder die Studierenden noch wir als ihre Betreuerinnen das Privileg genossen, sich von den anderen Verpflichtungen zu befreien. Entsprechend kürzer fallen diese Fallstudien aus. Vielen von den Fallstudien würde eine ausführlichere Recherche möglicherweise guttun. Und doch stellen diese Fallstudien in vielerlei Hinsicht ein bemerkenswertes Ergebnis dar. Sie sind dabei nicht nur ein Beispiel für selbstreflexives, forschendes Lernen an den Hochschulen im Bereich Personalmanagement. Sie bringen auch eine kritische Perspektive auf das Verhalten in Organisationen zum Ausdruck, eine Perspektive, die in den bisherigen deutschsprachigen Lehrbüchern für Personalmanagement selten vertreten ist.

1.3 Fallstudien als Lehr- und Lernmethode

Die Anfänge von Fallstudien als Lehrmethode an Hochschulen gehen zurück bis zum Beginn des 20. Jahrhunderts. An der Harvard Law School (USA) wurden erstmals reelle Rechtsfälle für die Ausbildung angehender Juristinnen und Juristen herangezogen. Wenig später wurde diese Methode an der Harvard Business School eingesetzt und trat damit ihren Siegeszug durch die weltweiten Studienprogramme in den Wirtschaftswissenschaften an. Seither gehören Fallstudien zu einem mehr oder weniger festen

Bestandteil der Managementausbildung und des wirtschaftswissenschaftlichen Studiums. Als besonderer Vorteil der Fallstudien gegenüber manch anderer Lehrmethoden gilt deren Praxisbezug, der eine hohe Realitätsnähe gewährleistet und damit eine praxisbezogene Vorbereitung auf den Beruf ermöglicht. Von großer lernfördernder Relevanz ist zudem der Umstand, dass in den Fallstudien Probleme in ihrer fast vollumfänglichen Komplexität dargestellt werden. Mitunter führt das zu einer beachtlichen Länge der Schilderungen. Vor allem sorgt es aber dafür, dass keine eindeutigen Lösungen für die Fälle in Frage kommen. Eine Ungewissheit über den Ausgang wohnt allen Fallstudien gewissermaßen inne. Das entspricht ganz und gar nicht der Vorstellung vom scholastischen Lernen, dessen Ergebnisse am effizientesten durch die „Multiple-Choice-Klausuren" abzufragen sind, was – gefühlt – in zahlreichen wirtschaftswissenschaftlichen Studienprogrammen Einzug gehalten hat. Im Gegensatz dazu besteht das didaktische Ziel der Fallstudien vielmehr darin, ein reflektiertes Lernen zu ermöglichen: Lernen, welches nicht nur das Wissen vermittelt, sondern Erkenntnisse ermöglicht sowie das Nachdenken über das Lernergebnis unterstützt.

In der gegenwärtigen hochgradig volatilen Wirtschaftsumwelt werden von den Hochschulabsolvent(innen)en nicht nur die Fachkompetenzen, sondern vielmehr derartige Reflexionsfähigkeiten erwartet. Es ist daher wenig verwunderlich, dass Fallstudien durchaus stark in verschiedenen Bereichen der Betriebswirtschaftslehre eingesetzt werden, wie z. B. in der Logistik, Finanzwissenschaften oder Organisationslehre. Deren Einsatz in der Hochschullehre ist lediglich meist darauf beschränkt, dass die Lehrenden, und nicht die Lernenden, diese Fallstudien recherchieren, in den seltenen Fällen diese selbst verfassen und für bestimmte Lehrthemen einsetzen. Den Studierenden bleibt nicht allzu viel übrig, als die vorgegebenen Fallstudien zu konsumieren, d. h. diese zu lesen und zu diskutieren.

Im Unterschied hierzu sind die hier dargestellten Fallstudien entstanden, indem den Studierenden eine viel aktivere Rolle zugewiesen wurde: Die ursprünglichen Konsument(innen)en sollten nun selbst zu Produzent(innen)en von Fallstudien werden. Bislang überwiegt in der Managementlehre die Überzeugung, dass das Entwickeln und Schreiben von Fallstudien zu den fordernden Tätigkeiten gehört. Sie setzt vielfältige Expertise und Professionalität voraus, ist also ungeeignet für Autodidakt(innen)en oder Anfänger/-innen. Nicht selten verabschieden sich die Professor(innen)en vor allem im angloamerikanischen Hochschulraum von ihren Lehrpflichten in ein sogenanntes Forschungssemester, um ungestört an einer neuen Fallstudie zu arbeiten. Dieser tayloristisch anmutenden Aufgabenteilung zwischen den Dozierenden und den Studierenden in der Hochschullehre haben wir in den von uns organisierten Seminaren eine Abkehr erteilt. Die Entwicklung einer Fallstudie haben wir zur Prüfungsleistung erklärt und damit den Studierenden eine aktive Rolle im Lehrgeschehen auferlegt, aber nicht aufgezwungen: Die Studierenden hatten die Wahl, sich für eines der zahlreichen Parallelseminare zu entscheiden. Zugleich haben wir die Entwicklung einer Fallstudie als hochgradig geeignet angesehen, die Kompetenzziele des Moduls zu erreichen. Zu denen gehörte laut dem Modulhandbuch das Gewinnen von praktischen Einblicken in das Personalmanagement und die Organisation, das Kennenlernen der Komplexität der Problemstellungen sowie das Beziehen des theoretischen Wissens auf praktische Situationen mit dem Ziel, theoretisch begründete Lösungen abzuleiten.

Auf diese Art wagten wir einen Demokratieversuch in der Hochschullehre der Wirtschaftswissenschaften. Wir erklärten Studierende nicht zu passiven Empfänger(innen)n des für sie zunächst fremden, von uns aufoktroyierten Wissens, sondern zu Mitgestaltenden des zu erarbeitenden Wissens. Damit haben wir in Anlehnung an demokratische Organisationen (z. B. Dörre, 2015; Oestereich & Schröder, 2017) das Prinzip der Lehre auf Augenhöhe umzusetzen versucht: Studierende und Lehrende begegneten sich im Zuge der Entwicklung der Fallstudien als Kolleg(innen)en oder Genoss(innen)en der Erkenntnisse über das Verhalten in Organisationen und haben nach überzeugenden Argumenten für die nachvollziehbare Darstellung der Vorfälle gesucht sowie für eine geeignete Erklärung aus der Theorieperspektive. Gewiss bleibt dieser Versuch arg beschränkt und illusorisch, solange die Rahmenbedingungen es verlangen, dass nur die Lehrenden die Noten vergeben und diese verantworten. Eine Revolution in der Hochschullehre der Wirtschaftswissenschaften musste also ausbleiben.

Aber zumindest rückte diese Umkehr oder Umgestaltung des üblichen Lernprozesses den von uns praktizierten Ansatz in die Nähe des forschenden Lernens heran. Darunter wird im Allgemeinen die Integration von Lehre und Forschung verstanden, um durch die Lernleistung einen wissenschaftlichen Erkenntnisgewinn zu erzielen (Bogdanow & Kauffeld, 2019). Die Studierenden werden hierbei angehalten, die verschiedenen Einzelphasen des Forschungsprozesses, wie die Wahl der Fragestellung, der Methode, die Thesenaufstellung und -prüfung sowie die kritische Reflexion der Ergebnisse, eigenständig zu bestimmen (Huber, 2009). In der Literatur werden verschiedene Einsatzszenarien für forschendes Lernen diskutiert, die an unterschiedlichen Forschungsphasen ansetzen, begonnen mit der Themenrecherche, über die Bearbeitung von komplexen Aufgabestellungen bis hin zur eigenständigen Erhebung der Daten mit den ausgewählten Forschungsmethoden (Bogdanow & Kauffeld, 2019).

Obwohl das wirtschaftswissenschaftliche Studium zahlreiche Anknüpfungspunkte für forschendes Lernen bietet, werden diese oft kaum umgesetzt. Die Gründe, die dazu führen, sind gewiss vielfältig wie ungeklärt. Ob das auf den dieser Disziplin innewohnenden Konservatismus zurückzuführen ist? Oder die tendenziell als Zahlenbringer für die Hochschulen geltenden Studienprogramme im Bereich Wirtschaftswissenschaften, die für permanent überfüllte Leerveranstaltungen und damit wenig Freiräume für neue Lehrinitiativen sorgen, die permanente Lehrermüdung und somit eher wenige Initiativen im Bereich forschendes Lernen erklären können? Oder die insgesamt stiefmütterlich behandelten Lehrfragen im Gegensatz zu den weitaus reizvolleren Forschungsbemühungen im wirtschaftswissenschaftlichen Bereich? Wie dem auch sei, bleiben bisherige Konzepte des reflexiven Lernens in den wirtschaftswissenschaftlichen Studienprogrammen fragmentiert und unsichtbar. Dabei bieten sich nicht nur die Seminare, sondern oft obligatorische oder auch freiwillige Praktika als hervorragende, und doch wenig dafür genutzte Möglichkeiten für forschendes Lernen an der Schnittstelle zwischen der Theorie und der Wirtschaftspraxis an.

Die hier zu präsentierenden Fallstudien sind hingegen ein Ergebnis eines Experiments mit dem forschenden Lernen in den Wirtschaftswissenschaften, und zwar in Form einer Erarbeitung komplexer Aufgabensituationen, für die nicht nur eine einzige Lösung in Frage kommt. Die Entwicklung der Fallstudien ist deswegen als ein Ansatz forschenden Lernens anzusehen, weil hiermit seine wesentlichen Kriterien erfüllt werden. Die Studierenden wählen eigenständig das Thema ihrer Analyse und bestimmen selbstständig die Strategien für das Vorgehen bei der Analyse. Es besteht dabei eine grundsätzliche Ergebnisoffenheit, insbesondere hinsichtlich der theoriegeleiteten Erkenntnisse zum Thema. Zudem entspricht die Arbeitsweise den wissenschaftlichen Kriterien (Bogdanow & Kauffeld, 2019). Zugleich möchten wir an dieser Stelle hervorheben, dass ein solches forschendes Lernen keinesfalls voraussetzungsfrei ist, weder für die Studierenden noch für die Dozierenden. Auf der Seite der Studierenden setzt das Konzept eine Experimentierlust voraus und den Mut, auch aus Irrtümern und Sackgassen Erkenntnisgewinne ableiten zu können – eine Neigung und Fähigkeit, die im hochgradig verschulten Bildungssystem nicht selbstverständlich ist. Als Dozierende mussten wir erkennen, dass dieser Ansatz auch uns erheblich mehr Zeit und Mühe abverlangt hat als dies in den gewöhnlichen Seminaren der Fall ist. Insbesondere die Zeit und Muße für regelmäßiges, individuelles, bestärkendes Feedback für die Zwischenschritte der Fallstudienentwicklung erwies sich als eine Herausforderung – schlussendlich stellten die Seminare jeweils nur einen kleinen Teil des professoralen Lehrdeputats an einer Hochschule dar.

1.4 Besonderheiten der im Buch versammelten Fallstudien

Das Ergebnis des von uns umgesetzten Ansatzes für forschendes Lernen, ohne dass wir es als solches im Vorfeld betitelt haben, enthält dieses Buch. Die Studierenden wurden gebeten, eine Situation oder einen Fall ausführlich zu beschreiben und aus der Perspektive einer eigens gewählten Theorie zu analysieren, nach Möglichkeit auch Lösungen abzuleiten. Daraus gingen einige Besonderheiten der nachfolgend dargestellten Fallstudien hervor, die wir an dieser Stelle kurz reflektieren möchten.

Abgesehen von den Fallstudien zu Unfällen in Organisationen spiegeln die Fälle häufig die privaten Erfahrungen der Studierenden oder Erfahrungen aus ihrem Bekanntenkreis wider, die sie unter Anonymitätszusicherung aufarbeiten durften. Damit zeichnen sich die Fallstudien durch einen hohen Grad der Reflexivität aus. Hier schauen die Studierenden auf die Vorfälle aus einer theoretischen Distanz, versuchen, dem Leben einen theoretischen Sinn abzutrotzen und gar über die möglichen Handlungswege in den teilweise schmerzhaften Situationen nachzudenken. Auf diese Art und Weise gewinnen die Studierenden nicht nur realitätsbezogene Einblicke in Organisationen und erleben buchstäblich den heraufbeschworenen Praxisbezug, sondern werden darüber gewahr, dass scheinbar triviale Vorfälle sehr viel über Organisationen aussagen können, wenn man genauer hinschaut.

Zum anderen stellen die Fallstudien eine fruchtbare Sammlung für den Theorie-Praxis-Bezug dar. Gerade in den Wirtschaftswissenschaften, die als Disziplin seit ehedem durch Spannungen zwischen dem Anwendungs- und dem Grundlagenwissen gekennzeichnet ist, die sich auch in den Abgrenzungsversuchen zwischen den Universitäten und den Hochschulen zeigen, begleitet teilweise von politisch schmerzhaften Auseinandersetzungen, wie beispielsweise dem Promotionsrecht für Hochschulen ausgerechnet in Nordrhein-Westfalen. Hochschulen sollten allgemein als rein anwendungsorientierte Ausbildungsorte gelten, Universitäten als ausschließlich am theoretischen Wissen ausgerichtete Institutionen. Der Theorie-Praxis-Bezug ist in den Wirtschaftswissenschaften kein triviales Thema. Umso weniger trivial ist es, dass die Studierenden an den Hochschulen (für angewandte Wissenschaften) lernen, mit Hilfe der Theorien zu argumentieren. In jeder Fallstudie folgt auf die Beschreibung des Falles eine kurze Darstellung der Theorie, die die Autorin oder der Autor für geeignet hielt, den geschilderten Fall zu erklären. Warum dieses Beharren auf den Theorien? Weil unserer Meinung nach mit Hilfe der Theorien das Abstrahieren von den Einzelfällen auf generelle Tendenzen und Probleme in Organisationen am besten gelingt. Weil die Theorien das Leidvolle und das Individuelle der Fälle zu reduzieren vermögen und sie statt einer persönlichen Niederlage eben wie einen Fall unter anderen erscheinen lassen und damit sowohl zur psychischen Milderung, aber auch der wissenschaftlichen Erkenntnis verhelfen.

Die Theorieanwendung ist in den Fallstudien verschieden gelungen, nicht selten stellt sich heraus, dass die gewählte Theorie nur sehr partiell der gesamten Komplexität des Falles gerecht werden kann. Und doch stellen diese umgesetzten Theorie-Praxis-Bezüge mutige und geeignete Beispiele dafür dar, wie die oft von den Studierenden an den Universitäten wie Hochschulen befürchtete Verbindung zwischen der Theorie und Praxis „geht". Auch bieten die Fallstudien damit einen anregenden Startpunkt für weitere, differenziertere Analysen.

Eine weitere Besonderheit der hier versammelten Fallstudien besteht darin, dass sie alle in irgendeiner Art „kritisch" sind. „Kritische" im Sinne von „problematische" Fälle zu suchen – das war der Auftrag an die Studierenden, um die Praxis in Organisationen nicht nur von ihrer glänzenden Seite zu betrachten, wie oft in den Lehrbüchern der Fall ist, sondern auch die Schattenseiten zu beleuchten. Diese umfassen solche Bereiche, wie Unzufriedenheit der Mitarbeitenden sowie Konflikte und Spannungen jeglicher Art. So haben wir die Studierenden darin bestärkt, Sachverhalte oder Informationen zu thematisieren, die üblicherweise unbeachtet, unbekannt oder auch nur ungern angesprochen bleiben. Das Ziel war, durch die „kritischen" Fallstudien eine ernüchternde und zugleich realitätsnähere Sicht auf das oft positiv heraufbeschworene Management von Menschen in Organisationen zu entwickeln. Dem Ruf nach kritischen bzw. problematischen Vorfällen in Organisationen sind die Studierenden sehr engagiert gefolgt. Alleine die Themenbandbreite der Fallstudien bringt es ausreichend zum Ausdruck. Es handelt sich um Probleme, wie demotivierende Arbeitsgestaltung, Ungerechtigkeit und Ungleichbehandlung am Arbeitsplatz, Mobbing und sexuelle Nötigung sowie destruktive Führung.

Die kritische Dimension der Fallstudien ist jedoch nicht nur an der Themenwahl zu erkennen, sondern auch an der Wahl der heranzuziehenden Theorien. Gehäuft betrachten die Autor(innen)en der Fallstudien die Ereignisse aus Sicht der Ressourcenabhängigkeitstheorie nach Pfeffer und Salancik (2003/1978). Das ist zugegebenermaßen eine der Theorien, die wir den Studierenden für die Analyse gern empfohlen haben. Und so geht es in der Analyse, theoriebedingt, oft um Abhängigkeiten und Macht zwischen den Organisationen, Abteilungen, Beschäftigtengruppen oder einzelnen Personen in einer Organisation. Es geht auch um die Mittel der Machtaufrechterhaltung sowie um die Folgen einer zu starken Abhängigkeit – nicht selten Themen, die zu Beginn der Fallstudienentwicklung noch gar nicht von Relevanz zu sein schienen. Auf diese Art gestaltet, stellen die hier versammelten Fallstudien einen aus der Lehre hervorgegangenen und von den Studierenden erbrachten Beitrag zur kritischen Organisations- und Managementforschung und der kritischen Managementausbildung dar (Alvesson, Bridgman & Willmott 2011; Contu, 2011), thematisieren sie doch Facetten des organisationalen Lebens, die auf alltägliche und unauflösbare, strukturell bedingte Interessenkonflikte anstatt auf die Harmonie und das unhinterfragte Leistungsstreben hinweisen.

1.5 Übersicht der Fallstudien

Das Buch enthält insgesamt 23 Fallstudien, die aus den Seminaren der zwei Sommersemester 2018 und 2019 als am meisten überzeugend beurteilt worden sind. Die Auswahl wird in mehrere Themenbereiche gegliedert. Da ist zum einen das Themengebiet zu der *Arbeits- und Aufgabengestaltung*. Es umfasst eine Fallstudie zum Bore-out von Rico Brandl, in der die Unterforderung am Arbeitsplatz thematisiert wird, wie auch die Fallstudie zum gegensätzlichen Phänomen, die Arbeitsverdichtung, vorgelegt von Oliver Lamm. Daran schließt sich die Fallstudie zum Arbeitsdruck durch Personalmangel von Johanna Wittmann an sowie die Arbeit von Svetlana Hofmann, die Arbeitsverdichtung als ein Problem bereits in der Ausbildung vorstellt. Während die Vertrauensarbeitszeit in der Managementliteratur lobend diskutiert wird, spricht Vanessa Aberle in ihrer Fallstudie die oft ausgeblendeten problematischen Seiten der Vertrauensarbeitszeit an. Deniz Akyaman diskutiert die Besonderheiten der Arbeits- und Aufgabengestaltung im Kontext eines Familienbetriebs und die Probleme, die mit der hier üblicherweise informellen Handhabung der Aufgabenteilung einhergehen und im vorgestellten Fall erheblich zur Insolvenz des Betriebs beitragen.

Der größte Themenbereich in diesem Buch behandelt die *Ungerechtigkeit und Benachteiligung am Arbeitsplatz*. Dabei geht es zum einen um ungerechte Bezahlung und ihre Folgen, die Veronika Klassen zum Thema ihrer Fallstudie macht. Lisa Rietze geht auf ungerechte Entscheidungen zur Arbeitszeit in Verbindung mit Dienstreisen ein. Joelle-Madeline Cihlar befasst sich in ihrer Fallstudie mit Mobbing. Eine kostspielige Enthüllung durch einen ehemaligen Beschäftigten in der Gastronomiebranche als Ergebnis der empfundenen Ungerechtigkeit am Arbeitsplatz steht im Fokus der Fallstudie, die Matti Männebröcker entwickelt hat. Die weiteren Fallstudien in diesem Bereich setzen sich mit der ungleichen Behandlung von Beschäftigtengruppen trotz gleicher Qualifikation auseinander – ein Problembereich, der durch das Allgemeine Gleichbehandlungsgesetz unzulässig sein sollte und doch noch oft den Arbeitsalltag in vielen Organisationen abbildet. Der Benachteiligung von ausländischen Angestellten widmet Abdülhamit Han Aksüt seine Fallstudie. Die unterschiedliche Behandlung von Festangestellten und geringfügig Beschäftigten ist das Thema von Alisha Düsing, wohingegen Caroline Bittner auf eine schlechtere Behandlung von Leiharbeitspersonal eingeht. Zuletzt veranschaulicht Olga Miller in ihrer Analyse die Benachteiligung von Frauen in den Rechtskanzleien.

Drei weitere Fallstudien behandeln das schwierige und komplexe Thema der *sexuellen Belästigung in Organisationen*. Marlene Bayer, Stefanie Moser und Isabelle Wild stellen aus jeweils unterschiedlichen Perspektiven konkrete Vorfälle dar und diskutieren verschiedene Aspekte, die mit der sexuellen Belästigung einhergehen. So ist es in einem Fall die sexuelle Belästigung einer Angestellten durch einen Kunden, im anderen Fall handelt es sich um sexuelle Belästigung unter den Kollegen in einem Betrieb, im dritten Fall steht eine zu Unrecht unterstellte sexuelle Belästigung im Fokus.

Die Reihe der problematischen Themen setzen zwei weitere Fallstudien fort, die auf das Phänomen der *destruktiven Führung* und des destruktiven Verhaltens von Führungskräften hinweisen. Andrea Kallenbach und Mats Schulte beschreiben detailreich destruktive Führung in zwei verschiedenen Einzelhandelsunternehmen, arbeiten konkrete Ausprägungen des destruktiven Führungsverhaltens heraus und gehen jeweils auf die Konsequenzen der destruktiven Führung für die Beschäftigten ein.

Der letzte Teil der Fallstudien analysiert verschiedene *Unfälle in Organisationen* und verdeutlicht, dass nicht die technischen Probleme, sondern vor allem organisatorische oder personelle Bedingungen ausschlaggebend für die oft hochdramatischen Unfälle sind. Im Unterschied zu den restlichen Fallstudien basieren diese Fallstudien nicht auf eigenen Erfahrungen von Studierenden, sondern wurden vor dem Hintergrund der öffentlich zur Verfügung stehenden Unterlagen und Dokumente entwickelt. So bespricht Laida Uspik das Zugunglück von Eschede. Flugunfälle werden in zwei weiteren Fallstudien thematisiert: Der Absturz des Germanwings-Flugzeugs wird von Melina Mantikowski durchleuchtet, während Jasper Konertz die Ursachen für die Flugzeugkollision in Überlingen herausarbeitet. Zuletzt geht Niclas Olschenka auf die Umstände ein, die zur Katastrophe auf der Loveparade in Duisburg geführt haben.

1.6 Wie kann man die Fallstudien nutzen?

Das vorliegende Buch kann als eine kurzweilige und durchaus unterhaltsame Lektüre dienen, insbesondere wenn man es den gängigen betriebswirtschaftlichen Lehrbüchern gegenüberstellt. Und doch bietet es sich an, dieses Buch auf vielerlei Weise für Bildungszwecke zu nutzen. In der Hochschulbildung kann das Buch sowohl von den Lehrenden als auch von den Studierenden genutzt werden.

Für die Lehrenden bietet es sich an, die Fallstudien als illustratives Anschauungsmaterial für Vorlesungen, Seminare und Übungen im Bereich Personalmanagement und Organisation heranzuziehen. Die in den jeweiligen Fallstudien formulierten Fragen können direkt als Leitfragen für Diskussionen in den Übungs- oder Seminargruppen genutzt werden. Da das Material von den Studierenden aufgearbeitet wurde, bietet es eine für die Studierenden sehr gut nachvollziehbare Perspektive. Hinzu kommt, dass dadurch der Text jeglicher Akademisierung und hochgestochenen Umständlichkeit abhold und für Studierende deutlich mehr zugänglich als manch andere Lehrtexte ist. Das stellt einen wichtigen Vorteil vor allem für Lerngruppen mit einem erheblichen Anteil von internationalen Studierenden dar, die oft Verständnisprobleme bei den akademischen deutschsprachigen Texten haben. Der Einsatz des Lehrbuchs ist in einem hohen Maße auch für Seminare geeignet, weil ausgehend von den Fallstudien bestimmte Themen von den Studierenden vertieft werden können, nicht zuletzt mithilfe der aufgeführten Literatur. Das Buch bietet sich auch als Ansammlung von Beispielen zur Nachahmung des Seminarkonzepts in Form von einer Fallstudienerarbeitung durch Studierende an, aber auch zu einer Weiterentwicklung des Konzepts und seiner Ergänzung mit verschiedenen anderen Seminarformaten, wie z. B. Rollenspielen oder Diskussionen in den Foren.

Das Buch bietet sich auch zur Selbststeuerung der Lernprozesse durch die Studierenden an. So kann es zur Vorbereitung auf die Prüfungen im Bereich Personalmanagement und Organisation herangezogen werden, um ausgewählte Themen zu vertiefen, ihre Komplexität nachzuvollziehen sowie die Theorien, die zur Erklärung der einzelnen Themen herangezogen wurden, kennenzulernen. Auch als ein Ausgangspunkt für eine Vertiefung bestimmter Themen in den eigenen Haus-, Seminar- oder Abschlussarbeiten kommt dieses Buch in Frage, enthält es doch sowohl die erste wissenschaftliche oder anderweitige Literatur zum Thema wie auch plausible Praxisbeispiele, die es ermöglichen, sich mit den ausgewählten Themen auf eine relativ mühelose Weise vertraut zu machen.

Nicht zuletzt eignet sich das Buch in hohem Maße als Lektüre und Inspirationsquelle für Selbstreflexion seitens interessierter Vertreter/-innen der Wirtschaft und der vielfältigen Organisationen. Gerade dank der Ausrichtung auf problematische Vorfälle in Organisationen kann das Buch zum kritischen Reflektieren über den eigenen Arbeitsalltag anregen, sei es als Führungskraft, als Mitarbeiter/-innen oder als Berater/-innen. Von Zeitdruck und Aufgabenbergen getrieben, tendieren wir oft dazu, etliche Vorfälle in unserem unmittelbaren Arbeitsbereich als Bagatellen abzutun. Dieses

Buch hingegen lässt uns kurz innehalten, das Erlebte Revue passieren und uns fragen, inwiefern es sich wirklich um Triviales handelte oder doch ein Indiz für ein ernsthafteres Problem ist.

1.7 Danksagung

Allen voran möchten wir den Studierenden danken, die sich auf die Reise mit ungewissem Ausgang begeben haben. Im Bachelorstudiengang Betriebswirtschaftslehre an der Hochschule Hamm-Lippstadt haben die Studierenden jedes Semester eine große Auswahl an Seminaren zu verschiedenen Themen, in denen sie auch mit weniger Mühe ihre Leistung erbringen können. Dass die Studierenden trotz der Ungewissheit und des erheblichen Einsatzes, die das Entwickeln einer Fallstudie versprach, in den Seminaren ausgeharrt und die zahlreichen Stolpersteine – Findung eines Falles, Findung einer Theorie und erst recht die Anwendung einer Theorie auf den Fall – bravourös umschifft haben, haben wir bewundert und uns daran zugleich erfreut. Die Freude der Studierenden, sich mit eigener, zunächst möglicherweise trivial erscheinenden Erfahrung zu befassen, die Entschlossenheit, zum Teil schmerzhafte eigene Erfahrungen zu Papier zu bringen, die Rückmeldung, dass durch die Erarbeitung der Fallstudien die Studierenden die Reichweite des Themas entdeckt haben, waren auch für uns stets eine Motivationsquelle und Bestärkung darin, dass wir auf richtigem Wege sind. Irma Rybnikova möchte zudem Rainhart Lang danken: Dank ihm und seinem Unterricht an der Technischen Universität Chemnitz hat sie die pädagogische Wirkung der Fallstudien kennen und schätzen gelernt.

Literatur

Alvesson, M., Bridgman, T. & Willmott, H. (Hrsg.) (2011). *The Oxford Handbook of Critical Management Studies*. Oxford: Oxford University Press.

Böhmer, N., Schinnenburg, H. & Steinert, C. (2012). *Fallstudien im Personalmanagement. Entscheidungen treffen, Konzepte entwickeln, Strategien aufbauen*. München: Pearson.

Bogdanow, P. & Kauffeld, S. (2019). Forschendes Lernen. In Kauffeld, S. & Othmer, J. (Hrsg.), *Handbuch Innovative Lehre* (S. 143–149). Wiesbaden: Springer.

Contu, A. (2011). Critical Management Education. In Alvesson, M., Bridgman, T. & Willmott, H. (Hrsg.), *The Oxford Handbook of Critical Management Studies* (S. 536–550). Oxford: Oxford University Press.

Dörre, K. (2015). Das demokratische Unternehmen – ein zukunftstaugliches Leitbild? In Sattelberger, Th., Welpe, I. & Boes, A. (Hrsg.), *Das demokratische Unternehmen: neue Arbeits- und Führungskulturen im Zeitalter digitaler Wirtschaft* (S. 95–114). Freiburg & München: Haufe.

Domsch, M. E., Regnet, E. & von Rosenstiel, L. (2019). *Führung von Mitarbeitern: Fallstudien zum Personalmanagement*. Stuttgart: Schäffer-Poeschel.

Huber, L. (2009). Warum Forschendes Lernen nötig und möglich ist. In Huber, L., Hellmer, J. & Schneider, F. (Hrsg.), *Forschendes Lernen im Studium* (S. 9–35). Bielefeld: Universitätsverlag Webler.

Oestereich, B. & C., Schröder. (2017). *Das kollegial geführte Unternehmen: Ideen und Praktiken für die agile Organisation von morgen*. München: Vahlen.

Pfeffer, J. & Salancik, G. R. (2003/1978). *External Control of Organizations. A Resource Dependence Perspective*. Stanford: Stanford University Press.

Themengebiet I: **Arbeits- und Aufgabengestaltung**

Rico Brandl

2 Bore-out: Monotonie am Arbeitsplatz und ihre Folgen

2.1 Einführung in die Fallstudie

Heutzutage sind immer mehr Arbeitnehmer/-innen in ihren jeweiligen Unternehmen demotiviert, gelangweilt und unzufrieden. Die Gründe dafür könnten vielfältiger nicht sein. Oftmals sind sie darauf zurückzuführen, dass die Arbeitnehmer/-innen sich von ihrer monotonen Arbeit gelangweilt fühlen und keine neuen Aufgaben beziehungsweise Tätigkeitsfelder übertragen bekommen. Sie leiden darunter, täglich die gleichen Abläufe zu durchlaufen und bemängeln fehlende Abwechslung am Arbeitsplatz. Für die Arbeitgeber/-innen stellt diese Entwicklung eine große Herausforderung dar.

2.2 Fallbeschreibung

Rico ist seit seiner Ausbildung im Jahr 2017 in einem Projektteam eines führenden Disc-Herstellers im Raum Ostwestfalen angestellt. Die Firma durfte er bereits als sein Einsatzgebiet während seiner Ausbildungszeit kennenlernen. In der Firma waren zum Start des Projektteams circa 400 Mitarbeiter/-innen angestellt, welche sich um die Wünsche und Vorstellungen der einzelnen Kund(inn)en aus der Musikindustrie kümmerten. Seit den letzten fünf Jahren befindet sich der Disc-Markt in einem starken Wandel. Kaum jemand greift noch auf die klassischen Discs (CDs, DVDs, Blu-Rays) zurück und vermehrt starten die Streamingdienste wie Spotify, Amazon Music oder Deezer ihren Dienst und bauen diesen kontinuierlich aus. Aus diesem Grund ließ sich in der Firma eine gewisse Verunsicherung und Skepsis feststellen. Unter den Angestellten wurde viel diskutiert, wie sich der Markt wohl zukünftig entwickeln würde und vereinzelt schauten Mitarbeiter/-innen schon nach neuen passenden Arbeitsstellen. Zusammen mit seinen knapp zwölf Kolleg(innen)en, wovon die meisten über eine Leiharbeitsfirma angestellt waren, war Rico von montags bis freitags täglich acht Stunden für die Konfiguration tausender Discs zuständig. Das Projektteam wurde ins Leben gerufen, da der gesamte Produktkatalog eines insolvent gegangenen Konkurrenzunternehmens übernommen werden sollte. Die Produktpalette erstreckte sich von der klassischen CD – einer sogenannten „Jewelbox" – über DVDs, bis hin zu Blu-Ray-Produkten. Nachdem Rico von seinen Arbeitskollegen eingearbeitet wurde, freute er sich, dem Team schnell helfen zu können. Mit der Zeit merkte er allerdings schnell, dass die Arbeit eintönig werden könnte. Von Tag zu Tag, Woche zu Woche stellte sich heraus, dass sich die Anlage zu 95 % aus „Jewelboxen", also der klassi-

https://doi.org/10.1515/9783110697308-002

schen CD-Konfiguration, besteht. Für eine Konfiguration brauchte er nicht länger als drei Minuten pro CD, wenn alle notwenigen Informationen vorrätig waren. Da Rico mittlerweile schon etliche Disc-Produkte dieser Art angelegt hatte, ahnte er, dass diese Arbeit ihm auf Dauer zu eintönig bzw. monoton wird. Er bemerkte, dass er nach einigen Stunden der Arbeit nicht mehr die Aufmerksamkeit geschenkt hatte, die sie benötigte und sich immer mehr ein Gefühl der Langeweile einschlich. Im gesamten Projektteam hatten die Mitarbeiter/-innen mit diesem Problem zu kämpfen. In einem Gespräch mit den Vorgesetzten, in dem die monotone Arbeit seitens der Angestellten des Projektteams erläutert wurde, wurde immer wieder darauf verwiesen, dass bald neue Kontingente von z. B. DVD- oder Blu-Ray-Produkten kommen werden. Diese würden in der Konfiguration anders aufgebaut werden und das könnte immens helfen, der eintönigen Arbeit entgegenzuwirken. Im Laufe der Wochen aber bekam das Projektteam von anderen Konfigurationen, außer der CD-Konfiguration, nichts mit. Auch von der Übernahme von anderen Tätigkeiten, wie z. B. der Stammdatenpflege, wurde dem Projektteam nichts aufgetragen, sodass sich der Arbeitsalltag nicht vielfältiger gestaltete. Aufgrund dessen ließ sich feststellen, dass die Mittagspause sowie sämtliche private Gespräche immer länger und bewusst ein wenig hinausgezögert wurden. Gegebenenfalls wurden zwei Kaffee anstatt einem nach dem Essen getrunken. Weiterhin surften viele Angestellte des Projektteams vermehrt im Internet. Von der Suche nach neuer Kleidung bis hin zur Veranstaltungssuche für das kommende Wochenende versuchten die Angestellten, ihre Arbeitszeit abzusitzen. Vereinzelt wurden interessante Dokumentationen auf YouTube oder die Highlights des letzten Fußballspiels angeschaut und minutenlang miteinander diskutiert. Ab und zu versuchte sich mancher Kollege an interessanten Onlinespielen, um ein wenig Heiterkeit in den tristen, langweiligen Arbeitsalltag zu bringen. Die Vorgesetzten bekamen diese Arbeitszeitverschwendungen größtenteils nicht mit, da sie einen so vollgepackten Tagesablauf mit Terminen und Besprechungen hatten, dass ihnen dieser Zeitvertreib nicht auffiel.

Zu den Vorgesetzten des Projektteams lässt sich sagen, dass es sich nicht um typische Vorgesetzte handelte. Eher besetzten die Stelle der Vorgesetzten zwei Angestellte der Firma, die schon über 30 Jahre Betriebszugehörigkeit aufweisen konnten. Sie splitteten ihren bisherigen Aufgabenbereich zur Hälfte, sodass sie jeweils 50 % des Tages ihrem normalen Job nachgingen und 50 % Probleme rund um das Projektteam lösten. Mit ihrer Expertise sollten sie das Projektteam leiten und für Fragen und Anregungen zur Verfügung stehen. Jeder von Ricos Kolleg(innen)en hatte zwar seine Aufgaben und Konfigurationen anzulegen, doch nach täglich zwei bis drei Stunden der Anlage ließ sich, wie schon beschrieben, feststellen, dass die Angestellten sich immer mehr ablenken ließen und die Arbeit vernachlässigten. Letztlich saßen alle Angestellten ihre Zeit ab, bis das Projekt zu Ende ging. Von den Vorgesetzten kamen keine neuen DVD- bzw. Blu-Ray-Konfigurationen. Das Projektteam wurde aufgelöst, ein Großteil der Leiharbeitnehmer/-innen wurde zur nächsten Firma oder in andere Unternehmensbereiche aufgeteilt. Rico durfte als studentische Hilfskraft das nächste Projektteam unterstützen, wo es ihm aufgrund der Vielzahl der verschiedenen Konfigurationen viel mehr Spaß machte.

Fragen zur Fallstudie:

1. Inwiefern handelt es sich hierbei um ein „Bore-out" im Projektteam?
2. Wie kam es dazu und mit welchen Methoden hätte es bekämpft werden können?
3. Welche Unterschiede lassen sich zwischen einem Bore-out und einem Burn-out feststellen und wie äußern sich die Unterschiede für ein Unternehmen?
4. Wie hängen fehlende Weiterbildungsmaßnahmen und Bore-out zusammen?

2.3 Analyse der Fallstudie

Für Unternehmen stellt das Personal die wichtigste Arbeitskraft dar. Um am Markt, beziehungsweise im Wettbewerb, bestehen zu können, legen die meisten Firmen ihren Fokus auf die Beschaffung hoch qualifizierter und motivierter Mitarbeiter/-innen. Insbesondere in ländlichen Regionen, wo Ricos ehemaliger Arbeitgeber angesiedelt ist, gestaltet sich die Suche nach passenden Angestellten oftmals noch schwieriger. Besonders für die Positionen von Führungskräften gibt der Arbeitsmarkt wenig Spielraum her. Folglich stehen Unternehmen vor großen Herausforderungen, gut qualifizierte Führungskräfte zu finden und für sich zu gewinnen. Da der Fokus so stark auf der Personalbeschaffung liegt, wird die Personalführung nach der Einstellung manchmal vernachlässigt.

Bore-out: Definition und Ausprägung in der Fallstudie

Wie in der Fallstudie beschrieben, wurde den Angestellten im Projektteam keine vielfältige Arbeit zugeteilt. Die Mitarbeiter/-innen mussten fast immer die gleiche Konfiguration („Jewelbox") durchführen. Durch die sinkende Motivation während eines achtstündigen Arbeitstags wurde die Leistung vieler Mitarbeiter/-innen des Projektteams immer mehr zu einer Art „Low Performance" beziehungsweise „Zero Performance" (Hoge & Straßer, 2012, S. 18–19). Faulheit der Mitarbeiter/-innen spielt dabei keine Rolle. Die Belegschaft wird im Grunde genommen faul gemacht. Das Hauptproblem liegt hierbei an der mangelhaften Aufgabengestaltung durch die Vorgesetzten beziehungsweise der Firma. Bore-out lautet der treffende Begriff für dieses Phänomen. Bore-out ist der Gegenspieler zu dem klassischen Burn-out (Überforderung) und wird mit den drei Elementen Unterforderung, Langeweile und Desinteresse beschrieben (Rothlin & Werder, 2007). Die Elemente spiegeln genau die damalige Stimmungslage des Projektteams wider. Die Mitarbeiter/-innen können mehr leisten als von ihnen gefordert wird und eine fehlende Identifikation mit der Arbeit ist festzustellen. Eine Studie, die im Auftrag des amerikanischen Umfrageinstitutes Sirota (2008) durchgeführt wurde, fand heraus, das gelangweilte Angestellte eine größere Herausforderung für ein Unternehmen darstellen als gestresste Angestellte. Letztere verrichten die Arbeit über ihrem Limit und stellen nach wie vor einen Mehrwert dar, wobei gelangweilte Arbeitnehmer/-innen der Firma wirtschaftlich größere Schäden zufügen. Langeweile und Desinteresse sind der deutlich größere Kostenfaktor im Vergleich zu Stress.

Wann kommt es zu einem Bore-out am Arbeitsplatz? Voraussetzungen

Die Ursache für einen Bore-out liegt nicht in der fehlenden Motivation der Arbeitnehmer/-innen selbst, sondern in der mangelnden Vielfältigkeit der Aufgabenstellungen seitens der Führungskräfte. Wie in der Fallstudie beschrieben, beliefen sich die Aufgaben des Projektteams zu großen Teilen aus einer einzigen Konfigurationsart (Jewelbox). Folglich ließen aufgrund dieser Eintönigkeit die Motivation und Arbeitsbereitschaft des Projektteams deutlich nach und es wurde vermehrt Ablenkung mit Gesprächen oder im Internet gesucht. Daraus folgend lässt sich festhalten, dass eine falsche Beförderungspolitik im Unternehmen oftmals im Bore-out der Mitarbeiter/-innen enden könnte. Wie in der Fallstudie beschrieben, besetzten die Stellen der Vorgesetzten keine dafür vorbereiteten Führungskräfte mit entsprechenden Qualifikationen, sondern lediglich zwei Mitarbeiter, die eine Firmenzugehörigkeit von mehr als 30 Jahren aufweisen können. Letztlich kam es vermutlich dazu, da die internen Führungskräfte keine freien Kapazitäten für ein Projektteam hatten und die Firma sich gegen die Beschaffung einer Führungskraft vom Arbeitsmarkt aussprach. Die anfallenden Kosten der Personalbeschaffung würden die Firma in der angespannten Marktlage zusätzlich belasten und dem ausgerufenen Ziel der Kostenersparnis entgegenwirken.

Lösungswege: Maßnahmen und Methoden gegen Bore-out

Im Sinne des Alters-Diversity-Managements, in dem die Stärken und Schwächen verschiedener Altersgruppen genutzt werden, hätte der Austausch zwischen den erfahrenen Vorgesetzten und dem Projektteam durchaus positiv verlaufen können (Lönnies, 2014). Die Vorgesetzten hätten mit mehr Informationen und Erfahrungen rund um das Projekt beziehungsweise aus vorherigen Projekten sowie der Thematik der Konfiguration mehr Interesse bei den Angestellten wecken und sie somit mehr begeistern und für die Arbeit motivieren können. Da die Vorgesetzten ihren Fokus aber nur zu 50 % auf das Projektteam legten, beziehungsweise legen konnten, schlug diese Idee des Gedanken-/Know-how-Austausches fehl.

Weiterhin hätten die Vorgesetzten, gemäß der Methode der vertikalen Kommunikation, viel mehr das direkte Gespräch und den Austausch mit dem Projektteam suchen müssen. Es ist bewiesen, dass sogenannte Qualitätszirkel oder Kritikgespräche die Motivation, Teamfähigkeit und das Fähigkeitsspektrum steigern. Im Projektteam hätten aktuelle Entwicklungen, Erfahrungen und Probleme häufiger diskutiert und widergespiegelt werden müssen, um gemeinsam mit den Angestellten passende und verständliche Lösungsansätze und Entscheidungen zu treffen (Hoge & Straßer, 2012). Seitens der Vorgesetzten hätte eine Kritikanalyse geholfen, um Leistungsminderungen zu beheben (Hoge & Straßer, 2012). Eine Kritikanalyse besteht zum einen aus der Erfassung sämtlicher Kritik im Projektteam, welche folgend analysiert und ausgewertet wird. Ziel ist es, dem entstandenen Unmut beziehungsweise der Kritik entgegenzuwirken und passende Maßnahmen wie z. B. die stärkere Einbindung in den Kundenaustausch zu ermöglichen. Dadurch hätten sich die Angestellten des Projektteams stärker involviert sowie weniger unsicher gefühlt. Ihre Fehlerquote hätte auf ein Minimum reduziert werden können. Außerdem hätten sie ihr Know-how und ihre Fachkenntnisse verbessert und könnten sich mehr mit der Aufgabe identifizieren.

Um letztlich der entstandenen negativen Entwicklung im Projektteam entgegenzuwirken, hätte weiterhin über eine präventive Maßnahme nachgedacht werden können. Der Ansatz des Job-Enlargements (Holtbrügge, 2018) wäre bezüglich dieser Thematik durchaus eine Überlegung wert gewesen. Der Begriff beinhaltet den Ausbau der bisherigen Arbeit um vor- oder nachgelagerte Leistungsprozesse, welche dem gleichen Leistungsniveau des Arbeitnehmers zugeordnet werden können. Z. B. hätten die Angestellten mehr in die Kundenpflege und den Austausch mit Externen eingebunden werden oder im Produktionsprozess die Grafik-Abteilung mit Informationen zum Druckverfahren versorgen können. Durch diese Präventionsmaßnahme würde die Motivation der Mitarbeiter/-innen gesteigert werden, sie könnten den gesamten Zusammenhang der Aufgabenstellungen besser nachvollziehen und sich besser mit der Firma identifizieren.

Themen wie Bore-out wie auch Burn-out spielen eine wichtige Rolle für Unternehmen. Um diese Thematiken einzuordnen, bietet sich ein Blick auf den typischen Arbeitstag einer Führungskraft an. Dieser besteht zu 80 % aus Kommunikation, bei der es um Problemlösungen, wie z. B. Motivation, Koordination (Arbeitsplatzgestaltung) und der Erzeugung eines „Wir-Gefühls" innerhalb der Abteilung beziehungsweise des Arbeitsteams, geht (Beck, 2015). Dies zeigt deutlich, wie viel Empathie und Gefühl eine Führungskraft haben muss, um in gewissen Situationen richtig zu handeln und die passenden Entscheidungen zu treffen. Durch gezielte Weiterbildungsmaßnahmen, wie z. B. Führungsseminare, hätten den Vorgesetzten des Projektteams Methoden mit auf den Weg gegeben werden können, um in Konfliktsituationen besser zu handeln. Eine gezielte Schulung über die Gestaltung von Arbeitsplätzen oder den Umgang und die Analyse von Kritik wäre mit Sicherheit ein Instrument gewesen, um der negativen Stimmung entgegenzuwirken. Weiterbildungsmaßnahmen dienen schlussendlich als passende Hilfsquelle, um eine Entwicklung hin zum Bore- oder Burn-out zu vermeiden.

2.4 Zusammenfassung: Bore-out

Anhand dieser Fallstudie wird deutlich, dass das Augenmerk von Unternehmen, Firmen oder Organisationen nicht einzig und allein auf die Personalbeschaffung gelegt werden sollte. Mindestens genauso wichtig, wenn nicht noch wichtiger, ist eine genaue Betrachtung und Unterstützung der Personalführung. Die richtige Beförderungsstrategie ist von großer Bedeutung. Es sollten nur jene Angestellte ein Projektteam leiten, die ihre Qualitäten schon unter Beweis gestellt haben bzw. über entsprechende Qualifikationen verfügen. Ein sehr interessanter Aspekt, welcher in dieser Fallstudie zum Vorschein kommt, ist, dass die Betrachtung von gelangweilten, demotivierten Angestellten eine wirtschaftlich interessantere Rolle spielt als die Betrachtung der gestressten Mitarbeiter/-innen. Es ist vorstellbar, dass in den meisten Unternehmen dieser Aspekt nicht wahrgenommen wird und nur auf erschöpfte bzw. gestresste Mitarbeiter/-innen eingegangen wird.

Literatur

Beck, K. (2015). *Kommunikationswissenschaft* (4. Auflage). Konstanz: UVK.

Hoge, B. & Straßer, M. (2012). *Minderleistung beheben – Mitarbeiter befähigen: Erfolgreicher Umgang mit Low Performern*. Norderstedt: BoD.

Holtbrügge, D. (2018). *Personalmanagement* (7. Auflage). Berlin: Springer Gabler.

Lönnies, F. (2014). Gelebte und verantwortete Unternehmenskultur – Voraussetzung für erfolgreiches, demografieorientiertes Personalmanagement. In Preißing, D. (Hrsg.), *Erfolgreiches Personalmanagement im demografischen Wandel: Handlungsmöglichkeiten* (2. Auflage, S. 323–367). München: De Gruyter Oldenbourg.

Rothlin, P. & Werder, P. R. (2007). *Diagnose Boreout: Warum Unterforderung im Job krank macht*. Heidelberg: Redline Verlag.

Sirota Survey Intelligence (2008). Bored Employees Are More Disgruntled Than Overworked Ones, Research Finds. Verfügbar unter https://www.boreout.com/images/documents/SirotaSurveyBoredEmployees.pdf (letzter Aufruf: 15.05.2019).

Oliver Lamm

3 Wie ein „Luxusproblem" zur Arbeitsüberforderung führen kann

3.1 Einleitung

Die folgende Fallstudie beschäftigt sich insbesondere mit zwei verschiedenen Abteilungen in einem Unternehmen, bei welchen das Arbeitsklima sehr unterschiedlich wahrgenommen wird. In einer Abteilung wird von ständiger Arbeitsüberforderung gesprochen, während in der anderen Abteilung ein verhältnismäßig ruhiges und entspanntes Arbeitsklima herrscht. Die Fallstudie umfasst also die Überforderung am Arbeitsplatz und die differenzierte Arbeitsbelastung zweier Abteilungen. Das Thema der Fallstudie steht somit im direkten Zusammenhang mit dem Personalmanagement und soll in der Analyse eine möglichst genaue Erklärung über die Ursache der Unternehmenssituation liefern. Die Fallstudie ist primär durch die Erfahrungsberichte einer Person aus dem familiären Umkreis zustande gekommen, da sie die Überforderung am Arbeitsplatz erlebt hat. Zum Teil beruht die Fallstudie jedoch auch auf meiner persönlichen Erfahrung, da ich in den Semesterferien in der anderen Abteilung des Unternehmens, mit welcher sich die Fallstudie beschäftigt, arbeite. Im Folgenden wurde der Name des Unternehmens und die Namen der involvierten Personen für die Fallstudie abgeändert.

3.2 Fallbeschreibung

Überforderung am Arbeitsplatz ist in der heutigen Zeit leider keine Seltenheit. Sehr viele Arbeitnehmer/-innen in deutschen Unternehmen beklagen sich über ein Arbeitsklima voller Stress, von dem sie sich auch außerhalb der Arbeitszeit nicht gut erholen können. Der enorme Stress während der Arbeit führt bei den betroffenen Personen regelmäßig zu Leistungseinbußen und zur sinkenden Produktivität, womit auch langsam aber sicher eine daraus folgende Demotivation einhergeht. Von einer solchen Arbeitssituation ist auch Frau Neumann betroffen. Sie arbeitet seit mittlerweile sechs Jahren als Industriekauffrau im Vertriebsinnendienst des mittelständischen Unternehmens „Faltschachtel GmbH" mit ca. 100 Angestellten. Die Faltschachtel GmbH produziert Faltschachteln für verschiedenste Unternehmen. Bei einem Großteil der Kundenunternehmen handelt es sich um Betriebe aus der Lebensmittel-, Pharma- und Automobilbranche. Das Tätigkeitsfeld von Frau Neumann umfasst verschiedene vertriebliche Tätigkeiten. Sie ist zuständig für die Kalkulation der Anfragen von Kundenunternehmen inkl. Festlegung der Preise, die Angebotsabgabe und die Auftragsbe-

https://doi.org/10.1515/9783110697308-003

arbeitung. Außerdem ist die Vertriebsabteilung der Faltschachtel GmbH die Schnittstelle zwischen zahlreichen Abteilungen und den Kundenunternehmen, wodurch ein
hoher Kommunikationsaufwand in der Abteilung entsteht und bei dem Abteilungs-
personal vorausgesetzt wird.

In den letzten Jahrzehnten und den ersten Arbeitsjahren von Frau Neumann hatte das Unternehmen eine stets angemessene Auftragslage, sodass die Annahme von
Aufträgen und deren anschließende Produktion immer termingerecht durchgeführt
werden konnte. Innerhalb der letzten zwei Jahre hat sich diese Situation jedoch rasant
verändert, da es zu einem unerwarteten Anstieg an Auftragseingängen gekommen ist.
Auf den ersten Blick hört sich ein Anstieg von Aufträgen gut an, da die Wirtschaft im
Unternehmen boomt und man sich keine Sorgen darum machen muss, Kundenunternehmen abzuwerben, um für die Existenzsicherung des Unternehmens zu sorgen.
Da es sich jedoch um ein mittelständisches Unternehmen handelt und bestimmte Ressourcen und Kapazitäten nun mal stark begrenzt sind, stellte sich schnell heraus, dass
diese „Luxussituation" zu einem wahren „Luxusproblem" wurde. Von diesem Luxusproblem haben Frau Neumann und ihre Kolleg(innen)en der Vertriebsabteilung am
meisten zu spüren bekommen. Es wurde nämlich von der Abteilung gefordert, das
deutlich erhöhte Arbeitsaufkommen in der gleichen Arbeitszeit zu bewältigen. Innerhalb kürzester Zeit hat dieser rasante Anstieg an Arbeit zu einer starken Überforderung in der Abteilung geführt. „Mein Telefon klingelt gefühlt alle zwei Minuten. Ich
kann nicht einmal in Ruhe einen Auftrag anlegen, da ruft bereits der nächste Kunde
an und möchte wieder etwas von mir. Langsam verliere ich wirklich die Lust an meiner
Arbeit."

Als wäre die Situation in der Vertriebsabteilung nicht schon schlimm genug,
kommt es auch in einer Abteilung der Produktion zu Problemen. Die Druckerei- und
die Stanzabteilung können die Flut an Aufträgen noch mehr oder weniger bewältigen,
jedoch kommt die Klebeabteilung nicht mehr hinterher. In dieser Abteilung herrscht
ein Mangel an Maschinen und Arbeitskräften, um die Produktion aller Aufträge termingerecht realisieren zu können. In der Klebeabteilung der Faltschachtel GmbH
gibt es drei Klebemaschinen, die dafür zuständig sind, die Faltschachteln zu falten
und zu kleben. Vor kurzer Zeit hat sich das Unternehmen dazu entschieden, eine alte
Klebemaschine durch eine neuere und modernere Klebemaschine zu ersetzen. Während die beiden alten Klebemaschinen zwischen 20.000 und 40.000 Faltschachteln
pro Stunde kleben können, soll die neue Maschine bis zu 150.000 Faltschachteln pro
Stunde kleben. Somit hat sich die Faltschachtel GmbH dazu entschieden, die Ersatz-
investition mit einem Anschaffungspreis von 1.500.000 € vorzunehmen. Dabei wurde
geplant, dass 50 % aller Aufträge über diese Maschine laufen sollen. Bereits in den
ersten Tagen nach Inbetriebnahme der neuen Maschine mussten die Maschinenführer der Klebeabteilung feststellen, dass es viel zu oft zu Ausfällen der Maschine kam.
Darüber hinaus dauert es auch meistens einige Zeit, bis die Maschine wieder instand
gesetzt und in Betrieb genommen werden kann. Das liegt vor allem daran, dass die
Maschinenführer sich noch nicht genügend Fachkenntnisse über die neue Technik

der Maschine angeeignet haben. Deshalb können die Reparaturen vorerst nur durch externe Fachkräfte vorgenommen werden. Durch den Ausfall von Maschinen und die Tatsache, dass viele Liefertermine nicht fristgerecht realisiert werden können, wird Frau Neumann mit noch mehr Stress konfrontiert. Sie ist nämlich dafür zuständig, ihre Kund(innen)en darüber zu informieren, sobald ein Liefertermin nicht fristgerecht eingehalten werden kann.

Herr Neumann, der Bruder von Frau Neumann, arbeitet in seinen Semesterferien in der Klebeabteilung der Faltschachtel GmbH. Dieser tauscht sich regelmäßig mit Frau Neumann aus und teilt ihr mit, wie in der Abteilung gearbeitet wird. Herr Neumann hat seiner Schwester erzählt, dass sich bei dem Personal in der Klebeabteilung kein zusätzliches Stressempfinden durch den Anstieg der Aufträge bemerkbar macht. Herr Müller ist Maschinenführer in der Klebeabteilung und arbeitet zusammen mit Herrn Neumann oft an einer Maschine. Auf Nachfrage von Herrn Neumann, wie in der Abteilung mit der derzeitigen Auftragssituation umgegangen wird, antwortete Herr Müller wie folgt: „Wir arbeiten hier nach wie vor so, wie wir es auch sonst immer gemacht haben. Dass wir mit den Aufträgen nicht mehr so richtig hinterherkommen, ist mir bewusst, aber deswegen machen wir uns hier nicht verrückt. Immerhin können wir die Maschinen sowieso nicht schneller laufen lassen, selbst wenn wir es wollten." Herr Neumann ist jedoch aufgefallen, dass in der Klebeabteilung vor allem in den Spät- und Nachtschichten nicht mehr effizient gearbeitet wird. Wenn der Geschäftsführer und der Produktionsleiter nicht mehr anwesend sind, werden die Maschinen des Öfteren einige Minuten für Kaffee- und Zigarettenpausen angehalten. Die regulären Pausen von zweimal je 15 Minuten werden meistens auch auf 20–25 Minuten gestreckt. Herr Neumann ist der Meinung, dass dieses Arbeitsverhalten für noch mehr Stress bei seiner Schwester sorgt. Er denkt, dass einige Liefertermine evtl. doch noch termingerecht realisiert werden könnten, wenn die Mitarbeiter/-innen in der Klebeabteilung nicht so oft Pausen machen würden. Somit müsste Frau Neumann weniger Kunden über Lieferterminverschiebungen informieren und könnte sich Arbeit und Nerven sparen.

Insgesamt ist Frau Neumann sehr unzufrieden mit ihrer derzeitigen Arbeitssituation, da sie viele Überstunden machen muss, um ihre ganze Arbeit zu bewerkstelligen. Außerdem wird sie mit viel mehr Stress konfrontiert als zu Beginn ihrer Arbeitszeit in dem Unternehmen. „Wenn ich wüsste, dass meine Kolleginnen und Kollegen nicht die doppelte Arbeit hätten, würde ich mich öfter krankschreiben lassen. Ich bin mit meinen Nerven langsam am Ende."

Ausgehend von dieser Unternehmenssituation und der Arbeitssituation von Frau Neumann sollen in der Analyse folgende Leitfragen bearbeitet und beantwortet werden:

1. Wie ist die verschiedene Arbeitsbelastung in der Vertriebs- und der Klebeabteilung zu erklären?
2. Wie kann das Unternehmen reagieren, um Frau Neumann und weitere betroffene Personen zu entlasten?

3.3 Analyse

Die erste Leitfrage lässt sich sowohl mit der Ressourcenabhängigkeitstheorie als auch anhand der Theorie der Gruppennorm bzw. des Gruppendenkens bearbeiten und beantworten. Im Folgenden wird die erste Frage aus Perspektive der Ressourcenabhängigkeitstheorie bearbeitet.

Analyse der ersten Frage aus Sicht der Ressourcenabhängigkeitstheorie

Vorab ist es sinnvoll, die Ressourcenabhängigkeitstheorie (RAT) kurz darzustellen, damit alle wichtigen Begriffe der Theorie im weiteren Verlauf klar sind. Die Ressourcenabhängigkeitstheorie wurde im Jahr 1978 von Jeffrey Pfeffer und Gerald R. Salancik veröffentlicht und trägt den originalen Titel „The External Control of Organizations: A Resource Dependende Perspective." Die allgemeine Hauptaussage dieser Theorie ist, dass Organisationen als Systeme von Ressourcenangebots- und Ressourcenabnahmeprozessen angesehen werden. Die Ressource bildet dabei einen von zwei zentralen Begriffen der RAT. Ressourcen können soziale, ideelle oder materielle Dinge sein und umfassen darüber hinaus auch Werte wie z. B. die Personalkompetenz. Vor allem kritische Ressourcen, also jene, die das Bestehen von Organisationen gewährleisten, verleihen dem Besitzer dieser Ressourcen Macht. Demnach beruhen auch interne Unternehmensentscheidungen auf Machtverhältnissen. Abhängigkeit ist der zweite zentrale Begriff der RAT. Im Gegensatz zu Organisationen, welche kritische Ressourcen besitzen und somit an Einfluss und Macht gewinnen, führt die Abhängigkeit bei Organisationen zu Kontrollverlust. Insgesamt setzen sich also die mächtigen, ressourcenbesitzenden Akteure durch und die ressourcenabhängigen Akteure werden unter Druck gesetzt (Pfeffer & Salancik, 1978).

Nachdem die RAT nun grob dargestellt wurde, wird diese auf die erste Leitfrage angewendet. Wie lässt sich also die verschiedene Arbeitsbelastung der Vertriebs- und der Klebeabteilung erklären? Nach Pfeffer und Salancik ist klar, dass die beiden Abteilungen unterschiedliche Machtverhältnisse aufgrund des Besitzes kritischer Ressourcen haben müssen. Während die Vertriebsabteilung lediglich Ressourcen in Form von Arbeitskräften hat, besitzt die Klebeabteilung eine sehr wichtige kritische Ressource: die Klebemaschinen. Diese sind für das Unternehmen unabdingbar und sorgen für dessen Überleben. Somit hat die Klebeabteilung durch den Besitz dieser Ressource mehr Macht als die Vertriebsabteilung. Frau Neumann und ihre Kolleg(innen)en sind nach der RAT also abhängig von dieser Ressource. Folglich können sich die Arbeitskräfte der Klebeabteilung mehr erlauben als die Arbeitskräfte der Vertriebsabteilung. Da die Faltschachteln ohne die Klebemaschinen nicht produziert werden können, müssen die Arbeitnehmer/-innen der Klebeabteilung nicht befürchten, dass sie durch den Anstieg von Aufträgen länger und härter arbeiten müssen als zuvor. Anders sieht es bei Frau Neumann aus. Sie ist nicht im Besitz von kritischen Ressourcen, über welche die Menge der zu erledigenden Arbeit in ihrer regulären Arbeitszeit bestimmt wird. Die Maschinenführer der Klebeabteilung können ruhigen Gewissens in der Vertriebsabteilung anrufen, um sie darüber zu benachrichtigen, dass Liefertermine nicht fristgerecht eingehalten werden können. Diese Tatsache ist ein weiterer Beweis, dass die Klebeabteilung höhere Machtverhältnisse besitzt und die Mitarbeiter/-innen im Vertrieb zusätzlich unter Druck setzt.

Analyse der ersten Frage aus Sicht der Gruppennorm

Eine weitere Theorie, mit der man die erste Leitfrage beantworten kann, ist der Ansatz der Gruppennorm. Bei der sogenannten Gruppennorm handelt es sich um eine soziale Norm, welche von der Mehrheit bzw. Gesamtheit einer Gruppe als Verhaltensregel akzeptiert wird. Diese Verhaltensregeln sind meist informell – also nicht schriftlich fixiert. Eine Gruppennorm kommt meist bei Gruppen, die bereits über einen längeren Zeitraum bestehen, zustande. Dabei sind sich (fast) alle Mitglieder der Gruppe über die bestimmten Verhaltensregelungen einig. Es kann jedoch auch vorkommen, dass sich Mitglieder der Gruppe aufgrund eines Konformitätsdrucks angeschlossen haben. Ziel einer Gruppennorm ist es, die Zusammenarbeit zu regeln und soziale Beziehungen zu entlasten. Typische Gruppen mit einer Gruppennorm sind beispielsweise Arbeitsgruppen oder Teams (von Rosenstiel, 2007).

Auch nach der Darstellung der Gruppennorm wird schnell deutlich, dass sich diese klar in dem Fallbeispiel widerspiegelt. In Form einer Arbeitsgruppe der Klebeabteilung hat sich bei den Angestellten eine Gruppennorm entwickelt. Diese Gruppennorm zeichnet sich durch informelle Verhaltensstrukturen wie dem Überziehen von Pausen oder die Festlegung zusätzlicher, inoffizieller Pausen aus. Die Arbeitskräfte der Klebeabteilung arbeiten abhängig von ihren Kolleg(innen)en und den Maschinen, wodurch sich die Gruppennorm schnell entfalten konnte und jede Person der Abteilung automatisch Mitglied in dieser Gruppe ist. In der Vertriebsabteilung erledigen Frau Neumann und die weiteren Arbeitnehmer/-innen ihre Arbeit weitestgehend individuell. Dadurch ist es in dieser Abteilung eher unwahrscheinlich, dass sich eine Gruppennorm etabliert.

Analyse der zweiten Frage aus Sicht der RAT

Nachdem nun klar geworden ist, wie die verschiedene Arbeitsbelastung der beiden Abteilungen zu erklären ist, bleibt eine weitere Frage offen: Wie kann das Unternehmen nun reagieren, um Frau Neumann und weitere betroffene Personen zu entlasten? Die Theorie der Gruppennorm bietet keine passenden Lösungsansätze für diese Frage, da sich Gruppennormen vor allem in Arbeitsgruppen sehr stark verbreiten. Sobald sich eine Gruppennorm erst einmal etabliert hat und auf keine Konsequenzen hinausläuft, hält diese auch in der Regel und ist nur sehr schwer wieder rückgängig zu machen. Die Frage lässt sich jedoch mithilfe der bereits dargestellten RAT beantworten.

Damit Frau Neumann und ihre Kolleg(innen)en entlastet werden, führt kein Weg daran vorbei, die Arbeit zu reduzieren. Wie kann dies aber aus Sicht der RAT realisiert werden? Hierzu gibt es einen Lösungsansatz, bei welchem zwei Ressourcen von sehr wichtiger Bedeutung sind. Für die Lösung des Problems müssten weitere Ressourcen in Form von Personal für die beiden Abteilungen des Unternehmens eingestellt werden. Durch zusätzliche Arbeitskräfte in der Vertriebsabteilung könnten alle Auftragseingänge möglichst zeitnah angelegt und bearbeitet werden. Bei der anderen Ressource handelt es sich um die kritische Ressource Klebemaschinen. Es genügt nämlich nicht, dass Frau Neumann einen Teil ihrer Arbeit an neue Mitarbeiter/-innen abgeben kann. Es ist wichtig, dass auch in der Klebeabteilung schneller produziert werden kann. Damit dies realisiert werden kann, braucht man neben zusätzlichen Arbeitskräften in der Klebeabteilung auch weitere Klebemaschinen. Durch die Anschaffung dieser Ressourcen könnte Frau Neumann und ihren Kolleg(innen)en deutlich geholfen werden. Insgesamt würde es also zu weniger Arbeit für Frau Neumann führen und auch die Lieferterminverschiebungen, über die sie ihre Kund(innen)en informieren muss, wären ein selteneres Problem.

3.4 Fazit und Ausblicke

Wie man anhand der Fallstudie und deren Analyse nun erkennen konnte, ist die Überforderung am Arbeitsplatz ein sehr schwerwiegendes Problem, da es langfristig auch zu gesundheitlichen Schäden führen kann. Neben Frau Neumann sind deutschlandweit mit Sicherheit sehr viele andere Arbeitnehmer/-innen von einer Arbeitsüberforderung betroffen. Es ist sehr wichtig, dass die Betroffenen ihre Führungskräfte bei Überforderung informieren, damit diese reagieren können. Die Fallstudie hat jedoch gezeigt, dass es nicht immer leicht ist, gegen dieses Problem vorzugehen. Die Theorie der Gruppennorm und vor allem die RAT ließen sich sehr gut auf das Fallbeispiel übertragen und haben verdeutlicht, was die Ursachen des geschilderten Problems waren. Mittels der RAT konnte man einen guten theoretischen Lösungsvorschlag ausarbeiten. Dieser ist in der Praxis jedoch deutlich schwerer umsetzbar. Da es sich nämlich um ein mittelständisches Unternehmen handelt, können wichtige Entscheidungen wie das Anschaffen neuer Maschinen und Einstellung weiterer Arbeitskräfte nicht über Nacht getroffen werden, weil diese auch ihre Kosten mit sich bringen. Des Weiteren ist es auch möglich, dass die Anzahl von Auftragseingängen plötzlich wieder sinkt. Somit können derartige Entscheidungen erst nach langfristigen Analysen entschieden werden.

Literatur

Pfeffer, J. & Salancik, G. R. (1978). *The External Control of Organizations: A Resource Dependende Perspective*. Stanford: Stanford Business Books.

von Rosenstiel, L. (2007). *Grundlagen der Organisationspsychologie: Basiswissen und Anwendungshinweise*. Stuttgart: Schäffer-Poeschel.

Johanna Wittmann

4 Arbeitsdruck durch Personalmangel

4.1 Einleitung

Im Bereich des Personalmanagements steht oft das Zusammenspiel zwischen dem Management und den Mitarbeitenden eines Unternehmens im Vordergrund. Für das organisationale Überleben ist es wichtig, dass zwischen diesen beiden Akteuren ein positiver Einklang herrscht, um somit die Effizienz des Unternehmens zu fördern und die Mitarbeiter/-innen an das Unternehmen zu binden. Da es häufig zu Auseinandersetzungen zwischen den beiden Parteien kommt, worunter die Arbeitszufriedenheit leidet, ist dieser positive Einklang häufig nicht gegeben.

Gerade in Bereichen wie dem Betreuungs- oder Pflegedienst in Altenheimen fällt des Öfteren auf, dass das Zusammenspiel zwischen den Arbeitskräften und dem Management nicht immer erfolgreich ist. So fühlen sich viele der Mitarbeiter/-innen unter Druck gesetzt und ausgebeutet. In der folgenden Fallstudie werden die Erlebnisse einer Mitarbeiterin im Betreuungsdienst eines deutschen Altenheims geschildert, die die oben genannten Ansätze widerspiegeln.

4.2 Fallstudie

Die Haus AG ist ein großes französisches Unternehmen, welches Altenheime, betreutes Wohnen und ambulante Dienste aufkauft. Mit 830 Standorten in Frankreich, Deutschland, Belgien, Spanien und Italien ist das Unternehmen mit 72.000 Pflegeplätzen der führende Anbieter von Betreuungs- und Pflegedienstleistungen für Senioren und Pflegebedürftige. Die Gesamtzahl der Mitarbeiter/-innen beruft sich in Folge dessen auf rund 50.000, welche auf die 830 Standorte verteilt werden und in verschiedenen Abteilungen, wie z. B. in dem Pflege- oder Betreuungsdienst, unterkommen.

Mitarbeiterin Elizabeth ist seit einem dreiviertel Jahr in einem der Altenheime, die die Haus AG aufgekauft hat, beschäftigt. Ihre Tätigkeit besteht in der Leitung des Betreuungsdienstes, welche sie als eine Teilzeitkraft mit 20 Stunden in der Woche ausübt. Insgesamt sind es zwei Mitarbeiterinnen, die die Leitung des Betreuungsdienstes übernehmen und sich mit der Planung der Betreuung von den ansässigen 88 Bewohnern auseinandersetzen. Weitere sieben Betreuungskräfte arbeiten im direkten Zusammenhang mit den Senioren sowie Pflegebedürftigen und setzen die erstellten Betreuungsplanungen um. Das Arbeitspensum von Elizabeth besteht aus etlichen Aufgaben, die täglich durchgeführt und durch die ortsansässige Heimleitung kontrolliert werden. Zu den erbrachten Leistungen gehört u. a. die Anfertigung von Biografien der

https://doi.org/10.1515/9783110697308-004

Bewohner/-innen. Hierzu gehören allgemeine Informationen wie z. B. das Alter und der Name der Person. Hinzu kommt auch die Betreuungsplanung, die für jede der dort wohnenden Personen individuell gefertigt und wöchentlich aktualisiert werden muss. Zudem darf die tägliche Begrüßung der Bewohner/-innen, die außerdem nach Wünschen, Bedürfnissen und dem persönlichen Empfinden befragt werden sollen, nicht fehlen. Die daraus gewonnenen Daten werden wiederum in ein Computerprogramm eingetragen, um diese jederzeit abrufen zu können. Zuletzt fallen noch diverse Büroarbeiten wie z. B. Telefonate mit Kund(innen)en und die Kommunikation zwischen dem Betreuungsdienst in Bezug auf die Planungen an.

Zunächst scheint es so, als würde Elizabeth eine ganz normale Tätigkeit im Bereich der Betreuung ausüben. Diese entpuppt sich jedoch nach kurzer Zeit als sehr belastend und wird zur Zumutung für jeden Beschäftigten der Abteilung. Immer häufiger entstehen Probleme und Missverständnisse, die mit den vorgegebenen Aufgaben von Elizabeth einhergehen. Zu Beginn ihrer Beschäftigung kennt sie sich noch nicht mit dem Computerprogramm, welches das Altenheim nutzt, aus. Daher benötigt sie für eine Biografie einer Person anstatt zehn Minuten ungefähr eine Dreiviertelstunde. Das liegt zudem auch daran, dass Elizabeths Kollegin keine Zeit hat, sie richtig in das Programm einzuarbeiten, da sie selbst mit ihren unzähligen Aufgaben beschäftigt ist. Da durch diesen Zustand einige Stunden verloren gehen, werden aus den anfänglichen 20 Arbeitsstunden schnell 25 bis 26 Stunden. Diese Zahl an Überstunden bleibt der Heimleitung natürlich nicht unbekannt, weshalb sie schnell Druck auf Elizabeth ausübt. Es wird zu viel Zeit mit den Biografien verbracht, was gemäß der Heimleitung an einer schlechten Arbeitsplanung von Elizabeth und ihrer Kollegin liegen soll. Wie auch andere Ankündigungen für die Mitarbeiter/-innen, wird diese Kritik nur per E-Mail mitgeteilt, wodurch Elizabeth nicht einmal die Chance hat, ihre missliche Lage zu erklären. Gerade in solchen Situationen wird ihr bewusst, dass sie kein Verständnis und keine Rücksicht seitens der Heimleitung erwarten kann, wodurch sie sich nicht ernst genommen fühlt. Trotz dieser Erfahrungen hält sich Elizabeth die Kritik vor Augen und versucht die Arbeitsplanung zu verbessern und die Aufgaben effizienter zu bearbeiten. Nachdem Elizabeth nach einigen Wochen vollständig in ihr Arbeitsumfeld integriert und eingearbeitet ist, ist sie sich sicher, dass keine Schwierigkeiten mehr mit den Anforderungen seitens der Heimleitung auftreten sollten. Nach der regulären monatlichen Besprechung mit der gesamten Abteilung stehen diese Bedenken jedoch wieder an vorderster Stelle. Nun wird dem Personal des Betreuungsdienstes aufgetragen, pro Tag eine Stunde weniger zu arbeiten. Trotz alledem, dass nun eine Arbeitsstunde pro Tag fehlt, soll die gleiche Leistung wie zuvor erbracht werden. Zudem kommt, dass keine Überstunden mehr gemacht und nicht beendete Aufgaben am nächsten Arbeitstag weiterbearbeitet werden sollen. Diese Anordnung führt dazu, dass nun noch mehr Druck auf Elizabeth lastet, sodass sie sich gegenüber der Heimleitung einige Male äußert, dass ihre Abteilung in Bezug auf die Vielfalt der Aufgaben unterbesetzt ist. Diese Äußerung spiegelt auch der Personalschlüssel wider, der in der Einrichtung für die Leitung des Betreuungsdienstes auf zwei Vollzeitangestellte festgelegt ist. Daraufhin wird eine neue Mitarbeiterin in Elizabeths Abteilung eingesetzt, die sie und ihre Kollegin mit den Aufgaben unterstützen soll. Die neue Kollegin ist nach vier Tagen, ab Beginn ihrer Tätigkeit, für ungefähr fünf Wochen krankgeschrieben. Auch in diesem Fall wird nicht früh genug eingeschritten, wodurch sich die Arbeitsbelastung in dem Betreuungsdienst verstärkt. Erst zum Ende des Monats entschließt sich die Heimleitung, den Arbeitsvertrag mit dieser Mitarbeiterin aufzulösen, wodurch die zuvor besetzte Stelle wieder frei wird. Eine neue Mitarbeiterin aus einem bereits bestehenden Arbeitsverhältnis in dem Unternehmen wird jedoch erst einen Monat später auf die fehlende Position versetzt. Diese besitzt keinerlei Vorkenntnisse in dem Aufgabenfeld einer Leitungsposition und muss sich die Aufgaben erst aneignen. Zudem tritt des Öfteren die Situation auf, dass die Heimleitung kaum Anforderungen von den Arbeitskräften des Betreuungsdienstes entgegennimmt. In Folge dessen wird benötigtes Arbeitsmaterial, welches für Angebote für die Senioren in dem Heim verwendet wird, erst dann gekauft, wenn es über die Krankenkasse abgerechnet werden kann. Ansonsten werden diese Materialien erst gar nicht angeschafft. Das dadurch ersparte Geld wird dann in Marketing investiert, um das äußere Ansehen des Altenheimes und der Haus AG zu verbessern. Da sich die geschilderten Situationen im weiteren Verlauf der Tätigkeit von Elizabeth nicht verändern und häufig wiederholen, spielt sie mehrfach mit dem Gedanken, das Arbeitsverhältnis zu beenden.

Fragen zur Fallstudie:

1. Welches Problem bzw. welche Situation zwischen Arbeitgeber/-in und Arbeitnehmer/-in wird in der Fallstudie besprochen?
2. Beurteilen Sie das Verhalten der Heimleitung. Was könnte diese in Zukunft verbessern?
3. Welche langfristige Entscheidung würden Sie der Mitarbeiterin Elizabeth raten?

4.3 Analyse

In der dargestellten Fallstudie werden mehrere Aspekte vorgeführt, mit welchen Aufgaben und Widrigkeiten sich die Protagonistin Elizabeth in dem Betreuungsdienst auseinander setzten muss. Auch der Personalmangel in der Abteilung ist nicht unschuldig daran, dass die Mitarbeiterin mit den etlichen Aufgaben überfordert ist und sich an ihrem Arbeitsplatz nicht mehr wohl fühlt. Trotz alledem, dass sie mit der Situation fertig werden muss, ist zu überlegen, warum die Heimleitung in dem Altenheim so vorgeht und warum Mitarbeiterin Elizabeth nach diesen Miseren nicht das Angestelltenverhältnis beendet.

Rechtliche Rahmbedingungen der Personalbesetzung

Um zunächst einmal zu verstehen, wie die Personalbesetzung in sozialen Einrichtungen wie Altenheimen oder ambulanten Diensten stattfindet, ist es wichtig, die rechtlichen Rahmbedingungen zu kennen, die das Bundesministerium der Justiz und der Verbraucherschutz für Vereinbarungen über die pflegerische Versorgung festgelegt hat. Nach dem Sozialgesetzbuch „umfasst das Verhältnis zwischen der Zahl der Heimbewohner und der Zahl der Pflege- und Betreuungskräfte (in Vollzeitkräfte umgerechnet), unterteilt nach Pflegegrad, sowie im Bereich der Pflege, der Betreuung und der medizinischen Behandlungspflege zusätzlich den Anteil der ausgebildeten Fachkräfte am Pflege- und Betreuungspersonal" (§ 75 Abs. 3 S. 4 SGB XI). Das bedeutet, dass dieser Personalschlüssel anhand der im Heim wohnenden Senioren, die in fünf verschiedene Pflegegrade eingeteilt werden müssen, berechnet wird und sowohl examinierte sowie nicht examinierte Angestellte aus Pflege und Betreuung in die Berechnung hinzuzieht. Die daraus resultierende Kennzahl beinhaltet daher die in der Einrichtung zu erwartenden Vollzeitbeschäftigten, wobei es sich um die Bruttoarbeitszeit handelt und Urlaub, Krankheit und Zeiten für Fortbildungen bereits enthalten sind (Score Personal, 2018). Dazu kommt, dass die Faktoren „Pflegegrad" und „Belegung" in der jeweiligen Einrichtung die zur Verfügung stehenden Personalkosten beeinflussen (Score Personal, 2018). Je höher der Pflegegrad der Senioren ist, desto mehr Geld muss er oder sie an die Einrichtung zahlen (Pflegeschutzbund, 2015). Dementsprechend muss bei einem hohen Pflegegrad auch mehr Personal eingestellt werden, da der Bedarf in der Pflege steigt (Pflegeschutzbund, 2015). Wenn also ein Zimmer leer steht, erhält die Einrichtung kein Geld, weshalb in vielen Fällen die Akquise als eine Maßnahme zur Gewinnung von Kund(innen)en, Aufträgen oder Fördergeldern im Vordergrund steht (Score Personal, 2018). Wenn es nämlich zu dem Fall kommt, dass nicht alle Pflegeplätze belegt sind, was natürlich jeder Zeit möglich ist, kann der bestehende Kontakt mit zukünftigen Kund(innen)en von Vorteil sein, um den freien Platz so schnell wie möglich wieder zu belegen (Score Personal, 2018). Daraus geht hervor, dass die Entscheidungen, wie mit dem Personalschlüssel umgegangen wird, dem oberen Management oder wie im Beispiel der Fallstudie der Heimleitung übertragen wird. So ist es häufig der Fall, das viele Einrichtungen immer ein wenig unter dem ausgehandelten Personalschlüssel bleiben, um zu vermeiden, dass Arbeitskräften gekündigt oder Verträge nicht verlängert werden. Dieses Vorgehen ist daher nicht immer vorteilhaft, zumal offene Aufgaben erledigt und dadurch von dem bestehenden Personal ausgeführt werden müssen (Score Personal, 2018). Auch in der oben beschriebenen Fallstudie ist es nicht all zu selten, dass die Heimleitung alle Entscheidungen rund um das Personal und Beschaffungen trifft, ohne die Meinungen der untergeordeneten Mitarbeiter/-innen mit einzubinden.

Der dargestellte Vorgang in Unternehmen nennt sich Zentralisation. Anhand dieser Unternehmensstruktur kann das Verhalten der Heimleitung in der Fallstudie analysiert werden.

Zentralisation in Organisationen

Um die Vorgehensweise der Heimleitung zu erläutern, lohnt sich in Folge dessen ein Einblick in die Definition der Zentralisation. Diese spiegelt die hausinterne Struktur des in der Fallstudie beschriebenen Altenheims deutlich wider.

Zentralisation leitet sich von der Vorstellung eines Mittelpunkts, dem Zentrum ab, wobei die Zentralisation ein Streben zum Zentrum hin bedeutet. In Organisationen bezieht sich dieses Vorgehen auf die Handlungen, die in Richtung Zentrum getätigt werden (Bleicher, 1969). Dabei stellen die Handlungen Entscheidungsvorgänge dar, zu denen richtungsweisende Entscheidungen und auch Leitungsaufgaben gehören, die dem Zentrum einer Organisation aufgetragen werden (Bleicher, 1969). Folglich werden den Stellen und Abteilungen, die sich unter dem Zentrum befinden, keine Entscheidungsbefugnisse eingeräumt. Ohne diese müssen sie jeden Vorschlag, jede notwendige Beschaffung und jedes Vorhaben mit dem Zentrum absprechen, wodurch viel Zeit verloren geht.

Bezogen auf die Fallstudie ist es greifbar, dass in dem Altenheim, wo Elizabeth arbeitet, eine stark ausgeprägte Zentralisation herrscht. Das Zentrum befindet sich somit in der Abteilung der Heimleitung. Auch hier werden richtungsweisende Aufgaben und Entscheidungen nur von der Heimleitung selbst getragen, wodurch die nachfolgenden Abteilungen keinen Beitrag zu wichtigen Entscheidungen leisten können. Auch wenn Vorschläge seitens der Angestellten auftreten, werden diese nicht berücksichtigt oder gar erst beachtet. Die Heimleitung setzt sich demnach über die Köpfe des untergeordneten Personals, so auch über Elizabeth, hinweg (Robbins, 2001). Sowohl die Beziehung zwischen den Angestellten und dem Zentrum als auch die Arbeitszufriedenheit und die Kommunikation beider Parteien leiden unter dieser stark ausgeprägten Zentralisation. Dadurch, dass dem nachgeordneten Personal keine Leitungsaufgaben übertragen werden, entsteht eine Verschlechterung der Eigenverantwortlichkeit, weshalb die Arbeitsmotivation sinkt und sich die Mitarbeiter/-innen von dem Unternehmen entfremden (Robbins, 2001). Gerade wenn Entscheidungen getroffen werden, die das Arbeitsleben von Elizabeth und ihren Kolleg(innen)en prägen, sollte auch die Heimleitung verstehen, dass sich die Arbeitsatmosphäre mit eingeräumten Entscheidungsbefugnissen deutlich verbessern würde. Daher stellt sich die Frage, weshalb die Heimleitung genau diesen Weg einschlägt und sich für die Organisationsstruktur der Zentralisierung entscheidet. Wobei bewusst ist, dass die Mitarbeiter/-innen ein wichtiger Bestandteil des Unternehmens sind, ohne die ein Überleben der Haus AG vollkommen unmöglich ist.

Zwei der wichtigsten Vorteile, besser gesagt Chancen, der Zentralisierung sind die deutlich besseren Steuerungs- und Kontrollmöglichkeiten, die der Heimleitung durch die bestehende Macht in Bezug auf Entscheidungen gelingt (Hemmer, 2016). Ebenso kommen geringere Kosten für Personal auf, die von der Heimleitung getragen werden müssen, da durch die Zusammenlegung verschiedener Prozesse, wie die der Leitungsprozesse, weniger Mitarbeiter/-innen für die gleiche Leistung benötigt werden (Hemmer, 2016).

Anhand der oben konkretisierten Organisationsstruktur ist nun bekannt, an welcher internen Gestaltung die Heimleitung der Einrichtung festhält und wer die Entscheidungen in einer Zentralisation geprägten Organisation trifft. Zuletzt stellt sich die Frage, warum die Heimleitung derartige finanzielle Einsparungen vornimmt, worunter nicht nur die verschiedenen Abteilungen, sondern auch die Senioren, die in dem Altenheim wohnen, leiden.

Ressourcenabhängigkeitstheorie

Die Ressourcenabhängigkeitstheorie nach den Autoren Pfeffer und Salancik von 1978 besagt, dass ein Akteur, in dieser Fallstudie die Heimleitung des Altenheims, die Macht über eine kritische Ressource besitzt. Hier kann von den verfügbaren finanziellen Mitteln als kritische Ressource ausgegangen werden, die von der Heimleitung kontrolliert und von der Haus AG zur Verfügung gestellt werden (Pfeffer & Salancik, 1978). Durch die internen Einsparungen, wie die Kürzung der Arbeitszeit und dem daraus resultierenden Abbau der Überstunden sowie die mangelnde Beschaffung von Arbeitsmaterial, stellt sich die Frage, wofür diese stattfinden. Wie schon in der Darstellung der rechtlichen Rahmenbedingungen erwähnt, investiert die Heimleitung viel Geld in Akquise oder auch Marketing. Durch diese Maßnahmen werden neue Kund(innen)en und Ehrenamtliche angeworben und das gesamte Unternehmen in ein positiveres Licht gerückt. Dadurch trägt die Akquise einen großen Teil dazu bei, dass ein Unternehmen wie die Haus AG der führende Anbieter von Betreuungs- und Pflegedienstleistungen für Senioren und Pflegebedürftige wird. Daher fällt es dem Unternehmen nicht schwer, interne Einsparungen durchzuführen, um den Status beizubehalten. An diesem Vorgang ist zu erkennen, dass die Marketingabteilung viel Macht in der Einrichtung besitzt und finanzielle Mittel zur Verfügung gestellt bekommt. Die Abteilungen der Pflege und Betreuung hingegen werden als weniger relevant angesehen und können dementsprechend weniger Macht ausüben. Daraus resultieren die starken Einsparungen in den Bereichen. Aus diesem Grund entfremden sich die Mitarbeiter/-innen dieser Abteilungen fortwährend von dem Unternehmen, sodass sie nur noch das Nötigste aufwenden, um ihre Aufgaben zu erledigen. An diesen Aspekten werden die Abhängigkeiten der Einrichtung deutlich. Demzufolge spielen nicht nur die finanziellen Mittel, sondern auch die Akquise des Unternehmens eine große Rolle. Die daraus resultierende Aufmerksamkeit auf ebendiese beiden Faktoren, verhindert die Sicht auf die Wichtigkeit der Zusammenarbeit zwischen den Angestellten und der Heimleitung. Denn gerade aus dieser Interaktion basiert das Überleben des Unternehmens.

Lösungsvorschläge auf Basis der Theorie bzw. Forschungsliteratur

Nach dem jetzigen Stand ist ein weiterer wissenswerter Vorgang, wie ein anderes Verhalten der Heimleitung zu einer Verbesserung der in der Fallstudie berichteten Situation von Elizabeth führen könnte.

In dem gesamten Verlauf der Fallstudie bestehen immer wieder Zweifel, ob die Besetzung des Betreuungsdienstes ausreichend ist. Zunächst ist eine Mitarbeiterin für längere Zeit krankgeschrieben. Nach ihrer Kündigung wird zudem nicht zeitnah für Ersatz gesorgt. Der Personalschlüssel liegt in der oben beschriebenen Fallstudie bei einem Wert von zwei, womit die Anzahl an Vollzeitangestellten gemeint ist. Da Elizabeth und ihre Kollegin jeweils eine Teilzeit- und eine Vollzeitstelle ausüben, ist der individuell ausgerechnete Wert deutlich unterschritten. Dementsprechend wäre zunächst ein wesentlicher Schritt der Heimleitung, den Personalschlüssel einzuhalten (Score Personal, 2018).

Ein weiterer Aspekt ist die stark ausgeprägte Zentralisation in dem Altenheim, weshalb sich die Mitarbeiter/-innen kaum in das Geschehen mit eingebunden und daher übergangen fühlen. Demzufolge wäre es nötig, die Zufriedenheit der Mitarbeiter/-innen zu erhöhen, indem die Angestellten aktiv Entscheidungsprozesse beeinflussen können. Dadurch wird nicht mehr über den Köpfen der Mitarbeiter/-innen hinweg entschieden, sondern eine demokratische Alternative geschaffen. Es wäre also von Vorteil, die Organisationsstruktur nicht zentralisiert, sondern dezentralisiert zu gestalten. Dadurch teilt das obere Management seine Macht mit dem untergeordneten Personal (Robbins, 2001). So können Entscheidungen näher am Geschehen getroffen werden, da die Angestellten, wie Elizabeth, mehr Bezug zu den Begebenheiten und zu den Senioren haben (Robbins, 2001). Auch die Heimleitung könnte aus dieser Umstrukturierung profitieren, da Aufgaben sowie Entscheidungen an das untergeordnete Personal übertragen werden können. Somit ist eine Konzentration auf andere organisatorische Aspekte möglich. Durch diese Veränderung würde sich auch die interne Struktur zwischen dem Personal und der Heimleitung deutlich verbessern. „Überleben entsteht, wenn sich das Unternehmen an seine Umgebung anpasst und mit ihr zurechtkommt, nicht nur, wenn es effiziente interne Anpassungen vornimmt" (Pfeffer, 1978, S. 19). Wenn die Heimleitung mit ihrem sozialen Umfeld, in dem Fall mit den Angestellten der Einrichtung, harmonisch interagieren, ist es möglich, die Effizienz des Unternehmens zu steigern. Ein Resultat aus diesem Zusammenspiel wäre zudem, dass sowohl der Heimleitung genug finanzielle Mittel zu Verfügung stehen, als auch die Mitarbeiter/-innen in den Gestaltungsprozess der Einrichtung eingreifen und sich mit dem Unternehmen identifizieren können.

4.4 Zusammenfassung und Ausblick

Die Vielschichtigkeit des Personalmanagements ist allseits bekannt und zugleich eine sehr wichtige Gegebenheit, die uns in unserem Arbeitsalltag des Öfteren begegnet. Durch die Möglichkeit, eine Fallstudie aus eigenen Erfahrungen im Bereich Personalmanagement und Organisation zu erstellen, ist es möglich, einmal hinter die Fassade eines Unternehmens zu schauen und die Unternehmensstruktur anhand von diversen Theorien und Forschungsliteraturen zu erklären.

Durch meine Fallstudie habe ich einen genaueren Einblick in die Personalbesetzung erhalten können, wodurch im Nachhinein die Ziele und Vorgehensweisen des Unternehmens deutlich geworden sind. Da die Fallstudie auf den Erfahrungen eines meiner Familienmitglieder beruht, ist es auch für sie interessant zu sehen, wie das Management zu einer Lösung der Problematik beitragen könnte.

Literatur

Bleicher, K. (1969). Zur Zentralisation und Dezentralisation von Entscheidungsaufgaben der Unternehmung. *Die Unternehmung*, 23(2), 123–139.
Hemmer, G. (2016). Vertriebliche Funktionen zentralisieren – Chancen und Risiken. Verfügbar unter https://www.bdu.de/fachthemenportal/marketing-und-vertrieb/vertriebliche-funktionen-zentralisieren-chancen-und-risiken/ (letzter Aufruf: 07.05.2020).
Pfeffer, J. & Salancik, G. R. (1978). *The External Control of Organizations, A Resource Dependence Perspective*. Stanford: Stanford Business Books.
Robbins, S. P. (2001). *Organisation der Unternehmung*. München: Pearson Studium.
Score Personal (2018). Pflegeschlüssel in der Altenplege – und seine Bedeutung. Verfügbar unter http://www.score-personal.de/pflegeschluessel-in-der-altenpflege/ (letzter Aufruf: 07.05.2020).

Svetlana Hofmann

5 Schlechte Arbeitsbedingungen in der Ausbildung

5.1 Einleitung

Um den zukünftigen Fachkräftebedarf frühzeitig zu sichern, bietet sich die Ausbildung von motivierten, jungen Menschen als eine ideale Lösung an. Ausbildungsbetriebe gewinnen nicht nur qualifizierte Fachkräfte mit den passgenauen Kompetenzen, sondern verbessern auch ihre Innovationsfähigkeit und Flexibilität in dem Unternehmen (Lietzmann & Mayerl, 2015). Dennoch bleiben aufgrund von schlechten Arbeitsbedingungen viele Lehrstellen unbesetzt (Gillmann, 2018).

Die vorliegende Fallstudie behandelt diese Thematik. Gegenstand dieses Beitrags ist die Analyse der Fallstudie mithilfe gesetzlicher Regelungen, der Ausbildungsmotive sowie der Ressourcenabhängigkeitstheorie. All diese Themen finden sich auch im Personalmanagement und Organisation wieder.

Der erste Teil befasst sich mit der Beschreibung der Fallstudie. Im Anschluss wird das Geschehen mithilfe der gesetzlichen Vorschriften, einiger Studien zur Thematik und der Ressourcenabhängigkeitstheorie analysiert und erklärt. Einige Handlungsempfehlungen und eine kurze Zusammenfassung schließen die Darstellungen ab.

5.2 Die Fallstudie

„Frau Schulte? Hören Sie mir überhaupt zu? Wissen Sie die Lösung für diese Aufgabe?", fragte Herr Neumann lautstark zum wiederholten Mal und zeigte auf die Tafel. Für Melissa Schulte war es eher untypisch nicht am Unterricht teilzunehmen, da sie als eine strebsame und fleißige Schülerin bekannt war. Grund für ihre Anteilslosigkeit und Konzentrationsstörungen, waren ihre Gedanken über ihre Ausbildung und die ständige Müdigkeit verschlimmerte die Situation. Wie schon so oft war sie am Tag zuvor erst um 21 Uhr zuhause gewesen, weil sie erneut in ihrem Ausbildungsbetrieb Überstunden machte.

Melissa war bei der „Büromaterialien Funke GmbH & Co. KG" schon seit eineinhalb Jahren tätig und hatte Zweifel an ihrer Ausbildung, denn sie fühlte sich ausgenutzt und war unglücklich darüber, dass sich ihre Erwartungen bedauerlicherweise nicht erfüllt hatten. Anstatt theoretisches Wissen und praktische Fähigkeiten für den angestrebten Beruf zu vermitteln, fokussierte sich das Unternehmen auf die produktive Leistung der Auszubildenden. Die Auszubildende wurde in den Abteilungen eingesetzt, in denen Personalmangel herrschte und wurde als eine volle Arbeitskraft angesehen. Während des sechsmonatigen Aufenthalts in der Einkaufsabteilung kam es bei

https://doi.org/10.1515/9783110697308-005

der Auszubildenden durch ständige Überstunden, die bis zu vier Stunden täglich betrugen, zu negativen Folgen. Ihre schulischen Leistungen hatten sich kontinuierlich verschlechtert. Melissa kam mit dem Druck und der Belastung nicht zurecht und litt dadurch unter Schlafproblemen. Trotz mehrfacher Gespräche mit dem Ausbilder über das Problem wurden keine Maßnahmen zur Verbesserung ergriffen.

Die „Büromaterialien Funke GmbH & Co. KG", ein Familienunternehmen mit rund 350 Angestellten, hat sich in den letzten 30 Jahren auf den Vertrieb spezialisiert. Insgesamt wurden in der Niederlassung, in der Melissa Schulte ihre Ausbildung als Kauffrau für Büromanagement absolvierte, 50 Mitarbeiter/-innen in den kaufmännischen Abteilungen beschäftigt. Für den Beruf als Kauffrau für Büromanagement sollte die Auszubildende laut dem Ausbildungsplan die Stationen Einkauf, Vertrieb, Marketing, Personalabteilung, Buchhaltung, Export und Lager durchlaufen und aus diesen Abteilungen das fachliche Wissen erlernen. Doch das Unternehmen setzte die Auszubildende gezielt nur in den Abteilungen Verkauf, Buchhaltung und Export ein, weil diese von Personalmangel betroffen waren.

Als Melissa Schulte am Anfang ihrer Ausbildung in der Buchhaltung arbeitete, beschäftigte sie sich überwiegend mit der Ablage von Rechnungen und das Pflegen von Excel-Aufstellungen. Fachliches Wissen und Erfahrungen aus der Finanz- und Lohnbuchhaltung konnte sie nicht sammeln, weil ihr keiner etwas erklärte und sie nicht in die Aufgaben eingearbeitet wurde. Auf ihre Fragen zu bestimmten Inhalten der Finanzbuchhaltung bekam sie von ihren Arbeitskolleg(innen)en keine oder nur sehr knappe Antworten. Der Ausbilder vertröstete die junge Frau mit Aussagen wie: „Wie Sie sehen haben ihre Arbeitskollegen keine Zeit, um Sie in die Tätigkeiten einzuarbeiten. Das wird sich bestimmt bald ändern." Auch nach mehrfachen Gesprächen mit dem Ausbilder und dem Abteilungsleiter der Buchhaltung wurde die Auszubildende nicht in die Arbeiten der Finanzbuchhaltung und der Lohnbuchhaltung einbezogen.

In ihrer Zeit in der Verkaufs- und Exportabteilung erledigte die Auszubildende täglich wiederkehrende Arbeiten, wie die Erstellung von Ausgangsrechnungen und die Zollabwicklung. Da sie schon zuvor keine Hilfe von dem Ausbilder bekam, fand sie sich mit der Situation ab und befolgte die Anweisungen ihrer Vorgesetzen.

Nachdem zwei Mitarbeiter in der Einkaufsabteilung kündigten, setzte man dort Melissa für das letzte halbe Jahr ihrer Ausbildung ein. Melissa übernahm daraufhin die Arbeit der ehemaligen zwei Mitarbeiter. Dazu zählte die Überprüfung von Angeboten, zahlreichen Lieferantenrechnungen und Auftragsbestätigungen sowie der Schriftverkehr mit internationalen Lieferanten. Innerhalb von zwei Tagen wurde sie in ihre Tätigkeiten eingearbeitet. Für die Vermittlung von genauen Erklärungen oder Hintergrundwissen blieb keine Zeit. Während des Einsatzes in dieser Abteilung verrichtete die Auszubildende ihre Routineaufgaben und vertrat zusätzlich noch ihre Arbeitskolleg(innen)en aus anderen Bereichen, wodurch sie unter Zeit- und Leistungsdruck geriet. Da diese Tätigkeiten für mehrere Mitarbeiter/-innen vorgesehen waren, arbeitete die Auszubildende während ihres Einsatzes in der Einkaufsabteilung überwiegend bis zu zwölf Stunden täglich. Durch die regelmäßigen Überstunden und Nichteinhaltung der Pausen standen die Mitarbeiter/-innen und auch der Abteilungsleiter dieser Abteilung ständig unter Druck. Um mehr Zeit für die Erledigung ihrer Aufgaben zu haben, hielt die junge Auszubildende genauso wie ihre Kolleg(innen)en selten die gesetzlich vorgeschriebenen Ruhepausen ein. Sobald sich in der Buchhaltung, Verkaufs- oder Exportabteilung Rechnungen stapelten, setzte man die Auszubildende zur Erledigung dieser Arbeiten ein. Zusätzlich zu ihren routinemäßigen Arbeiten in der Einkaufsabteilung war sie für die Vertretung der Empfangsmitarbeiterin, die wegen einer chronischen Erkrankung des Öfteren nicht bei der Arbeit erschien, zuständig. Dabei beschäftigte sich die Auszubildende mit Tätigkeiten, wie dem Telefondienst, der Postannahme, dem Kundenempfang und der Vorbereitung von Meetings. Während sie ihre Arbeitskollegin vertrat, blieb ihre Arbeit in der Einkaufsabteilung liegen. Ihre Aufgaben musste sie dennoch noch am selbigen Tag verrichten und dadurch überzog sie ihre vorgeschriebene Arbeitszeit.

Das pünktliche Verlassen des Arbeitsplatzes wurde von dem Abteilungsleiter der Einkaufsabteilung nicht gerne gesehen und wurde auch durch Aussagen wie „Haben Sie nicht noch etwas zu tun? Die Arbeit kann nicht liegenbleiben!" deutlich. So blieb die gewissenhafte Auszubildende auch an Vortagen wichtiger Klausuren nach Feierabend im Unternehmen, um weitere Aufgaben zu erledigen und Konflikte mit ihrem Vorgesetzten zu vermeiden.

Ihre schulischen Leistungen verschlechterten sich zunehmend. Sie musste monatelang bis spät in die Nacht lernen, um die bevorstehenden Abschlussprüfungen zufriedenstellend zu bestehen. Die dauerhafte Überanstrengung und der zunehmende Stress durch die langen Arbeitszeiten führten bei Melissa zu Schlafproblemen, nachlassender Konzentration und andauernder Müdigkeit. Die Auszubildende fühlte sich ausgenutzt und war frustriert darüber, dass sie während ihrer Ausbildung nur wenige fachliche Kenntnisse gesammelt hatte. Der Ausbilder, der auch für das Personalwesen zuständig war, wusste schon lange von dem Problem mit den Überstunden. Auch wenn er die durch die Stempeluhr erfassten Überstunden der Auszubildenden monatelang mitverfolgte und über die schulische Leistung von Frau Schulte Bescheid wusste, ergriff er keine Maßnahmen zur Verbesserung der Situation. Sogar nach mehreren Ansprachen von Melissa Schulte, die ihr Problem schilderte, nahm sich der Ausbilder der Problematik nicht an und rechtfertigte die Situation durch folgende Aussagen: „Ich kann da nichts machen. Zurzeit haben wir Personalmangel und alle Mitarbeiter müssen Überstunden machen". Sich an die Industrie- und Handelskammer oder den Vertrauenslehrer des Berufskollegs zu wenden, war für sie keine Option, da sie Angst vor Konsequenzen des Ausbildungsbetriebes hatte. Melissa hatte noch keine Erfahrung mit einer solchen Situation und befürchtete, wenn sie sich weiter beschwert, nach der Ausbildung in die Verkaufsabteilung nicht übernommen zu werden oder ein schlechtes Arbeitszeugnis zu bekommen. Daher passte sie sich den unzureichenden Arbeitsbedingungen an.

Trotz der Belastungen und Überanstrengungen absolvierte Melissa erfolgreich ihre Prüfung zur Kauffrau für Büromanagement. Unmittelbar nach ihrer Prüfung wurde ihr die Übernahme in die Einkaufsabteilung des Unternehmens angeboten, welches sie aber ablehnte, weil sie unter den schlechten Arbeitsbedingungen nicht arbeiten wollte. Nachdem Melissa Schulte das Unternehmen verlassen hatte, bekam sie die Überstunden, die sie geleistet hatte, in Form ihres Ausbildungsgehaltes, vergütet.

Fragen zur Fallstudie:

1. Dürfen Auszubildende Überstunden leisten?
2. Wie lassen sich die schlechten Ausbildungsbedingungen erklären?
3. Welche Maßnahmen hätten zur Verbesserung der Arbeitsbedingungen geführt?

5.3 Analyse der Fallstudie

Nachfolgend wird die Handlung der Fallstudie durch den Einbezug der gesetzlichen Vorschriften und Verordnungen analysiert. Empirische Studien über schlechte Arbeitsbedingungen in der Ausbildung bekräftigen, dass es sich bei diesem Fall um keinen Einzelfall handelt. Um das Geschehen zu erklären, wurden die Ressourcenabhängigkeitstheorie und die Ausbildungsmotive herangezogen.

Sich in die Unternehmenshierarchie einzugliedern und Anweisungen von Vorgesetzten zu befolgen ist für viele Auszubildende eine neue Erfahrung. Aber es hat immer Grenzen, inwieweit Vorgesetze und Ausbilder ihre Macht ausüben dürfen.

Häufig dienen Auszubildende in kleinen Betrieben als volle Arbeitskräfte und werden zu Überstunden verpflichtet. Außerdem unterliegen minderjährige Auszubildende einem besonderen arbeitsrechtlichen Schutz, der sie vor Verstößen bewahren sollte (Haggenmiller, 2016).

Gesetzeslage

Den besonderen Schutz regelt das Jugendarbeitsschutzgesetz. Dort heißt es: „Jugendliche dürfen nicht mehr als acht Stunden täglich und nicht mehr als 40 Stunden wöchentlich beschäftigt werden" (§ 8 Abs. 1 Jugendarbeitsschutzgesetz). Daraus kann man schließen, dass es Betrieben untersagt ist, minderjährige Auszubildende über die gesetzlich vorgeschriebene Arbeitszeit hinaus zu beschäftigen.

Ergänzend für Auszubildende, die das 18. Lebensjahr schon erreicht haben, gilt: „Die werktägliche Arbeitszeit der Arbeitnehmer darf acht Stunden nicht überschreiten. Sie kann auf bis zu zehn Stunden nur verlängert werden, wenn innerhalb von sechs Kalendermonaten oder innerhalb von 24 Wochen im Durchschnitt acht Stunden werktäglich nicht überschritten werden" (§ 3 Arbeitszeitgesetz). Für volljährige Auszubildende bedeutet das, dass sie in einem gewissen Maße Überstunden leisten dürfen, aber nur wenn gewährleistet wird, dass die durchschnittliche Arbeitszeit von acht Stunden innerhalb eines halben Jahres nicht überschritten wird.

Da Melissa Schulte zum Zeitpunkt ihrer Ausbildung volljährig war, tritt hierbei das Arbeitszeitgesetz in Kraft. Die Überstunden, die die Auszubildende leistete, waren nicht rechtens. Die Mehrarbeit bis höchstens zwei Stunden am Tag sowie die durchschnittliche Arbeitszeit wurden nicht eingehalten.

Stand der Forschung

Bei den Berufsschultouren der Jugend des Deutschen Gewerkschaftsbunds (DGB) wurden 13.603 Auszubildende aus 25 verschiedenen Ausbildungsberufen zu ihren Ausbildungsbedingungen und Qualität der Ausbildung befragt. Die Daten wurden in dem Zeitraum zwischen September 2015 und April 2016 mithilfe eines Fragebogens ermittelt (Haggenmiller, 2016). Bei der Befragung hat sich herausgestellt, dass Überstunden in der Ausbildung keine Seltenheit sind. 65,2 % der Befragten gab an, dass sie regelmäßig Überstunden leisten (Haggenmiller, 2016). Der größte Teil der von den Überstunden betroffenen Auszubildenden, 81,3 %, arbeiten demnach fünf Stunden in der Woche über ihre vorgeschriebene wöchentliche Arbeitszeit hinaus. Danach folgt ein Anteil von 14,1 % der Befragten, die immerhin bis zu zehn Stunden wöchentlich Überstunden leisten. Die restlichen 4,6 % arbeiten sogar weit mehr als zehn Stunden in der Woche über ihre vorgeschriebene Arbeitszeit hinaus. Bei der empirischen Erhebung der DGB-Jugend wurden die Auszubildenden auch zu ihren Arbeitsbedingungen befragt. Folgende Aspekte wurden bei den Arbeitsbedingungen berücksichtigt: Lange Fahrtzeiten, Nebenjob, ständige Erreichbarkeit, Probleme mit Kolleg(innen)en/Vorgesetzten, Leistungs-/Zeitdruck, schlechte Pausensituation, Lage der Arbeitszeiten/Schichtdienst und mangelnde Arbeitsschutzmaßnahmen/fehlende Arbeitsmittel (Haggenmiller, 2016).

Die Ergebnisse der Befragung haben gezeigt, dass 51 % der teilnehmenden Auszubildenden durch ihre Arbeitsbedingungen in hohem oder sogar sehr hohem Maße belastet werden. Insbesondere stellt der Zeit- und Leistungsdruck einen entscheidenden Belastungsfaktor dar. Viele Auszubildende leiden durch zu hohe Belastungen an gesundheitlichen Problemen und Konzentrationsschwierigkeiten (Haggenmiller, 2016).

Ausbildungsmotive

Es gilt vielerlei Motive aus der Sicht der Unternehmen, die bei der Aufnahme von Auszubildenden eine Rolle spielen. Häufig handeln Kleinbetriebe nach dem Produktionsmotiv. Der Fokus bei diesen Unternehmen liegt bei der produktiven Leistung der

Auszubildenden. Betriebe nutzen die Auszubildenden als volle Arbeitskraft aus, um möglichst hohe Erträge zu sichern. Die Ausbildungskosten, die während der Ausbildungszeit auftreten, werden durch die erzielten Erträge der Auszubildenden gedeckt. Eine Übernahme der Ausbildungsabsolventen wird nur in seltenen Fällen realisiert. Für Großbetriebe ist der häufigste Grund für die Ausbildung das Investitionsmotiv. Hierbei verfolgen die Betriebe das Hauptziel, durch die Auszubildenden den zukünftigen Fachkräftebedarf zu sichern und vom Arbeitsmarkt unabhängiger zu werden. Das Unternehmen sieht dabei den produktiven Einsatz der Auszubildenden nicht im Vordergrund, sondern die Vermittlung von Humankapital. Die Ausbildung wird hierbei als eine Investition angesehen, da die zukünftigen erwirtschafteten Erträge der Ausbildungsabsolventen als hoch angesehen werden. Durch die Nutzung der Ausbildungsabsolventen können die Kosten, die während der Ausbildung entstanden sind, amortisiert werden. Aber nicht nur das Investitions- oder Produktionsmotiv wird als Ausbildungsmotiv in Betracht gezogen. Ein sogenanntes Screening-Motiv, bei dem die Ausbildung als eine verlängerte Probezeit angesehen wird oder das Reputationsmotiv, bei dem sich das Unternehmen sein Ansehen bei seinen Stakeholdern, wie Kund(innen)en, Zulieferern und Geschäftskund(innen)en verbessern möchte, können aus Sicht der Betriebe ein Grund für eine Ausbildung sein (Euler & Severing, 2018; Wenzelmann, 2012; Pahnke, Icks, & Kay, 2013).

Das Bundesinstitut für Berufsbildung hat im Jahr 2007 eine Kosten-Nutzen-Erhebung durchgeführt, bei der 3.000 Ausbildungsbetriebe teilgenommen haben. Bei dem persönlichen Interview der Personal- oder Ausbildungsverantwortlichen wurde durch die Übernahmestrategie ermittelt, nach welchem Motiv die Unternehmen handeln. Da die Übernahme eher für das Investitionsmotiv als für das Produktionsmotiv spricht, konnte herausgefiltert werden, welches Motiv bei Kleinbetrieben oder Großbetrieben zutrifft. Bei der Erhebung gaben 48 % der Betriebe an, nach dem Investitionsmotiv zu handeln. Ein Anteil von 23 % der teilnehmenden Unternehmen verfolgten demnach das Produktionsmotiv. Bei den restlichen 29 % war das Motiv unklar. Es hat sich herausgestellt, dass vor allem in kleinen Betrieben das Produktionsmotiv größtenteils zu finden ist (Wenzelmann, 2012). Auf der Grundlage dieser Erkenntnisse kann man schließen, dass die „Büromaterialien Funke GmbH & Co. KG" als Kleinbetrieb das Produktionsmotiv verfolgt. Das Unternehmen hatte das Ziel, Personalkosten einzusparen durch den Einsatz der Auszubildenden als volle Arbeitskraft. Aufgrund von Personalmangel wurde Frau Schulte die Stelle nach der Ausbildung angeboten. Die Übernahme war für den Betrieb somit nicht besonders relevant, was für das Produktionsmotiv typisch ist.

Ressourcenabhängigkeitstheorie

Um das Geschehen in der Fallstudie zu erklären, wurde die Ressourcenabhängigkeitstheorie (Resource Dependence Theory) herangezogen. Die Theorie besagt, dass Organisationen von ihrer Umwelt abhängig sind. Wer die kritische Ressource besitzt, hat Macht über diejenigen, die diese Ressource benötigen. Das bedeutet, dass Organisationen keinen Einfluss über ihren Ressourcenzufluss haben und somit in einem Abhängigkeitsverhältnis zu ihrer Umwelt stehen (Alt, 2005; Preisendörfer, 2016).

Bei der vorliegenden Fallstudie bestand ein Abhängigkeitsverhältnis zwischen der Auszubildenden und ihrem Ausbildungsbetrieb. Das Unternehmen konnte seine Macht ausüben und somit seine Interessen, wie die Einsparung von Personalkosten durch die Beschäftigung der Auszubildenden, verwirklichen. Frau Schulte war abhängig von der „Büromaterialien Funke GmbH & Co. KG", da diese befürchtete, eine Nichtbefolgung der Anweisungen würde Konsequenzen nach sich ziehen.

Bei jungen Menschen kommt es oft vor, dass sie beim Eintritt in das Berufsleben Schwierigkeiten haben, sich gegen Überstunden im Ausbildungsbetrieb zu wehren. Sie sind sich über eine Übernahme nach der Ausbildung nicht sicher und wollen einen guten Eindruck hinterlassen. Außerdem sehen sich die Auszubildenden in einer schlechten Verhandlungsposition, um regelmäßige Überstunden abzulehnen oder gar nach einem Ausgleich zu fragen (Wenzelmann, 2012).

Um die Beeinflussungsversuche des Unternehmens zu vermeiden und die Position der Auszubildenden zu stärken, müssen Maßnahmen ergriffen werden. Diese werden in den nachfolgenden Handlungsempfehlungen beschrieben.

Handlungsempfehlungen

Die Gewerkschaftsjugend hat Maßnahmen herausgearbeitet, um die Ausbildungsqualität und -bedingungen für junge Auszubildende zu verbessern. Das Berichtsheft dient als Ausbildungsnachweis und soll unter Aufsicht der Ausbilder/-innen regelmäßig kontrolliert und besprochen werden, um mögliche Probleme bei der Ausbildung aufzudecken und zu beseitigen. Bei Verstößen gegen die gesetzlichen Regelungen muss die zuständige Gewerbeaufsicht in Kenntnis gesetzt werden. Vor allem bei Verstößen gegen das Jugendarbeitsschutzgesetz müssen Aufsichtsbehörden, wie der Landesausschuss für Jugendarbeitsschutz, eingreifen. Die Gewerkschaftsjugend hat Vorbeugungsmaßnahmen gegen schlechte Ausbildungsbedingungen entwickelt, wie z. B. unangemeldete Kontrollbesuche bei den Ausbildungsbetrieben durch die Kammern und regelmäßige Weiterbildungen für Ausbilder/-innen (Haggenmiller, 2016; Quante-Brandt & Grabow, 2008).

Das Vorzeigen des Berichtshefts bei dem Ausbilder hätte der Beschwerde von Frau Schulte mehr Nachdruck verliehen. Außerdem hätte sich die Auszubildende bei Verletzung der gesetzlichen Verordnungen bei der Industrie- und Handelskammer melden können, um durch deren Unterstützung ihre Position zu stärken und somit aus dem Abhängigkeitsverhältnis zu entkommen.

5.4 Zusammenfassung und Fazit

Wie die Untersuchungen der DGB-Jugend gezeigt haben, sind viele Auszubildende von Überstunden und schlechten Arbeitsbedingungen betroffen. In ihrer Machtposition verstoßen Ausbildungsbetriebe sogar gegen vorgeschriebene Gesetze, um ihre wirtschaftlichen Ziele zu erreichen. Auszubildende holen sich jedoch nur selten Hilfe von zuständigen Stellen, denn sie erschließen sich negative Folgen bei jeglichen Abwehrmaßnahmen. Die Ressourcenabhängigkeitstheorie findet bei dieser Thematik ihre Anwendung und erklärt das Geschehen in der vorliegenden Fallstudie. Außerdem beeinflusst das Ausbildungsmotiv das Verhalten der Betriebe gegenüber den Auszubildenden. Verfolgt das Unternehmen das Produktionsmotiv, wie in dem Fall beschrieben, dann findet ein Arbeitsverhältnis an Stelle eines Lehrverhältnisses statt. Auszubildende haben vielerlei Möglichkeiten gegen Verstöße, Ungerechtigkeit und Ausbeutung bei der Arbeit vorzugehen. Es ist wichtig, dass Auszubildende ihre Rechte und auch Pflichten kennen und bei Problemen handeln. Denn dadurch kann eine optimale Ausbildungsqualität und gute Arbeitsbedingungen gewährleistet werden.

Literatur

Alt, R. (2005). Mikropolitik. In Weik, E. & Lang, R. (Hrsg.), *Moderne Organisationstheorien 1: Handlungsorientierte Ansätze* (2. Auflage, S. 295–328). Wiesbaden: Gabler Verlag.

Euler, D. & Severing, E. (2018). *Ausweitung der Ausbildungsressourcen*. Gütersloh: Bertelsmann Stiftung.

Gillmann, B. (2018). Schlechte Ausbildungsbedingungen – DGB macht Betriebe für Fachkräftemangel verantwortlich. Verfügbar unter https://www.handelsblatt.com/politik/deutschland/zu-wenig-geld-mangelnde-betreuung-schlechte-ausbildungsbedingungen-dgb-macht-betriebe-fuer-fachkraeftemangel-verantwortlich/22988906.html (letzter Aufruf: 19.06.2019).

Haggenmiller, F. (2016). *Ausbildungsreport 2016*. Berlin: DGB-Bundesvorstand.

Lietzmann, A. & Mayerl, M. (2015). *Betriebliche Ausbildung: Jetzt aktiv werden*. Berlin: k.o.s GmbH.

Pahnke, A., Icks, A. & Kay, R. (2013). *Übernahme von Auszubildenden – betriebsgrößenspezifische Analysen*. Bonn: Institut für Mittelstandsforschung.

Preisendörfer, P. (2016). *Organisationssoziologie: Grundlagen, Theorien und Problemstellungen*. (4. Auflage), Wiesbaden: Springer.

Quante-Brandt, E. & Grabow, Th. (2008). *Die Sicht von Auszubildenden auf die Qualität ihrer Ausbildungsbedingungen: Regionale Studie zur Qualität und Zufriedenheit im Ausbildungsprozess* (Berichte zur beruflichen Bildung). Bonn: Bundesinstitut für Berufsbildung.

Wenzelmann, F. (2012). Ausbildungsmotive und die Zeitaufteilung der Auszubildenden im Betrieb. *Journal for Labour Market Research*, 45, 125–131.

Vanessa Aberle

6 Vertrauensarbeitszeit

6.1 Falldarstellung

Montagmorgen, Frau Apfel fährt wie fast jeden Morgen um 7 Uhr zur Arbeit und um kurz vor 8 betritt sie ihr Büro. Ihre Arbeitszeiten sind nicht genau festgelegt – es sind keine Anfangs- oder Endzeiten im Betrieb vorhanden. Die Arbeiter sollen vormittags gegebenenfalls telefonisch erreichbar sein, mehr wird jedoch nicht verlangt. Frau Apfel arbeitet in einem Unternehmen als gesetzliche Betreuerin und betreut somit Menschen aus sozial schwachen Kreisen beziehungsweise Familien, die Unterstützung benötigen. Mit ihren knapp 42 Klient(inn)en hat sie viel zu erledigen. Tägliche Behördengänge, Arztbesuche, Klientengespräche und Büroarbeiten gehören zu ihren täglichen Aufgaben. Bevor sie den Job annahm, wurde ihr gesagt, sie könne sich ihre 40 Stunden in der Woche so einteilen, wie es ihr passe. Das klang verlockend, besonders vor dem Hintergrund, dass Frau Apfel als alleinerziehende Mutter mit zwei Kindern zuhause einen Haushalt zu führen hat. Sie arbeitet seit Oktober 2016 für das Unternehmen. Die ersten Wochen fielen ihr schwer. Neuer Job, neue Kolleg(inn)en, neuer Chef und dann auch noch keine festen Arbeitszeiten. Wie geht sie damit um? Wie teilt sie sich ihre Arbeit am idealsten ein? Zuerst besorgte sie sich einen Terminplaner, denn Organisation ist das Wichtigste in so einem Beruf. Kolleg(inn)en schaute sie über die Schulter, stellte viele Fragen und versuchte einen Überblick darüber zu bekommen, wie ihre Arbeitskolleg(inn)en sich die Arbeit einteilten. Schnell wurde ihr klar, dass sie vieles anders machen würde. Das Zeitmanagement, was ihre Arbeitskolleg(inn)en an den Tag legten, passte ihr gar nicht. Sachen vor sich herzuschieben oder zu vertagen sind nicht ihre Art. Somit legte sie sich ihre Termine so wie es für sie logisch am besten war und bekam somit von Zeit zu Zeit ein besseres Gefühl für ihre Arbeitseinteilung. Jede/r Angestellte muss einen eigenen Weg finden, um mit der Zeiteinteilung in Einklang zu kommen, denn jede/r Einzelne hat andere Prioritäten oder familiäre Verhältnisse und somit ein anderes Zeitmanagement. Das Arbeitsverhältnis basiert auf Vertrauen, die Arbeitspflichten müssen jedoch erfüllt werden und die Mitarbeiter/-innen bearbeiten die vertraglich vereinbarten Aufgaben selbständig und eigenverantwortlich. Das bedeutet, ganz allein und individuell darüber zu entscheiden, wann und wie viel täglich gearbeitet wird, selbstverständlich unter der Voraussetzung, dass die Arbeitsaufgaben fristgerecht bearbeitet und abgeschlossen werden. Dies birgt nicht nur für die Arbeitnehmer/-innen Vor- und Nachteile, sondern auch für den Arbeitgeber. Eine richtige Überprüfung über die Anwesenheit im Büro gibt es nicht, jeden Mittwoch findet ein gemeinsames Teammeeting statt, in dem über Ergebnisse, Fragen und Anliegen gesprochen wird und jeder seine Fortschritte und

https://doi.org/10.1515/9783110697308-006

Ergebnisse kurz vorstellt. Seltene und kurze Besuche vom Chef sind gelegentlich auch zu erwarten. Dieses Unternehmen arbeitet mit einem Online-Portal, ähnlich wie das von Hochschulen. Dort werden Termine eingetragen und Dokumente gespeichert. Jede Arbeitskraft hat einen eigenen Account, worauf nur der Chef und die Arbeitskraft zugreifen können. Somit gelingt eine Art der Kontrolle für den Chef, kurze Einblicke in den Terminplan, das Lesen von erfassten Berichten und Protokollen behilft dabei, den Fleiß des Personals besser einzuschätzen. Telefonisch stehen die Mitarbeiter/-innen ebenfalls mit dem Chef in Kontakt, wenn die Arbeit nicht der Zufriedenheit seitens des Unternehmens entspricht, dann wird telefoniert und hinterfragt, welche Auslöser dafür verantwortlich sind. Zurück zu Frau Apfel, die um 7 Uhr morgens zu ihrer Arbeitsstelle fährt. Angespannt und gestresst betritt sie ihr Büro. Auf sie warten wieder einmal viele Unterlagen auf ihrem Platz. Anrufe in Abwesenheit, Kolleg(innen)en, die Fragen haben, und dann noch die Termine, die gleich anstehen. Die Aufgaben stapeln sich, Frau Apfel weiß gar nicht, wo sie zuerst anfangen soll. Zuerst die verpassten Telefonate zurückrufen oder doch den Bericht von gestern zu Ende bringen? Da sie weiß, dass sie ihre Arbeitszeit frei gestalten kann, möchte sie ihrem Chef natürlich zeigen, was für eine engagierte und zuverlässige Mitarbeiterin sie ist und es nicht wie manche Kolleg(innen)en einfach so hinnehmen. Nicht alle nehmen es so ernst wie Frau Apfel, einige Arbeitskolleg(innen)en betreten ganz entspannt gegen Mittag das Büro, machen sich erst mal in Ruhe einen Kaffee und anschließend beginnen sie langsam mit der Arbeit, ganz nach dem Motto: „Ich habe genug Zeit, ich lasse mich nicht stressen." Dieses Problem kommt auch dadurch zustande, da Frau Apfel schon seit zehn Jahren in ihrem Job tätig ist. Durch die jahrelange Arbeitserfahrung hat sie mehr Klient(innen)en zu betreuen als ihre Arbeitskolleg(innen)en. Ein kleines Beispiel an dieser Stelle: Ihre Arbeitskollegin kommt gerade frisch von der Universität und ist jetzt gerade in ihrem ersten Jahr. Ihr Maximum an Klient(innen)en beträgt 20, wogegen Frau Apfel derzeit 42 Klienten betreut. Beide Arbeitnehmerinnen sind mit einer 40-Stunden-Woche angestellt. Es ist klar, dass sich das mit der Zeit ändern wird, jedoch scheint dies anfangs recht unfair gehandhabt zu werden. Das System der Vertrauensarbeitszeit soll motivationsfördernd sein, da Arbeitszeit und Familienleben besser miteinander vereint werden können. Frau Apfel verbringt ihre Arbeitszeit bis 18 Uhr im Büro. Als Letzte verlässt sie das Büro, nimmt noch zwei Schreiben zum Überarbeiten mit nach Hause. Total erschöpft zuhause angekommen, ist sie mit ihren Gedanken schon wieder beim morgigen Tag. Gedanken kreisen durch ihren Kopf, Fragen der Wertschätzung und Anerkennung seitens des Chefs schwirren herum. Ein kleines Dankeschön zwischendurch oder gar ein Bonus für ihre tolle Arbeit wären eine schöne Geste. Das Problem ist, dass man keine Vorgaben hat und auf sich alleine gestellt ist. Viele Menschen werden dabei dazu verleitet, Aufgaben vor sich herzuschieben und nicht angemessen zu erledigen. Sie nehmen sich frei, gehen ein bis zwei Stunden eher oder kommen später als ihre Arbeitskolleg(innen)en. Wie wirkt sich das System auf das Unternehmen aus? Welche Vor- bzw. Nachteile entstehen hier für das Unternehmen? Im Grunde genommen macht es für einige Unternehmenden keinen großen Unterschied, ob die Mitarbeiter/-innen um sieben Uhr oder um neun Uhr kommen, solange die Aufgaben zufriedenstellend erledigt werden. Worin liegt der Unterschied bei den Arbeitskräften? Warum gehen einige mit vollem Elan und Ehrgeiz an die Arbeit und andere wiederum mit völliger Belanglosigkeit und Lustlosigkeit? Wie kann man Mitarbeiter/-innen trotz so viel Freiheit dazu bringen, 100 % bei der Arbeit zu geben?

6.2 Vertrauensarbeitszeit – Was genau bedeutet das?

Die Vertrauensarbeitszeit ist ein Modell der flexiblen Arbeitszeit, bei der die Beschäftigten den Beginn und das Ende sowie den Umfang der täglichen Arbeitszeit selbstständig festlegen können und hierbei mehr oder weniger auf die Arbeitszeiterfassung verzichtet wird. Der Arbeitgebende vertraut dabei der Arbeitskraft. Das Ziel dabei ist ein einfaches und flexibles Arbeitssystem für beide Seiten zu schaffen. Dadurch soll ein kunden- und marktgerechter Einsatz der Arbeitszeit zustande kommen, um damit einen Wettbewerbsvorteil den anderen Unternehmen gegenüber zu sichern. Die Erfüllung der Aufgaben soll selbstständig und eigenverantwortlich erfolgen. Durch die Flexibilität, die dadurch gegeben wird, werden betriebliche Erfordernisse durch die individuelle Arbeitszeitgestaltung ganz anders angegangen und es entsteht ein anderer Gestaltungsspielraum für die Mitarbeiter/-innen, der viele Vorteile mit sich bringt. Durch diese flexible Anpassung ist es möglich, sich stärker an den Kund(innen)en zu binden und sich stärker anpassen zu können. Die Kundenorientierung sorgt somit für beste Voraussetzung. Zusätzlich soll dieses System einen vertrauensvollen und partnerschaftlichen Umgang von Angestellten und Führungskraft ergeben. Im Großen und Ganzen geht es darum, eine Vereinbarung zu treffen, in der ein Ausgleich zwischen betrieblichen Kapazitätserfordernissen und den zeitlichen Interessen und Bedürfnissen der Angestellten erzielt werden kann. Es gibt jedoch keine Garantie dafür, dass ein Interessenausgleich gelingt.

Zu Beginn klingt Arbeitszeitflexibilisierung oder Vertrauensarbeitszeit für viele Menschen sehr verlockend. Ist es nicht der Wunsch einer jeden Arbeitskraft, die eigene Arbeitszeit selber einzuteilen beziehungsweise so zu legen, wie es für einen selber am idealsten ist? Somit könnte man Arbeit und Freizeit in Einklang bringen. Das Modell der Arbeitszeitflexibilisierung wird aktuell immer bekannter, viele große und immer mehr kleine Unternehmen locken damit und wollen das Unternehmen für neue Mitarbeiter/-innen attraktiver gestalten (Klein-Schneider, 1999). Es wird mit Vereinbarkeit von Familie und Beruf geworben, mit vielen Vorteilen und Rechten, jedoch immer weniger mit Nachteilen oder Pflichten. Das Vertrauen soll zu einem guten und stabilen Verhältnis zwischen dem Personal und dem Arbeitgebenden beziehungsweise dem Unternehmen führen. Mehr Motivation und Leistungsbereitschaft sollen dadurch zustande kommen, da die Zeitplanung einem selbst überlassen wird. Oftmals wird auf zeitliche Vorgaben seitens des Unternehmens verzichtet, viele arbeiten im Home-

Office oder sind zu bestimmten Kernzeiten für Kund(innen)en und Lieferant(innen)en erreichbar (Klein-Schneider, 1999). Die Voraussetzungen für diese Art der Arbeitszeitgestaltung sind wie in allen anderen Modellen gleich. Es darf maximal acht Stunden am Stück gearbeitet werden, in seltenen Fällen oder Ausnahmen bis zu zehn Stunden, regelmäßige Pausen müssen eingelegt werden und eine Ruhezeit zwischen zwei Arbeitstagen muss mindestens elf Stunden betragen (Warkentin, 2015).

Das Modell der Vertrauensarbeitszeit bringt nicht nur Vor-, sondern auch Nachteile. Die Arbeitnehmer/-innen nehmen verstärkt Arbeit mit nach Hause, hierbei wird oft die geleistete Arbeitszeit zuhause nicht berücksichtigt. Durch das sogenannte „Home-Office" haben die Angestellten keinen genau definierten Feierabend (Warkentin, 2015). Dadurch steigt die Gefahr der unbezahlten Überstunden. Es sind keine offiziellen Überstunden, jedoch investiert die Arbeitskraft oftmals unbewusst mehr Zeit in die Arbeit als verlangt. Durch die ständige Erreichbarkeit auf dem Mobiltelefon oder dem Firmen-Laptop werden kurze Arbeitszeiten nicht vergütet und mit der Zeit sammeln sich die Minuten und werden zu Stunden oder sogar Tagen. Die Freizeit und die Arbeit verschwimmen miteinander, der Stresspegel steigt und ein komplettes Abschalten ist nur schwer möglich. Ein großes Problem ist die gedankliche Trennung von Arbeit und Freizeit, denn schon ein kleiner Blick auf die E-Mails oder ein kurzes Telefonat bringen uns gedanklich schon wieder zu der Arbeit und nicht zur Entspannung (Warkentin, 2015). Es ist zwar von vielen Angestellten sehr erwünscht, so flexibel und selbstständig zu arbeiten, jedoch leiden Erholung, Freizeit und das Familienleben darunter. Aus diesem Grund sollten klare Grenzen gesetzt werden, selbstgesetzte Grenzen funktionieren oftmals nicht, da diese immer wieder überschritten werden. (Warkentin, 2015) Am effektivsten wäre eine Absprache mit dem Arbeitgebenden, in der einige Grenzen besprochen werden.

Um Grundvoraussetzungen für die Vertrauensarbeit zu schaffen, sollten im Vorhinein einige Dinge, Punkte oder Anliegen definiert und besprochen werden. Die Mindestanforderung bei einer jeden Arbeitszeit-Regelung sollten gleich sein. Es sollten einzelvertragliche Vereinbarungen zur Arbeitszeit festgesetzt werden, einfach um einen Anhaltspunkt zu haben oder eine Richtlinie, um nicht über eine beispielsweise 40-Stunden-Woche zu kommen (Warkentin, 2015). Im Allgemeinen sollten im Voraus gemeinsame Ziele zwischen Mitarbeiter/-innen und Führungskraft gesetzt und besprochen werden, welche Aufgaben und Ergebnisse innerhalb der Arbeitszeit erledigt oder fristgerecht abgegeben werden müssen. Dem Mitarbeitenden muss bei der Vertrauensarbeitszeit bewusst sein, dass Sachen wie Anerkennung, ein Bonus, mehr Entgelt oder gar ein beruflicher Aufstieg nicht davon abhängen, wie oft er anwesend ist, sondern viel mehr damit, eine gute Aufgabenerfüllung oder super Ergebnisse abzuliefern. Sollte dem Angestellten die Kontrolle über ihr oder sein Zeitbudget entgleiten, sie oder er zu viel oder zu wenig arbeiten und dieses Problem nicht eigenständig in den Griff bekommen, sei es bewusst oder unbewusst, so übernimmt an dieser Stelle die Führungskraft die Verantwortung für erforderliche Anpassungsmaßnahmen, beispielsweise eine Kapazitätserhöhung. Bei einer Überlastung sollten ebenfalls Entlastungsmaßnahmen getroffen werden, damit sowohl der Angestellte als auch die Führungskraft in solchen Fällen wissen, was genau zu tun ist (Warkentin, 2015).

Die Vorteile dieser Art von Arbeitszeitflexibilisierung sind selbstverständlich an erster Stelle die Bewegungsfreiheiten, die dem Angestellten gegeben werden – freie Entscheidungen über das Zeitmanagement und eigenverantwortliche Entscheidungen, die einem das Arbeitsleben oftmals deutlich vereinfachen können. Somit hat man eine Realisierung von seinen eigenen persönlichen Zeitinteressen, so kann beispielsweise morgens ein Schwimmkurs besucht werden oder können Eltern Mittagessen für die Kinder kochen, ohne sich bei der Arbeit abmelden zu müssen. Die ortsgebundene Arbeit wird unterstützt, durch Möglichkeiten wie Home-Office. Dadurch kann eine sogenannte „Work-Life-Balance", zu Deutsch „Arbeits-Leben-Balance", geschaffen werden (Warkentin, 2015). Denn warum sollte das Arbeitsleben nicht mit dem Privatleben in Einklang gebracht werden können? Schließlich ist dies das Ziel vieler Menschen, die in einem Beruf tätig sind. Der Verzicht der Zeitkontrolle ist dabei nämlich der ausschlaggebende Punkt. Die Eigenverantwortlichkeit wird hierbei nicht nur gefördert, sondern oftmals auch verbessert. Es werden neue Seiten der Persönlichkeit entdeckt, denn wer erst einmal in so einem Job arbeitet, merkt vielleicht, wie diszipliniert und ehrgeizig man selbst ist oder auch nicht. Der Anreiz, nicht nach der Anwesenheit, sondern vielmehr nach den erbrachten Leistungen beurteilt zu werden, steigt gleichzeitig das Verlangen mit dem Zeitbudget effizienter und bewusster umzugehen. Denn es gibt, wie in vielen Jobs, immer öfter die Problematik, dass Mitarbeiter/-innen immer anwesend sind, jedoch wenig bis geringe Leistungen erbringen. Dieser Punkt ist natürlich unfair denen gegenüber, die genau so lange im Büro sind, jedoch viel engagierter bei der Arbeit sind.

Obwohl die Vertrauensarbeitszeit so viele tolle Vorteile mit sich bringt, fällt es vielen schwer in diesem System Fuß zu fassen beziehungsweise optimal damit zu arbeiten. Die meisten Angestellten kommen vorher aus einem Beruf mit festen Arbeitszeiten. Durch die jahrelange Gewöhnung an feste Arbeitszeiten, regelmäßige Förderungen oder Belohnungen für das zeitorientierte Arbeiten kommen Zweifel auf, ob es tatsächlich lohnender ist als bei dem vorherigen Job durch Zeitgerechtigkeit oder doch wie bei dem neuen Job durch die Leistungsgerechtigkeit entlohnt zu werden. Die Sorge des Leistungsdrucks schreckt viele Arbeitnehmer/-innen ab. Bei festen Arbeitszeiten werden dem Angestellten Aufgaben gegeben, die dieser bis zum Arbeitsende zu erledigen hat. Werden diese nicht erledigt, können sie am darauffolgenden Tag erledigt werden oder die Schicht danach erledigt die Aufgaben zu Ende. Bei der Vertrauensarbeitszeit müssen diese Aufgaben eigenständig organisiert werden. Selbstverständlich mit Fristen aber ohne Kontrolle oder Überwachung der bisherigen Ergebnisse, denn dort zählt nur das Endergebnis.

6.3 XY-Theorie nach McGregor

Die Aufgabe der Personalführung besteht darin, die Mitarbeiter/-innen so zu stimmen und motivieren, dass die Ziele des Unternehmens ebenso zum Ziel der Arbeitskraft werden und diese bestmöglich erledigt, um diese erfolgreich und zufriedenstellend zu erreichen. Aus diesem Grund habe ich mich für die XY-Theorie von McGregor entschieden, da diese zwei komplett gegensätzliche Führungsstile darstellt. Die Theorie X ist der autoritäre Führungsstil (McGregror, 1986; Olfert, 2008). Es wird hier davon ausgegangen, dass der Mensch eine angeborene Abneigung gegenüber Arbeit hat, denn Menschen haben nicht besonders viel Ehrgeiz und vermeiden gerne Verantwortung. Es ist ihnen wichtig zu wissen, dass sie in Sicherheit sind und vermeiden somit jedes Risiko. Aus diesem Grund wird mit Zwang, Kontrolle, straffer Führung, Lenkung und Anordnung von Strafen seitens der Führungskraft gearbeitet, um produktive Beiträge zur Erreichung der Produktionsziele zu erzielen. Die Y-Theorie ist der kooperative Führungsstil (McGregor, 1986; Olfert, 2008). Hierbei wird davon ausgegangen, dass der Mensch von Natur aus leistungsbereit und leistungswillig ist und Arbeit für ihn ein wichtiger Weg zur Zufriedenheit ist, denn Arbeit bietet ihm hier eine Art Befriedigung und das Streben nach Selbstverwirklichung. Um produktive Beiträge der Mitarbeiter/-innen zu erlangen, wird hier zur Motivation mit mehr Selbstbestimmung und großen Verantwortungsbereichen gearbeitet. Dadurch entwickelt sich Selbstkontrolle und eigene Initiative. Es wird Kreativität in den Köpfen geschaffen, neue Wege und Gedanken Aufgaben zu erledigen und diese erfolgreich zu managen.

6.4 Anwendung der Theorie auf die Fallstudie

Bei der geschilderten Vertrauensarbeitszeit handelt es sich um die Theorie Y. Frau Apfel handelt im Sinne des Unternehmens, sie versucht ihr Bestmögliches zu geben, um das Interesse des Unternehmens zu vertreten. Sie hat einen großen Handlungsspielraum, in dem sie eigenständig und selbstbestimmend arbeiten kann, ohne großartig kontrolliert zu werden. Sie engagiert sich für ihre Klient(innen)en und somit für das Unternehmen. Ihre Verantwortungsbereitschaft den Klient(innen)en gegenüber spiegeln ihre gute Leistung wider. Die Y-Theorie widerspricht jedoch an einigen Stellen der Situation von Frau Apfel und aus diesem Grund ist es meiner Meinung nach nicht verkehrt, die Theorie Y etwas zu verbessern, indem die Arbeitskraft mehr unterstützt wird und im Falle einer Überlastung schneller gehandelt wird, um eine optimale Lösung für beide Seiten zu finden. Denn die Y-Theorie ist theoretisch der Traum eines jeden Angestellten, jedoch sollten zunächst einzelne Aspekte zwischen Arbeitnehmer-/innen und Arbeitgeber/-innen besprochen werden, um die Probleme, wie bei Frau Apfel, zu beseitigen beziehungsweise gar nicht erst zustande kommen zu lassen. Um Ungerechtigkeit gegenüber den Kolleg(innen)en zu vermeiden, könnte man kleine Kontrollen einführen oder über Belohnungen für gute erbrachte Leistung nachdenken. Es kommt ganz auf die eigene Persönlichkeit an, in welchem Interesse eine Arbeitskraft an die Arbeit geht. Hier ist es wichtig, als Führungskraft zu erkennen, wer im Sinne des Unternehmens handelt oder wer einfach nur seine Zeit absitzt. Es ist nicht die Aufgabe eines Angestellten den Kolleg(innen)en zu sagen, dass sie effektiver arbeiten sollen. Es sollte die Aufgabe einer Führungskraft sein, die Angestellten darauf zu prüfen, wie ernst es ihnen ist. Denn nur so kann eine Ungerechtigkeit unter den Angestellten vermieden werden und eine erfolgreiche Umsetzung der Theorie Y erstellt werden.

Literatur

Klein-Schneider, H. (1999). *Flexible Arbeitszeit: Analyse und Handlungsempfehlungen*. Düsseldorf: Hans-Böckler-Stiftung.
McGregor, D. (1986). *Der Mensch im Unternehmen* (A. Wolter, Übersetz.). Hamburg: MacGraw-Hill.
Olfert, K. (2008). *Lexikon Personalwirtschaft*. Ludwigshafen: Kiehl.
Warkentin, N. (2015). Vertrauensarbeitszeit: Rechte und Pflichten. Verfügbar unter https://karrierebibel.de/vertrauensarbeitszeit/ (letzter Aufruf: 30.04.2020).

Deniz Akyaman

7 Familienmitglieder als Personal

7.1 Einleitung

Die Fallstudie behandelt eine Umstrukturierung des Personals in einem Gastronomiebetrieb, dabei werden Mitarbeiter-/innen durch Familienmitglieder ersetzt, um
gezielt Kosten einzusparen. Ziel der folgenden Darstellungen ist es, die Konsequenzen
dieser Umstrukturierung zu analysieren und mögliche Lösungsansätze zu definieren,
um dabei gezielt Aspekte zur Verhinderung der vorliegenden Problematik nahzule-
gen. Im ersten Schritt wird die Fallstudie inklusive der Leitfragen wiedergegeben.
Darauffolgend wird die sogenannte Transaktionskostentheorie näher betrachtet. Diese nutzt nämlich die Transaktionskosten als Maßstab für Unternehmenseffizienz. Im
nächsten Schritt wird die Theorie auf die Fallstudie übertragen, indem zielgerich-
tet zwischen der Situation Vor- und Nacheinstellung der Familienmitglieder unterschieden wird. Letztlich werden mögliche Lösungsansätze definiert, um im Schluss
die Analyse kritisch zu betrachten. Ausschlaggebend für das Zustandekommen der
Fallstudie ist die persönliche Beziehung zum Geschäftsführer und demzufolge die
globalere Sicht auf das Unternehmen und dessen Mitarbeiter/-innen. Im Laufe des
Zustandekommens der Fallstudie galt der ehemalige Geschäftsführer, welcher gleichzeitig als Führungskraft fungierte, als Informationsquelle und wurde innerhalb des
Schreibprozesses interviewt.

7.2 Falldarstellung und -analyse aus Sicht
   der Transaktionskostentheorie

Es war ein regnerischer Herbstabend als David zum letzten Mal die Türe seines Restaurants schloss, um sich nach 1,5 Jahren vorzeitig von der Gastronomie zu verabschieden. Anfangs war der 27-jährige Jung-Gastronom noch sehr motiviert. Aufgrund seiner
Ausbildung als Bürokaufmann, bedingt durch seinen Realschulabschluss, konnte er
nur wenig Erfahrung in der Gastronomie vorweisen. Durch den Einstieg in die Selbständigkeit erfüllte er sich seinen Lebenstraum und erhoffte sich einen strukturierten
Arbeitsalltag und hohe Umsatzrenditen. Das Restaurant, welches anfänglich drei ge-
lernte männliche Mitarbeiter beschäftigte, befand sich jedoch eher abgelegen, somit
blieben die Kund(innen)en anfangs aus. Aufgrund der ausbleibenden Kundschaft be-
auftragte Inhaber David ein Familienmitglied, um gegen ein vergleichsweise geringes
Entgelt gemeinsam geeignete Marketing-Maßnahmen anzuwenden. Dies tat er gezielt,
indem er versuchte darauf hinzuarbeiten, innerhalb der sozialen Netzwerke Reich-

https://doi.org/10.1515/9783110697308-007

weite zu generieren. Nachdem die Marketing-Maßnahmen erste Erfolge erzielten und das Restaurant immer mehr an Relevanz gewann, existierte ein hohes Aufkommen an Stammkundschaft. Folglich kamen Inhaber David schon erste Gedanken, weitere Familienmitglieder in das Unternehmen einzubinden. Einige Monate vergingen und das Restaurant rentierte sich immer mehr, die Gäste genossen nicht nur das Essen, sondern auch die einzigartige Eigenart der Mitarbeiter. Jedoch kam es wie es kommen musste, denn einige Mitarbeiter ließen sich krankschreiben, wodurch kurzfristig Familienmitglieder einspringen mussten, die ihre Arbeit zwar erledigten, jedoch im Endeffekt sehr unorganisiert arbeiteten. Geprägt vom Erfolg des Restaurants entschloss sich Inhaber David seine drei Mitarbeiter durch Familienmitglieder zu ersetzen, da es zu Unannehmlichkeiten aufgrund der guten wirtschaftlichen Situation des Restaurants kam, denn die Mitarbeiter forderten höhere Löhne. Außerdem erhoffte sich der Inhaber dadurch eine bessere Zukunft für die Familienmitglieder. Folglich lief der Betrieb unter gleicher Leitung, jedoch unter einer komplett neuen Struktur. Die beiden gelernten Köche wurden zum einen durch den 55-jährigen Vater ersetzt, welcher keinerlei Erfahrung im Bereich der Gastronomie aufweisen konnte und aktuell in der Baubranche tätig war, zum anderen durch seinen 25-jährigen Bruder, der seine Festanstellung in einem Gastronomiebetrieb aufgab und somit über gewisse Vorkenntnisse verfügte. Im Servicebereich übernahm die Schwester die Kontrolle, welche ebenfalls aus einer anderen Branche kam und somit keinerlei Vorkenntnisse besaß. Innerhalb des Arbeitsalltags merkte David schon innerhalb der ersten Wochen das Ausmaß seiner Entscheidung. Abgesehen von einer allgemeinen unorganisierten Atmosphäre wurden viele Bestellungen fehlerhaft und zu langsam rausgeschickt, was bei den Kund(innen)en einen negativen Beigeschmack hinterließ. Dieser negative Beigeschmack äußerte sich schließlich in negativen Rezensionen auf den sozialen Netzwerken. David, welcher die sozialen Netzwerke als hauptsächliche Marketing-Maßnahme nutzte, musste sich schweren Herzens bei den Kund(innen)en entschuldigen und nutzte Gutscheine als Entschädigung, was sich in wirtschaftlicher Hinsicht kontraproduktiv auswirkte.

Im Laufe des Arbeitsverhältnisses schien sich die Führungsebene sukzessiv zu wandeln. Der im Küchenbereich tätige Vater versuchte die Führungsebene zu übernehmen und änderte einiges am Arbeitsablauf in der Küche als auch im Bereich der Führung der Mitarbeiter/-innen. Beispielsweise wurden Rezepte verändert, welche jedoch nicht den Anforderungen des Inhabers gerecht wurden. Des Weiteren genehmigte der Vater Urlaube, ohne überhaupt mit David Absprache gehalten zu haben. Folglich führte es zu einer Unstimmigkeit in der Führungsebene. Es kam zu einem Konflikt zwischen Vater und Sohn, welcher in lautstarken Auseinandersetzungen endete. Diese hatten ein angespanntes Arbeitsverhältnis zufolge. David war eindeutig überfordert, es fehlte ganz klar an Ordnung, was sich sowohl aus wirtschaftlicher als auch psychologischer Sicht zeigte. Aus wirtschaftlicher Sicht fehlten ganz klar die Kund(innen)en, welche sowohl die qualitative Bewirtung als auch die einzigartige Art der Mitarbeiter missten und das Restaurant nicht mehr aufsuchten. Aus psychologischer Sicht waren alle Mitarbeiter/-innen betroffen, denn das angespannte Verhältnis innerhalb der Arbeitszeiten wirkte sich auch auf das gemeinsame Privatleben aus, somit war Inhaber David ständig mit den Problemen seines Restaurants konfrontiert. Diese führten wiederum zu einer nachlassenden Motivation bei dem Inhaber. Dieser Mangel an Motivation zeigte sich sehr bald auch bei den restlichen Arbeitskräften, durch mangelndes positives Feedback durch den Inhaber als auch durch die Kund(innen)en. Schlussendlich war es aus wirtschaftlicher Sicht nicht mehr rentabel, das Restaurant zu führen, da David durch den andauernden Misserfolg nicht mehr in der Lage war seine Fixkosten zu decken. Bevor er sich weiter verschuldete, entschloss sich David seinen geliebten Traum mit einem Minus von 12.000 € vorzeitig zu beenden und sich an diesem regnerischen Herbstabend für immer von seinem Restaurant zu verabschieden. Heute, über ein Jahr später, ist er der festen Annahme, dass es ganz klar anders gelaufen wäre, wenn das Restaurant weiter mit den ursprünglichen Mitarbeitern geführt worden wäre.

Fragen zur Fallstudie:

1. Wie unterscheidet sich die Mitarbeiterstruktur vor und nach der Umstrukturierung?
2. Wie hätte sich die vorhandene Problematik verhindern lassen können?

Transaktionskostentheorie

Bei den Transaktionskosten handelt es sich um Kosten, die während des Austausches von Verfügungsrechten über eine Schnittstelle entstehen. Die Transaktionskostentheorie wurde 1937 von Ronald H. Coase entworfen. Aus globaler Sicht behandelt die Theorie die Kosten, welche im Personalbeschaffungsprozess sowie bei der Personalentwicklung innerhalb des Arbeitsverhältnisses entstehen. Die sogenannten Ex-ante-Kosten repräsentieren dabei die im Vorfeld im Rahmen der Personalbeschaffung angefallenen Kosten. Dazu gehören die Anbahnungskosten und die Vereinbarungskosten (Coase, 1937; Lippold, 2015). Die sogenannten Anbahnungskosten entstehen während der Suche nach geeignetem Personal, bedingt durch individuell benötigte Leistung am Arbeitsmarkt. Vereinbarungskosten hingegen entstehen erst nach erfolgreicher Suche und sind in konkrete Kosten für voraussichtliche Verträge und der zielgerichteten Elimination von Unklarheiten einzuteilen. Die Ex-post-Kosten hingegen lassen sich in Kontrollkosten und Anpassungskosten unterteilen. Erstere umfassen die Kontrolle der Mitarbeiter/-innen während der angestrebten Tätigkeit, letztere hingegen thematisieren die Transaktionskosten, welche durch Anpassungen aufgrund von Fehlern zwischen Arbeitsschritten entstehen (Syska, 2006). Auf Basis der Theorie wird zwischen zwei grundlegenden Verhaltensweisen der Arbeitnehmer/-innen unterschieden: einerseits beschränkt-rationales Handeln, anderseits opportunistisches Handeln. Das beschränkt-rationale Handeln stützt sich auf der Annahme, dass innerhalb des Personalmanagements nur eine begrenzte Informationsverarbeitung möglich ist und es dadurch zu einer gestörten Informationsübertragung kommt. Dieses Verhalten steht im ständigen Konflikt mit irrationalem Handeln. Das opportunistische Handeln visualisiert eigenständiges Handeln selbst unter Missachtung sozialer Normen, dabei wird versucht auf die eigene Bedürfnismaximierung hinzuarbeiten und dabei den Arbeitgebenden negativ zu beeinflussen. Auf Basis dieser Annahmen wurden in Bezug auf die Theorien zwei grundlegende Aussagen herauskristallisiert, welche die Transaktionskosten beeinflussen und als Bewertungsmaßstäbe gelten: die Spezifität sowie die Unsicherheit. Die Spezifität illustriert dabei die Eignung der Mitarbeiter/-innen auf Basis der individuellen Qualifikationen, Fähigkeiten und Kenntnisse. Eine hohe Spezifität erhöht langfristig die Bindungsbereitschaft im Unternehmen. Die Unsicherheit, welche aus Schwierigkeiten innerhalb von Arbeitsabläufen und gestörten Kundenbeziehungen entsteht, ist dabei als weiterer Risikofaktor für eine geringe Effizienz im Hinblick auf die Transaktionstheorie anzusehen (Stock-Homburg, 2010). Unsicherheit in Kombination mit einer hohen Spezifität sind somit ein klares Indiz für hohe Transaktionskosten bei geringer Effizienz. Die vier Aspekte stehen im ständigen Austausch zueinander und ergeben als gesamtes Ganzes die Transaktionskosten.

Transaktionskostentheorie bei externen Arbeitskräften

Der Einsatz von nicht familiären Arbeitskräften führt anfangs zu hohen Ex-ante-Kosten, bedingt durch die gezielte Personalbeschaffung entstehen Anbahnungskosten – aufgrund durchgeführter Vorstellungsgespräche, Informationsbeschaffungskosten sowie Einigungskosten in den letzten Prozessschritten. Die Ex-post-Kosten sind beim Einsatz der externen Mitarbeiter/-innen jedoch sehr gering, aufgrund der vorhandenen Qualität, Fähigkeiten und Kenntnisse; dies spricht für eine geringe Spezifität. Die Unsicherheit war nicht vorhanden, da sich die Arbeitskräfte in der vorgestellten Fallstudie mit dem Unternehmen identifizieren konnten und somit innerhalb des Arbeitsalltages eine exzellente Kundenbeziehung entstand. Auch die Arbeitsprozesse sorgten für keine Überforderung der Mitarbeitenden. Folglich war es dem Unternehmen möglich, bedingt durch die gute Zusammenarbeit, die vergleichsweise hohen Ex-ante-Kosten auszugleichen und dabei, aufgrund der geringen Ex-post-Kosten, über ein geringes Transaktionskostenniveau zu verfügen. Auf Basis der vorgestellten Theorie ist diese Art der Personalführung als erfolgreich einzuschätzen. Der Auslöser des in der Fallstudie vollzogenen Mitarbeiterwechsels, die geforderte Lohnerhöhung, lässt sich durch die Transaktionskostentheorie nicht erklären. Unter Berücksichtigung der Theorie müsste ein hohes Bindungsinteresse vorhanden sein, was im vorliegenden Fall nicht vorhanden ist.

Transaktionskostentheorie bei Einsatz von Familienmitgliedern

Bedingt durch den Einsatz von Familienmitgliedern sind die Ex-ante-Kosten bei der Personalauswahl nicht vorhanden. Infolgedessen entstanden weder Anbahnungs- noch Vereinbarungskosten. Daraus ergeben sich erhöhte Ex-post-Kosten. Durch mangelnde Erfahrung im Bereich der Gastronomie entstehen vergleichsweise hohe Anpassungskosten. Die erheblichen qualitativen Defizite und erhöhten Lieferzeiten resultieren in eine erhebliche Absatzreduzierung, welche folglich für erhöhte Transaktionskosten bei gleichzeitig geringem Umsatz sorgten. Es herrscht eine hohe Spezifität und die Mitarbeiter/-innen sind mit den von ihnen geforderten Tätigkeiten aufgrund nicht vorhandener Qualifikationen, Fähigkeiten und Interesse überfordert und weisen somit eine geringe Unternehmensbindung auf. Der Aspekt der Unsicherheit war ebenfalls stark ausgeprägt. Im Vergleich zu den nicht familiären Mitarbeitern herrscht überhaupt keine Identifikation mit dem Grundkonzept der Gastronomie, daraus ergibt sich ein gestörtes Kundenverhältnis. Des Weiteren ist das Personal mit der von ihnen geforderten Tätigkeit überfordert. Die im Unternehmen herrschenden Konflikte und das dominante Verhalten des Vaters führen zusätzlich zu erhöhten Transaktionskosten aufgrund der resultierenden erhöhten Lieferzeiten und Komplikationen in verschiedensten Arbeitsprozessen. Die ständige Konfrontation mit dem Misserfolg des Unternehmens auch außerhalb der Arbeitszeiten bedingt durch familiäre Beziehungen sorgten für einen zusätzlichen Unsicherheitsaspekt im Vergleich zu nicht familiären Mitarbeitenden.

Lösungsansätze

Innerhalb der Theorie gilt die strikte Reduzierung der Transaktionskosten als Lösungsansatz – und zwar wird dies wird bei einer hohen Spezifität in Kombination mit einer ebenfalls hohen Unsicherheit notwendig.

Ein möglicher Lösungsansatz ist die gezielte Reduzierung der Ex-ante-Kosten. Dabei wäre ein möglicher Ansatz, Kosten im Bereich der Personalauswahl hinzunehmen, um im späteren Verlauf Transaktionskosten, bedingt durch eine hohe Spezifität bei gleichzeitig hoher Unsicherheit, zu verhindern. Die anfängliche Personalführung im Restaurant nutzte genau diese Art der Personalführung, was in eine hohe Effizienz bei sehr geringen Transaktionskosten resultierte. Ein weiterer Aspekt ist die gezielte Reduzierung der Anpassungskosten durch eine Schlichtung des Konflikts, denn dadurch würden die Unsicherheiten sinken, indem Verständigungsprobleme, bedingt durch eine oberflächliche Sichtweise der beiden Parteien, bereinigt werden. Zudem bedarf die hohe Spezifität durch nicht vorhandene Qualifikationen der Arbeitskräfte ebenfalls eine gezielte Kommunikation. Beispielsweise wäre es möglich, außerhalb der Arbeitszeiten Schulungen durchzuführen. Aufgrund der familiären Beziehung ist es durchaus vorstellbar, solche Schulungen ohne weitere Kosten zu ermöglichen, um dabei die Transaktionskosten auf ein Minimum zu reduzieren.

7.3 Fazit

Zusammenfassend lässt sich festhalten, dass die Fallstudie deutlich zeigt, welche Folgen eine unzureichende Personalauswahl mit sich bringt. Es bedarf einer gründlichen Evaluation der ausgewählten Mitarbeiter/-innen bei der Neueinstellung. Aus der Perspektive des Inhabers wurden einige Fehler gemacht, indem die Transaktionskosten nicht beachtet wurden. Der Inhaber sah die möglichen Vorteile des Einsatzes von Familienmitgliedern ganz klar beim Vertrauen untereinander. Dadurch erhoffte er sich keine Lohnverhandlungen. Die Transaktionskosten, welche zum größten Teil für den Misserfolg verantwortlich sind, wurden von dem Inhaber ignoriert. Laut der Theorie gelten die Spezifität und die Unsicherheit als mögliche Risikofaktoren der Transaktionskostentheorie, beide waren innerhalb der Familie stark ausgeprägt und sind somit ein Indiz für hohe Transaktionskosten bei gleichzeitig geringer Effizienz. Folglich eignet sich die in der Analyse benutzte Theorie, um den möglichen Hauptgrund des gescheiterten Traums zu ergründen, jedoch lassen sich einige Aspekte nicht durch die Theorie erklären. Einerseits lässt sich der eigentliche Auslöser der Problematik, die geforderten höheren Löhne, nicht durch die Theorie erklären, da eine geringe Spezifität und Unsicherheit zwar für eine effiziente Arbeitsweise sprechen, es jedoch keinen möglichen Ausblick auf mögliche Gründe gibt. Andererseits bleibt der vorherrschende Konflikt, welcher durch eine auf der Vertrauensebene durchgeführten Analyse untersucht werden könnte, durch die Theorie unerklärlich. Weiterhin wird deutlich, dass sich die im Unternehmen herrschende Problematik durch einige gezielte Eingriffe des Inhabers hätte verhindern lassen können. Die familiäre Bindung ist hierbei ein klarer Vorteil. Wegen des vorhandenen Vertrauens und der stärkeren Bindung wäre es durchaus möglich gewesen, unentgeltliche Lösungsansätze zu finden. Unter Berücksichtigung der Leitfragen ergeben sich klare Lösungsansätze, denn die Unterscheidung zwischen den verschiedenen Mitarbeiterstrukturen ist klar gegeben und lässt sich durch die Theorie eingrenzen. Darüber hinaus sind mögliche Lösungsansätze zur gezielten Neutralisierung der Problematik vorhanden und auch mithilfe der Theorie anwendbar. Aus abschließender globaler Sicht ist klar der Unternehmensführer zu verantworten, welcher auf Basis der Analyse mehrere Fehlerquellen missachtet hat und aufgrund der vorherrschenden Konflikte im Unternehmen für zusätzliche Unsicherheit sorgte.

Literatur

Coase, R. H. (1937). The nature of the firm. *Economica*, 4(16), 386–405.

Lippold, D. (2015). *Theoretische Ansätze der Personalwirtschaft: Ein Überblick*. Wiesbaden: Gabler Verlag.

Stock-Homburg, R. (2010). *Personalmanagement: Theorien – Konzepte – Instrumente* (2. Auflage). Wiesbaden: Gabler Verlag.

Syska, A. (2006). *Produktionsmanagement: Das A – Z wichtiger Methoden und Konzepte für die Produktion von heute*. Wiesbaden: Betriebswirtschaftlicher Verlag Dr. Th. Gabler.

Themengebiet II: **Ungerechtigkeit und Benachteiligung am Arbeitsplatz**

Veronika Klassen

8 „Ohne Moos nichts los"

8.1 Einleitung

„Wie die Arbeit, so der Lohn." Das aus dem Lateinischen stammende Sprichwort findet im Alltag oft Verwendung. Die nachfolgende Fallstudie ist jedoch ein Beispiel dafür, dass der Lohn nicht immer von der Arbeit bestimmt wird. Entgeltungerechtigkeiten hinsichtlich unterschiedlichster Kriterien kommen immer wieder vor.

8.2 Fallstudie: „Ohne Moos nichts los"

Zwei Wochen vor der mündlichen Abschlussprüfung bekam die angehende Bürokauffrau Erika den lang ersehnten Anruf. Herr Müller, der Leiter aus der Entgeltabrechnung und Zeitwirtschaft des Unternehmens „Petroleo", rief sie persönlich an und bedankte sich für das gute Vorstellungsgespräch. Er wolle Erika gerne aus der Ausbildung direkt in eine Festanstellung übernehmen, aber nicht als Sachbearbeiterin, sondern als Referentin. Nach Vorlage des Arbeitsvertrags nahm die anfänglich gute Kommunikation jedoch eine Wendung. Letztendlich endete das Arbeitsverhältnis mit einer Kündigung seitens Erika. Vordergründig lag diese Kündigung an der Entgeltungerechtigkeit.

Als Erika das letzte Ausbildungsjahr startete, befand sich das Industrieunternehmen „Petroleo" bereits in einer wirtschaftlichen Krise. Die Ölpreise waren durch die großen verfügbaren Mengen auf dem Markt deutlich gesunken. Das Unternehmen in der Metallbranche mit rund 30.000 Arbeitskräften in vier verschiedenen Sparten konnte die Produkte aus dem Rohrbereich nicht mehr vermarkten. Viele Sparmaßnahmen wurden eingeleitet, Kurzarbeit eingeführt und Prämien gestrichen. Viele Auszubildende bangten um ihre Übernahme. Kurze Zeit später kamen dann auch noch Dieselprobleme bei der zweiten Sparte, der Automobiltechnik, hinzu. Die Situation verschärfte sich. Vor diesem Hintergrund war Erika sehr erleichtert über ihre Stelle. Besonders freute sie sich über die telefonische Zusage für die Referentenposition, da Erika sich zunächst als Sachbearbeiterin beworben hatte. Zum Ende des Vorstellungsgesprächs offenbarte Herr Müller ihr jedoch, dass er sich vorstellen könnte, Erika auch als Referentin einzustellen. Diese Stelle war mit der Entgeltgruppe 9 betitelt und entsprach einem Gehalt von 2.929,50 €. Da die Einzelheiten des Vertrags und die Tätigkeitsfelder bereits während des Vorstellungsgesprächs besprochen wurden, konnte die Einarbeitung direkt starten. Den Vertrag sollte Erika anschließend am Tag ihrer mündlichen Prüfung unterschreiben.

https://doi.org/10.1515/9783110697308-008

Nach erfolgreichem Bestehen ihrer Prüfung meldete sie sich deshalb umgehend bei Herrn Müller, um alle Formalitäten zu klären. Dieser war jedoch nicht im Haus. Deshalb sollte Erika sich bei Frau Meier aus der Human-Resources-Abteilung melden. Diese bot ihr sofort an, dass sie gemeinsam den Vertrag durchgehen könnten. Im Büro von Frau Meier angekommen, wurde Erika der Vertrag kurz vorgelegt und die erste Seite schnell überflogen. Sie konnte jedoch einen Blick darauf werfen und merkte, dass die die Inhalte des Vertrags nicht mit dem Besprochenen übereinstimmten. Die Stellenbezeichnung war als Sachbearbeiterin betitelt und dementsprechend mit der Entgeltgruppe 7 ausgezeichnet. Bei dieser Entgeltgruppe beträgt das Gehalt 2.576,50 €. Infolgedessen verwies sie auf den Fehler. Frau Meier willigte direkt ein und änderte in dem Vertrag die Stellenbezeichnung handschriftlich. Danach erläuterte Frau Meier die weiteren Vertragsdetails und es kam zu der Unterzeichnung. Am nächsten Tag wurde Erika schließlich der neue Arbeitsplatz gezeigt, da die Abteilung die Sitzordnung umstrukturiert hatte. Sie sollte nun bei Thomas und Sven im Büro sitzen. Von dem neuen Arbeitsplatz war sie zunächst nicht sehr begeistert, da sie die Kollegen nicht kannte. Sie gewöhnte sich jedoch sehr schnell ein und verstand sich sehr gut mit den beiden. Besonders mit Thomas kooperierte sie viel und arbeitete neue Ideen aus, wie man die Arbeitsabläufe in der Abteilung verbessern könnte. Erika wurde routinierter in ihren Aufgaben und so verlief die erste Entgeltabrechnung schließlich auch reibungslos. Zu diesem Zeitpunkt fiel ihr auf, dass der erste Arbeitsmonat nun vergangen war und sie nun selbst die Entgeltabrechnung bekommen würde. Das Nettogehalt konnte sie bereits auf dem Konto sehen und leider war dieses nicht so hoch wie erwartet. Schließlich bekam sie auch die schriftliche Entgeltabrechnung mit allen Details. Dort wurde das Grundgehalt mit 2.576,50 € angegeben, sodass die fehlenden 353,00 € sich natürlich auch im Nettobetrag bemerkbar machten. Nachdem Erika sich die Abrechnung genauer angeschaut hatte, ging sie auf Herrn Müller zu und sprach ihn darauf an. Er sagte: „Sie wurden aus der Ausbildung übernommen und bekommen aus diesem Grund als interne Mitarbeiterin lediglich die Entgeltgruppe 7 als Referentin. Nach einem Jahr können sie dann die Entgeltgruppe 9 geltend machen. Bis dahin kann ich leider nichts für Sie tun, aber es steht ja auch noch die Leistungsbeurteilung an." Erika nahm die Situation hin und erledigte ihre Tätigkeiten weiterhin verantwortungsvoll. In der Zwischenzeit nahm das Arbeitspensum jedoch zu. Die Kolleg(innen)en beschwerten sich zunehmend bei Herrn Müller, dass die Arbeitszeit nicht für die Erledigung ihrer Aufgaben ausreichte. So wurden kurze Zeit später zwei weitere externe Mitarbeiter eingestellt. Sie sollten als Sachbearbeiter fungieren, wurden dann jedoch ebenfalls als Referenten angestellt. Diese bekamen direkt die entsprechende Entgeltgruppe 9 gezahlt.

Nach einem halben Jahr stand dann die Leistungsbeurteilung für alle Mitarbeiter/-innen bevor. Erika war eine der Ersten. Zu Beginn des Gesprächs lobte Herr Müller ihr Engagement und ihre Mühe. Als es letztendlich um die leistungsgerechte Bezahlung ging, zeigte er jedoch negative Aspekte auf. So erklärte er: „Bei einer internen Mitarbeiterin in einer Referentenposition möchte ich noch mehr eigene Ideen und Vorschläge hören. Du konntest bereits Erfahrungen sammeln. Aus diesem Grund kann ich dir keine Leistungserhöhung von 10 % gewähren, sondern komme hier nur auf 8 %." Erika nahm die Kritik wiederum hin, spielte nun jedoch mit dem Gedanken zu kündigen. Nach dem Gespräch kamen einige Kolleg(innen)en auf Erika zu und teilten ihr daraufhin mit, dass es häufig zu unterschiedlichen Leistungsbeurteilungen komme. Herr Müller dürfe im Schnitt wohl nicht mehr als 10 % vergeben und müsse deshalb höhere Prozentzahlen durch geringere kompensieren. So mussten Thomas' 12 % wohl durch Erikas 8 % ausgeglichen werden. Erika sah keinen Ausweg aus der Situation und entschloss sich zu kündigen. Da sie sich allerdings mit den Kolleg(innen)en so gut verstand, hatte sie weiterhin das Wohl der Abteilung im Blick. So entschloss sie sich dazu, vor der Kündigung direkt mit Herrn Müller zu sprechen.

Herr Müller versuchte Erika nicht vom Gegenteil zu überzeugen, sondern sagte lediglich: „Ich kann dein Anliegen verstehen, aber ich finde es sehr schade. Dies wird das ganze Team sehr mitnehmen."

Schließlich endete Erikas letzter Arbeitstag und sie verließ das Unternehmen. Zu ihren Kolleg(innen)en hat sie weiterhin Kontakt. Nachdem fast ein Jahr vergangen war, erfuhr Erika schließlich, dass die Abteilung nun nach Polen verlagert werden soll.

Fragen zur Fallstudie:

1. Was waren die Gründe für Erikas Eintrittsentscheidung in das Unternehmen „Petroleo" nach ihrer Ausbildung?
2. Aus welchem Grund ist Erika noch weitere sechs Monate in dem Unternehmen verblieben?
3. Welche Gründe haben Erika zu ihrer Kündigung bewegt und inwiefern hätte das Unternehmen diese verhindern können?

8.3 Analyse

In der oben beschriebenen Fallstudie kommen mehrere Aspekte zusammen, die Erika letztendlich dazu bewegt haben zu kündigen. Wie bereits am Anfang der Fallstudie erläutert, lag die Kündigung vordergründig an der Entgeltungerechtigkeit. Diese äußert sich darin, dass Erika im Gegensatz zu anderen Kolleg(innen)en ein geringeres Gehalt für die gleiche Position als Referentin erhielt.

Themeneinordnung und rechtliche Rahmenenbedingungen

Um die Fallstudie näher erklären zu können, lohnt sich ein Einblick in das übergeordnete Thema Personalentlohnung.

Dazu möchte ich zunächst den Begriff der Entlohnung definieren. Unter Entlohnung versteht man ein gezahltes Entgelt als Gegenleistung für die menschliche Arbeit sowie weitere Nebenleistungen und Vergünstigungen (Corsten & Gössinger, 2008). Dabei soll die Entlohnung einen angebrachten Lebensstandard ermöglichen (Holtsch, 2012). An dieser Stelle ist zu ergänzen, dass üblicherweise der Zusammenhang zwischen einer Entlohnung und der dafür erbrachten Leistung dem Personal bekannt ist, z. B. durch die Aufsetzung eines Arbeitsvertrags. Die Entlohnung dient somit als Anreiz.

Damit einhergehend stellt sich die Frage, wie die Entlohnung festgelegt wird. Eine ausdrückliche Regelung zur Entgeltgerechtigkeit enthält das Gesetz nicht (Häferer & Köhler, 2019). Aus diesem Grund setzen sich unter anderem Gewerkschaften, Arbeitsverbände und Betriebsräte für die Mitarbeiter/-innen ein, indem Entgelte durch den Abschluss eines Tarifvertrags festgelegt werden (Hilger, 2012). Das Unternehmen „Petroleo" ist der Metallbranche zuzuordnen und nutzt in diesem Zuge das Entgeltrahmenabkommen (ERA) der IG Metall. „ERA gliedert das Entgelt der Mitarbeiter grundsätzlich in zwei unterschiedliche Komponenten, das Grundentgelt und das Leistungsentgelt [...]" (Hilger, 2012, S. 38).

Dabei wird das Grundentgelt mithilfe einer Eingruppierung der Mitarbeiter/-innen in verschiedene Entgeltgruppen festgelegt (Hilger, 2012). Diese Eingruppierung erfolgt nicht aufgrund der Fähigkeiten der Mitarbeiter/-innen, sondern durch die ausgeführte Tätigkeit (Hilger, 2012). Entscheidungskriterien für die Eingruppierung sind formale Qualifikationen, wie Zertifikate, Ausbildungszeugnisse, Meisterbriefe, etc. (Holtbrügge, 2007). Die festgelegten Entgeltgruppen bestimmen damit die Höhe des fixen Monatsentgelts (Hilger, 2012).

Neben dem Grundentgelt haben die Mitarbeiter/-innen Anspruch auf eine Leistungsentlohnung. An dieser Stelle soll die individuelle Leistung der Mitarbeiter/-innen vergütet werden (Hilger, 2012). Dies geschieht auf Basis einer Leistungsbeurteilung, worauf die Arbeitskräfte einmal pro Jahr Anspruch haben (Hilger, 2012). „Um die Summe der Leistungsentgelte zu regulieren, haben die Tarifpartner in allen Tarifregionen Grenzwerte beschlossen [...]" (Hilger, 2012, S. 42). Die meisten Tarifregionen haben als Grenzwert 10 % des Entgelts (Hilger, 2012). Die Leistungszulage basiert dabei auf dem Grundsatz der Leistungsgerechtigkeit (Holtbrügge, 2007). „Dieser besagt, dass sich unterschiedliche individuelle Leistungsgrade bei Arbeiten mit gleichen Anforderungen auf die Höhe des Arbeitsentgelts auswirken. Leistungsabhängige Entgeltbestandteile werden somit als Belohnung für die tatsächlich erbrachte Mehrleistung eines Mitarbeiters im Verhältnis zur Normalleistung gezahlt [...]" (Holtbrügge, 2007, S. 172). Um diese Leistungsgerechtigkeit gewährleisten zu können, müssen einheitliche Maßstäbe für eine Leistungsentlohnung eingeführt werden (Hilger, 2012). „Während bei den gewerblichen Mitarbeitern eine Leistungsentlohnung eng an die Tätigkeit geknüpft ist, z. B. im Akkord, ist dies bei den angestellten Tätigkeiten aufgrund der unterschiedlichen und teilweise umfangreichen Arbeitsanforderungen teilweise sehr schwierig [...]" (Hilger, 2012, S. 42). An dieser Stelle liegt deshalb auch der Kern des Problems. Mitarbeiterbefragungen zeigten, dass die Leistungsbeurteilung vor allem bei angestellten Arbeitskräften nicht immer an die Leistung gebunden ist, sondern vielmehr an weiteren Gründen, wie z. B. Sympathie oder Betriebszugehörigkeit (Hilger, 2012).

Diese Erkenntnis spiegelt sich ebenfalls in der vorliegenden Fallstudie wider. Obwohl in dem Unternehmen „Petroleo" die Tarifverträge der IG Metall gelten, kam es durchaus zu Entgeltungerechtigkeiten.

Hinsichtlich des Grundentgelts müssen Mitarbeiter/-innen mit den gleichen formalen Qualifikationen entsprechend der zugehörigen Entgeltgruppe zugeordnet werden und sollten damit das gleiche fixe Monatsentgelt bekommen. In der vorliegenden Fallstudie ist dies jedoch nicht der Fall. Erika wurde als Referentin eingestellt und erledigte die dazugehörigen Aufgaben. Die Vergabe der Position erfolgte aufgrund der formalen Qualifikationen, welche zwischen den Stelleninhaber/-innen nahezu gleich war. Trotz dessen herrschte ein Unterschied in der Entlohnung zwischen Erika und den anderen Kolleg(innen)en. Dieser wurde lediglich damit begründet, dass Erika als interne Mitarbeiterin aus der Ausbildung übernommen wurde.

Bezüglich des Leistungsentgelts gilt laut des Entgeltrahmenabkommens eine pauschale Leistungszulage von 10 %, die bei besonders guten Leistungen sogar angehoben werden darf (IG Metall, 2009). Erika erfüllte die mengenmäßigen Anforderungen und überstieg diese sogar, indem sie mit ihren beiden Kollegen neue Ideen ausarbeitete, um Abläufe zu verbessern. Sie erbrachte eine Mehrleistung, die jedoch nicht als solche wahrgenommen wurde. Im Gegenteil, Erika bekam nur 8 % anstatt der regulären 10 %. Eine ausführliche Begründung wurde dazu nicht geliefert. In dieser Hinsicht fühlte sie sich ebenfalls ungerecht gegenüber den anderen Referent(innen)en behandelt. Hieraus wird deutlich, dass die Personalentlohnung sehr vielschichtig ist und ebenfalls die Arbeitszufriedenheit durch Entgeltgerechtigkeit gewährleisten sollte.

Des Weiteren stellt sich die Frage, wodurch Erikas Entscheidungsverhalten im Verlauf der Fallstudie beeinflusst wurde. Dabei können folgende drei Entscheidungsarten differenziert werden: Eintrittsentscheidung, Bleibeentscheidung und Austrittsentscheidung.

Eintrittsentscheidung in Bezug auf die Anreiz-Beitrags-Theorie

Um zu erklären, warum Mitarbeiter/-innen ein Beschäftigungsverhältnis eingehen, eignet sich die Anreiz-Beitrags-Theorie nach Barnard und Simon. Diese versteht unter Personalentlohnung die Gestaltung aller Anreize, die ein Unternehmen ihren Arbeitskräften als Ausgleich für die geleistete Arbeit einräumt (Holtbrügge, 2007). Die Theorie fasst dabei ein Unternehmen als ein soziales System auf, in dem die Mitarbeiter/-innen mitwirken, solange die Anreize „[…] gleich oder größer als die von ihnen geleisteten Beiträge sind […]" (Holtsch, 2012, S. 49).

Entsprechend auf die Fallstudie bezogen, empfand Erika eine unbefristete Festanstellung als Referentin mit dem dazugehörigen Gehalt von Entgeltgruppe 9 als einen ausreichenden Anreiz. Aus diesem Grund entschied sie sich nach ihrer Ausbildung in das Unternehmen einzutreten. Zu diesem Zeitpunkt wusste sie jedoch nicht, dass sie lediglich das Gehalt von Entgeltgruppe 7 bekommen würde. Erst mit der ersten Entgeltabrechnung erlangte sie Kenntnis darüber. Der für den geleisteten Beitrag gebotene Anreiz war damit niedriger als ursprünglich versprochen und erwartet, und damit auch niedriger in seiner Anreizwirkung.

Infolgedessen stellt sich nun die Frage, warum Erika weiterhin sechs Monate in dem Unternehmen tätig war.

Bleibeentscheidung im Hinblick auf die motivationstheoretischen Ansätze

Um zu erläutern, warum Mitarbeiter/-innen im Unternehmen verbleiben, möchte ich motivationstheoretische Ansätze hinzuziehen. Diese zeigen auf, dass die Arbeitsleistung und -zufriedenheit nicht nur von dem Arbeitsentgelt abhängen, sondern auch von weiteren Faktoren (Holtbrügge, 2007). So lässt sich sagen, dass während der Entscheidungsfindung sowohl monetäre als auch nicht monetäre Komponenten einfließen. Unter monetären Anreizen sind beispielsweise Gehaltszahlungen zu verstehen. Zu den nicht monetären Anreizen zählen hingegen Karrieremöglichkeiten, Anerkennung und ein positives Arbeitsklima (Stock-Homburg, 2008).

Die Fallstudie lässt erkennen, dass in der Abteilung ein gutes Betriebsklima vorherrschte. Des Weiteren konnte Erika mit ihren Kolleg(innen)en eine gute und interaktive Bindung aufbauen. Somit haben die nicht monetären Komponenten die Diskrepanz zu der Entlohnung abgefedert. Insgesamt reichten diese jedoch nicht aus, sondern verzögerten lediglich die Austrittsentscheidung. An dieser Stelle bleibt zu klären, warum Erika sich letztendlich für die Kündigung entschied.

Erklärung der Austrittsentscheidung anhand der Gerechtigkeitstheorie

Die Gründe für den Austritt lassen sich mithilfe der Gerechtigkeitstheorie nach Adams eruieren. In Anlehnung an diese streben Individuen nach Harmonie und versuchen bei der Wahrnehmung von Ungerechtigkeiten diese abzubauen (Staehle, Conrad, & Sydow, 1999). „Das Ausmaß der Ungerechtigkeit wird durch Bildung von Input-Output-Relationen bestimmt […]" (Staehle et al., 1999, S.48). Bezogen auf die Entlohnung sagt die Theorie aus, dass diese als gerecht empfunden wird, „[…] wenn die eigene Austauschrelation mit der vergleichbaren Mitarbeiter übereinstimmt" (Holtbrügge, 2007, S.167). Als Input gelten beispielsweise Anstrengungen und Fähigkeiten, die eine Arbeitskraft in das Unternehmen einbringt. Der Output äußert sich z. B. in Bezahlung oder Prestige (Holtsch, 2012). Im Rahmen der Theorie nach Adams wird das Austauschverhältnis als Verteilungsgerechtigkeit bezeichnet. Neben dieser sollte ebenfalls die Verfahrensgerechtigkeit gegeben sein. Diese besagt, dass die Kriterien für die Entgeltdifferenzierung bekannt und transparent sein müssen, sodass eine Messung nachvollziehbar ist (Holtbrügge, 2007). Wenn die Entlohnung auf dieser Basis als ungerecht empfunden wird, folgen entsprechende Reaktionen, wie z. B. Leistungsrestriktionen oder sogar Kündigungen (Holtbrügge, 2007).

Im Hinblick auf die Fallstudie lassen sich sowohl Hinweise auf die Verteilungs- als auch Verfahrensungerechtigkeit finden. Bezüglich der Verteilungsungerechtigkeit ist die Entscheidung hinsichtlich Erikas Grundentgelt anzuführen. Die Austauschrelation zwischen geleistetem Beitrag und der Entlohnung stimmte nicht mit der von vergleichbaren Kolleg(innen)en überein. Erika bekam für ihre Tätigkeiten als Referentin lediglich die Entgeltgruppe 7, obwohl die anderen Mitarbeiter/-innen in der gleichen Position die Entgeltgruppe 9 bekamen. Des Weiteren erhielt Erika auch bei dem Leistungsentgelt einen niedrigeren Betrag, obwohl sie gemeinsam mit ihren Kolleg(innen)en Ideen ausgearbeitet hatte.

Neben der Verteilungsungerechtigkeit lag bei den beiden Entgeltkomponenten zudem auch Verfahrensungerechtigkeit vor. Bezogen auf das Grundentgelt war Erika der Zusammenhang zwischen Entlohnung und Arbeitsleistung nicht bekannt, da der Vertrag nicht vollständig ausgefüllt wurde. Sie verließ sich auf die allgemein im Unternehmen geltenden Entgeltbestimmungen, welche nicht eingehalten wurden. In puncto des Leistungsentgelts waren Erika die Bewertungsgrundlagen der Leistungsbeurteilung anfangs nicht ersichtlich. Die Entlohnung wurde auf dieser Basis von Erika als ungerecht empfunden und war ausschlaggebend dafür, dass sie kündigte.

Lösungsvorschläge auf Basis der Theorien und Forschungsliteratur

Nach der Analyse der Fallstudie stellt sich zum Schluss die Frage, welche Alternativen zur Vermeidung und Lösung des Konflikts möglich gewesen wären.

Dazu möchte ich zunächst beleuchten, was das Unternehmen hätte tun können, um die Kündigung zu verhindern. Mithilfe der Theorien lassen sich hier zwei Optionen wählen. Das Unternehmen „Petroleo" hätte von vorneherein klarstellen müssen, dass Erika lediglich die Entgeltgruppe 7 bekommt. Eine reine Offenlegung der Entlohnung reicht jedoch nicht aus. Um den Aspekt der Gerechtigkeit zu erfüllen, müsste Erika an dieser Stelle auch als Sachbearbeiterin eingestellt werden und die damit einhergehenden Tätigkeiten erledigen. Erst dann ist die Input-Output-Relation gegenüber den Kolleg(innen)en gewährleistet. Eine weitere Möglichkeit wäre gewesen, dass Erika die Stelle als Referentin antritt, aber dann auch die entsprechende Entlohnung der Entgeltgruppe 9 erhält. Auch an dieser Stelle würde die eigene Austauschrelation mit der vergleichbarer Mitarbeiter/-innen übereinstimmen. Weitergehend wäre der gebotene

Anreiz für Erika ausreichend. Die gleichen Aspekte sind auch auf die Leistungsbeurteilung anzuwenden. An dieser Stelle hätte die Bewertung von Thomas und Erika gleich ausfallen müssen, da sie zusammen Ideen ausgearbeitet haben. Erikas Leistung wurde jedoch wesentlich schlechter wahrgenommen, sodass der gebotene Anreiz für sie zu gering war und sich der Kündigungswunsch verstärkte.

Nun ist noch zu klären, was Erika in dieser Situation hätte tun können. Die Ungerechtigkeit wurde von ihr zwar wahrgenommen, aber sie konnte diese nicht allein beheben. Aus diesem Grund hat sie sich an den Vorgesetzten und ihre Kolleg(innen)en gewandt. Hiernach wurde die Situation jedoch nicht verändert. Erika hätte deshalb noch einen Schritt weitergehen und sich an den Betriebsrat oder die Gewerkschaft wenden können, um weitere Informationen zu erlangen und vielleicht sogar eine Vertragsanpassung durchzusetzen.

8.4 Zusammenfassung und Fazit

Resümierend kann ich sagen, dass mir die Erarbeitung der Fallstudie und deren Analyse einen guten Einblick in die Welt des Personalwesens gewährt haben und ich diese Erfahrung nicht missen möchte. Im Rahmen der Auseinandersetzung mit der Fallstudie ist mir bewusst geworden, welche nicht alltäglichen Aufgaben das Personalmanagement zu bewältigen hat. Dabei habe ich Näheres aus dem Bereich der Personalentlohnung kennenlernen können, besonders im Hinblick auf die Entgeltgerechtigkeit.

Literatur

Corsten, H. & Gössinger, R. (2008). *Lexikon der Betriebswirtschaftslehre* (5. Auflage). München: De Gruyter Oldenbourg.

Häferer, K. & Köhler, M. (2019). *Praxisleitfaden Entgelttransparenzgesetz: Ein Überblick über die zentralen Regelungen und deren Anwendung in der Praxis*. Wiesbaden: Springer Gabler.

Hilger, M. (2012). *Die betriebliche Umsetzung des Entgeltrahmenabkommens in Rheinland-Pfalz: und die damit verbundenen Veränderungen der betrieblichen Austauschbeziehungen zwischen Betriebsrat und Arbeitgeber*. München: Rainer Hampp Verlag.

Holtbrügge, D. (2007). *Personalmanagement* (3. Auflage). Berlin: Springer-Verlag.

Holtsch, M. (2012). *Anreizwirkung multidimensionaler Entlohnungssysteme*. Wiesbaden: Springer Gabler.

IG Metall (2009). Entgeldrahmenabkommen. Verfügbar unter https://netkey40.igmetall.de/homepages/netzwerk-br-moenchengladbach/hochgeladenedateien/PDF%20Papiere/K/Leistungszulage.pdf (letzter Aufruf: 14.05.2019).

Staehle, W. H., Conrad, P. & Sydow, J. (1999). *Management: Eine verhaltenswissenschaftliche Perspektive* (8. Auflage). Vahlen: München.

Stock-Homburg, R. (2008). *Personalmanagement: Theorien – Konzepte –Instrumente* (3. Auflage). Wiesbaden: Springer Gabler.

Lisa Rietze

9 Arbeitsunzufriedenheit nach einer Dienstreise

9.1 Einleitung

Die Mitarbeiterbindung und -erhaltung ist für Unternehmen eine große Herausforderung und gleichzeitig von besonderer Relevanz. Zahlreiche Studien befassen sich mit der Arbeitszufriedenheit der Mitarbeiter/-innen in Unternehmen. Für bestehende und potenzielle Führungskräfte ist es von großer Bedeutung, sich mit dem Thema der Personalführung auseinanderzusetzen und die bisherigen Forschungsergebnisse sowie theoretischen Handlungsempfehlungen sinnvoll zu nutzen und umzusetzen.

In dieser Arbeit beschäftige ich mich mit dem Thema der Personalführung und insbesondere mit der Frage, inwiefern sich das Verhalten von Führungskräften auf das Verhalten und die Zufriedenheit der Mitarbeiter/-innen auswirken kann. Dabei wird angenommen, dass die Arbeitsleistung der Mitarbeiter/-innen stark mit deren Motivation und Zufriedenheit am Arbeitsplatz einhergeht. Zufriedenheit steigert in diesem Fall die Produktivität und fördert die Ziele des Unternehmens.

Im weiteren Verlauf dieser Arbeit werde ich zunächst die Fallstudie „Arbeitsunzufriedenheit nach einer Dienstreise" vorstellen. Im Anschluss werde ich eine ausgewählte Theorie zum Thema aufführen und das Fallbeispiel mit Hilfe dieser Theorie auswerten. Abschließend werde ich die geschilderte Situation als Ganzes bewerten und schlussfolgern.

9.2 Falldarstellung

Die Heizungs GmbH ist ein Großunternehmen in der Heizungsbranche aus Nordrhein-Westfalen, welches mittlerweile rund 1.500 Mitarbeiter/-innen beschäftigt. Dieses Unternehmen vertreibt, als Marktführer in Deutschland, Gefäße, Druckhalte- und Entgasungsanlagen für den normalen Handwerksvertrieb sowie Sonderlösungen für Großprojekte wie z. B. für Kernkraftwerke und Stadtwerke.

Frau Müller ist 40 Jahre alt und arbeitet seit vier Jahren als Projektmanagerin in diesem Unternehmen. Der Abteilungsleiter für den Bereich Projektmanagement, Herr Meier, ist seitdem ihr Vorgesetzter. Des Öfteren erteilt er Aufgaben, welche in der von ihm vorgegebenen Zeit kaum möglich sind.

Meinungen und Vorschläge seitens Frau Müller werden ignoriert, da er der Auffassung ist, seine Vorschläge wären die einzig richtigen. Ständig kommandiert er sie herum und kritisiert ihre Fehler, wobei gute Leistungen von ihm nicht gewürdigt werden. Ungeachtet dessen geht Frau Müller stets motiviert an ihre Arbeit. Sie mag es, ei-

https://doi.org/10.1515/9783110697308-009

gene Projekte mit Verantwortung zu übernehmen, sich ständig zu entwickeln und ihr Wissen zu erweitern. Ihre Aufgaben erledigt sie schnellstmöglich und mit großem Engagement. Trotz fehlender Sympathie zwischen ihr und ihrem Vorgesetzten versucht sie, seinen Anforderungen gerecht zu werden.

Die Produktionsstätte dieses Unternehmens befindet sich in Polen. In der Vergangenheit gab es vermehrte Beschwerden seitens der Kund(innen)en. Die versendeten Produkte seien beschädigt geliefert worden. Herr Meier beauftragt Frau Müller indessen damit, nach Polen zu fliegen, um zu prüfen, wie die Produkte verpackt werden und was die Ursachen dieser Probleme sein könnten. Dazu soll Frau Müller ihm einen Bericht anfertigen, welcher diese Ursachen und alternative Verpackungsmöglichkeiten beinhalten soll. Frau Müller fühlt sich dieser Aufgabe nicht gewachsen, da sie sich mit dem Thema Verpackung noch nie beschäftigt hatte, tritt diese Dienstreise aber dennoch an, um keinen negativen Eindruck zu hinterlassen.

Die Dienstreise beginnt am Montagmorgen. Frau Müller fliegt mit dem Flugzeug von Dortmund nach Danzig, gefolgt von einer zweistündigen Autofahrt zum Ort der Produktionsstätte. Während ihres Aufenthaltes gibt es eine Menge zu erledigen: Zahlreiche Termine und Besichtigungen in der Produktion folgen. Am Dienstag wird sie nach dem Aufenthalt in der Produktionsstätte zu einem Hotel in der Nähe des Flughafens gefahren, da ihr Flugzeug am nächsten Tag früh startet. Um diese Aufgabe in der kurzen Zeit der Dienstreise erledigen zu können, verlässt sie jedoch erst gegen 19 Uhr die Produktionsstätte und ist, nach ungefähr zwei Stunden Fahrzeit, erst um 21 Uhr im Hotel. Am Mittwoch verlässt sie um 5 Uhr morgens das Hotel, da ihr Flugzeug um 6 Uhr zurück nach Deutschland fliegt. Die Flugzeit beträgt ungefähr eineinhalb Stunden, dementsprechend landet sie um Viertel vor sieben in Dortmund. Nach Anweisung ihres Vorgesetzten fährt Frau Müller direkt im Anschluss ungefähr eine Stunde mit dem Auto vom Flughafen zu ihrer Arbeitsstätte, in der sie ihrer täglichen Arbeit nachgehen soll. Diese erreicht sie ca. um 9 Uhr.

In der Heizungs GmbH wird die Arbeitszeit nicht digital erfasst. Unter normalen Umständen arbeitet Frau Müller acht Stunden täglich von 8 Uhr morgens bis 16:30 Uhr. Die Vorgaben des Unternehmens besagen, dass Überstunden vorab angemeldet und von dem Betriebsrat genehmigt werden müssen. Außerdem beginnt die Arbeitszeit bei Dienstreisen mit Verlassen des Hotels.

Aus diesem Grund beendet Frau Müller an diesem Tag um 14 Uhr ihre Bürotätigkeit, da für diese Dienstreise keine Überstunden beantragt wurden. Am nächsten Tag bittet Herr Meier Frau Müller in sein Büro, um ihr mitzuteilen, dass sie eine Abmahnung bekommt, da sie unerlaubterweise während der Arbeitszeit das Büro verließ. Frau Müller betont daraufhin, dass sie am Rückreisetag ihre Arbeitszeit von acht Stunden erreicht hatte. Daraufhin Herr Meier: „Sie sind ein schlechtes Beispiel für diejenigen, die in Zukunft eine Dienstreise antreten werden! Wenn das jeder so machen würde." Frau Müller teilt ihm mit, dass sie eine Abmahnung nicht ohne Weiteres akzeptieren wird, und dass sie diesen Vorfall dem Betriebsrat melden wird.

Nachdem Frau Müller Feierabend gemacht hatte, zitiert Herr Meier einen ihrer vertrauten Arbeitskollegen in sein Büro und berichtet ihm über die Situation. Er bittet ihn, ihr davon abzuraten zu dem Betriebsrat zu gehen. Frau Müller erhält am nächsten Tag anstatt der erwarteten Abmahnung eine schriftliche Ermahnung.

Trotz alledem vereinbart sie einen Termin mit einem Mitglied des Betriebsrates, da die Ermahnung in der Personalakte hinterlegt wird und somit negativ in etwaige Beurteilungen einfließen könnte. Dieser empfindet das Verhalten des Vorgesetzten, ebenso wie Frau Müller, als unangemessen und unterstützt sie dabei, ein Schreiben anzufertigen, um dieser Ermahnung zu widersprechen. Dieses Schreiben wird als Widerspruch ebenfalls in der Personalakte hinterlegt.

Das Verhältnis der beiden ist nun seit längerer Zeit sehr angespannt. Frau Müller macht, im Gegensatz zu vorher, nur noch „Dienst nach Vorschrift" und möchte ihrem Vorgesetzten aus dem Weg gehen. Zudem möchte Herr Meier nun, dass Frau Müller Projekte einer anderen Produktkategorie übernimmt. Das möchte sie eigentlich nicht. Eine Übernahme dieser neuen Produktgruppe bedarf einer langzeitigen technischen Schulungsmaßnahme. Des Weiteren möchte Frau Müller ihre derzeitigen Projekte ungern abgeben, weil sie in diesem Produktbereich selbstständig mit bereits vorhandenem technischem Wissen arbeiten kann, welches sie in den letzten Jahren der Betriebszugehörigkeit erlangt hatte. Sie hat aber keine andere Wahl, da sie laut ihrem Arbeitsvertrag auch dort eingesetzt werden kann. Das führt zusätzlich dazu, dass sie kein Interesse mehr an ihren Aufgaben hat und nun aktiv auf der Suche nach einem neuen Arbeitsplatz außerhalb dieses Unternehmens ist.

Bezogen auf diese Fallstudie habe ich drei Leitfragen entwickelt, welche durch die nachfolgenden Erläuterungen ausführlich beantwortet werden:

1. Nach welchem Menschenbild führt Herr Meier und wie äußert sich dies?
2. Was sind die Konsequenzen seines Handelns und wie lassen sie sich erklären?
3. Wie hätte er handeln können, um zu verhindern, dass Frau Müller sich ungerecht behandelt fühlt?

9.3 Theorie X und Y nach McGregor

McGregor entwickelte ein Konzept, welches die Motivation beziehungsweise Demotivation der Mitarbeiter/-innen, unter Berücksichtigung des Menschenbildes der Führungskraft, zu erklären versucht. Demnach gibt es zwei unterschiedliche Auffassungen, welche eine Führungskraft in Bezug auf ihre Mitarbeiter/-innen annehmen kann (McGregor, 1986; Hintz, 2011).

Nach der Theorie X sind Führungskräfte davon überzeugt, dass ihre Mitarbeiter/-innen die Arbeit stets umgehen wollen. Dies impliziert, dass sie verantwortungslos und faul sind. Aus diesem Grund müssen sie, zur Sicherung der Unternehmensziele, angeleitet, kontrolliert und bestraft werden (McGregor, 1986; Achouri, 2009).

Anhänger/-innen der Theorie Y sind im Gegensatz dazu der Meinung, dass Menschen kreativ, verantwortungsvoll und selbstdiszipliniert sind. Mit der Arbeit kann man sie motivieren und begeistern. Außerdem wird pflichtbewusst und eigeninitiativ auf die Unternehmensziele hingearbeitet (McGregor, 1986; Hintz, 2011).

Nach McGregor passt sich das Verhalten der Mitarbeitenden nach der Zeit an das Menschenbild der Führungskraft an, was die Führungskraft wiederum in ihrem Verhalten bestärkt („selbsterfüllende Prophezeiung"). Kontrolliert die Führungskraft z. B. die Mitarbeiter/-innen stark, führt dies dazu, dass diese weniger engagiert und motiviert sind. Dies entspricht wiederum dem Menschenbild der Führungskraft (McGregor, 1986; Achouri, 2009).

Zudem verdeutlicht McGregor, dass die Theorie Y zielführender sei. Die Theorie X geht stark mit Kontrolle und Autorität einher. Dies führe seiner Meinung nach dazu, dass Bedürfnisse der Mitarbeitenden nicht berücksichtigt werden, somit keine Entwicklung stattfinden und das Potenzial der Mitarbeiter/-innen nicht genutzt werden kann. Die Theorie Y hingegen berücksichtigt die Ziele und Bedürfnisse der Untergebenen. Das Vertrauen der Führungskräfte in das Personal führe zur Motivation und dies würde sich dementsprechend positiv auf die Mitarbeiterzufriedenheit und die Erreichung der Unternehmensziele auswirken (McGregor, 1986; Achouri, 2009).

9.4 Analyse der Fallstudie

Das dargestellte Fallbeispiel lässt sich der Theorie X zuordnen. Wie im vorherigen Kapitel erläutert, sind Anhänger/-innen der Theorie X der Meinung, dass die Angestellten faul und verantwortungslos sind. Herr Meier scheint in diesem Fall das Verlassen des Arbeitsplatzes als Handlung aufgrund von Arbeitsunwilligkeit zu sehen. Dementsprechend scheint er der Meinung zu sein, dieses Verhalten müsse sanktioniert werden. Er zieht nicht in Betracht, dass Frau Müller lediglich nach den Vorgaben des Unternehmens gehandelt hat. Es lässt sich zwar erahnen, dass Herr Meier nach kurzer Bedenkzeit und mit Hinblick auf die Drohung von Frau Müller, den Betriebsrat einzuschalten, eingesehen hat, dass seine Bestrafung unbegründet ist, weigert sich jedoch trotzdem, die Situation für Frau Müller unbestraft ausgehen zu lassen. Begründen lässt sich diese Vermutung mit der Tatsache, dass Herr Meier anstatt der Abmahnung eine Ermahnung erteilt.

Des Weiteren kann man die Theorie X an dem autoritären Führungsstil von Herrn Meier festmachen. Er trifft Entscheidungen, ohne seine Mitarbeiterin mit einzubeziehen: Zum einen soll sie eine Dienstreise antreten und zum anderen erteilt er die Anweisung, dass Frau Müller nun andere Projekte übernehmen soll. Außerdem stellt sich die Frage, ob Frau Müller tatsächlich aus unternehmerischen Gründen andere Aufgaben erteilt bekommen hat oder ob diese Aufforderung lediglich aus Schikane erfolgt, möglicherweise als Reaktion darauf, dass Frau Müller den Betriebsrat einbezogen hat.

Sein Verhalten hat dazu geführt, dass Frau Müller ihre Arbeit nicht mehr gerne erledigt, dementsprechend kein Engagement zeigt und nicht mehr für ihn arbeiten möchte. Ausgelöst wurde dies durch seine strengen Vorgaben und ungerechten Bestrafungen. Frau Müller möchte zum einen nicht nach Polen reisen, scheint es aber trotzdem zu tun, da sie befürchtet, dass eine Ablehnung Konsequenzen für sie haben könnte. Die Anweisung, andere Projekte zu übernehmen macht sie ebenfalls unzufrieden. Außerdem sieht sie die Bestrafung einer Ermahnung und die Tatsache, dass Herr Meier einen Kollegen informiert, als ungerechtfertigt an.

Das spiegelt die Annahme der selbsterfüllenden Prophezeiung wider, welche besagt, dass sich die Mitarbeiter/-innen dem Umfeld und den Umständen, unter denen sie arbeiten, anpassen.

Zunächst einmal hätte Herr Meier sich an die Vorgaben des Unternehmens halten müssen. Er hätte Überstunden beantragen müssen und infolge dessen mit Frau Müller vorab besprechen müssen, wie lange sie an diesem Tag arbeiten soll. Außerdem verletzt er seine Schweigepflicht als Vorgesetzter, da er den Arbeitskollegen von Frau Müller darüber in Kenntnis gesetzt hat, dass sie eine Abmahnung von ihm erwartet und sie aus diesem Grund zu dem Betriebsrat gehen möchte. Herr Meier hätte sich vor Augen führen sollen, dass Frau Müller diese Dienstreise für ihn antreten musste. Die Tatsache, dass sie im Anschluss dafür bestraft wird, hinterlässt einen Eindruck von Undankbarkeit.

Im besten Fall aber sollte er seine Ansicht über seine Mitarbeiter/-innen ändern. Frau Müller hätte seine Forderung, eine Dienstreise anzutreten, auch ablehnen oder hinauszögern können. Dies ist nicht der Fall gewesen, was dafürspricht, dass sie bemüht ist, den Anforderungen ihres Vorgesetzten gerecht zu werden. Er könnte deshalb durchaus mehr Vertrauen in seine langjährige Mitarbeiterin haben.

Zudem sollte er, um die Zufriedenheit seiner Mitarbeiterin zu erhalten, ihre Meinung berücksichtigen, vor allem in Bezug auf die Tatsache, dass sie nun andere Aufgaben übernehmen soll, mit denen sie sich gar nicht auskennt und auch nicht übernehmen möchte.

9.5 Fazit

Betrachtet man die aufgeführte Situation gesamtunternehmerisch, lassen sich eine Reihe von Fehlentscheidungen seitens des Vorgesetzten feststellen, welche dazu geführt haben, dass sich eine, für das Unternehmen profitable, Mitarbeiterin von diesem Unternehmen trennen möchte. Hätte sich die Führungskraft der Theorie Y entsprechend verhalten, würde dem Unternehmen eine langjährige Mitarbeiterin erhalten bleiben. Durch eine adäquate Führung hätte die Mitarbeiterin mehr Motivation und Zufriedenheit am Arbeitsplatz erlangen, sich mit mehr Humankapital ausstatten und somit dem Unternehmen einen noch größeren Nutzen bringen können. Zusätzlich muss mit Hinblick auf die Zukunft bedacht werden, dass eine Neubesetzung dieser

Stelle dem Unternehmen Kosten verursacht: Das Wissen von Frau Müller geht verloren und eine neue Arbeitskraft muss gesucht, eingestellt und eingearbeitet werden. Es bedarf einer langen Zeit, bis neu eingestellte Mitarbeiter/-innen den gleichen Wissensstand erlangen, wie ihre Vorgänger/-innen.

Diese Fallstudie verdeutlicht, wie wichtig es ist, die Auswahl von Führungskräften mit Bedacht vorzunehmen. Unternehmen sollten stets berücksichtigen, dass neben den fachlichen Kompetenzen auch soziale Kompetenzen und Führungskompetenzen notwendig sind, um das Potenzial der Mitarbeiter/-innen entfalten zu können und deren Arbeitszufriedenheit zu erhalten. Die Führung von Personal steht eng im Zusammenhang mit Fluktuationen und Zielen des Unternehmens. Die Folgen bei einer Fehlbesetzung einer Führungsposition können für das Unternehmen gravierend sein.

Aus diesem Grund sollten sich Unternehmen bei der Suche nach Führungskräften Gedanken darüber machen, welche Art von Führung sie präferieren, wie die Unternehmensziele umgesetzt werden können und die Unternehmensphilosophie gewährleistet werden kann.

Literatur

Achouri, C. (2009). *Systemic Leadership: Ein innovativer Weg der Personalführung*. München: Oldenbourg Verlag.

Hintz, A. J. (2011). *Erfolgreiche Mitarbeiterführung durch soziale Kompetenz: Eine praxisorientierte Anleitung*. Wiesbaden: Gabler Verlag.

McGregor, D. (1986). *Der Mensch im Unternehmen* (A. Wolter, Übersetz.). Hamburg: MacGraw-Hill.

Joelle-Madeline Cihlar

10 Zwischen zwei Versetzungen

10.1 Einleitung

Ungefähr 12 % der Arbeitnehmer/-innen in Deutschland wurden in ihrem bisherigen Leben mindestens einmal am Arbeitsplatz gemobbt. Zudem zeigen Studien, dass die Tendenz zu einer Vermehrung des Problems geht, statt zu einer Besserung und wird daher von der Gesellschaft immer mehr als ein Problem angesehen (Hesse & Schrader, 2016).

Ich habe mich für dieses Thema entschieden, da das Problem meiner Meinung nach, trotz der vielen Forschungsbestrebungen, noch zu häufig auftritt. Es gibt unzählige Forschungsarbeiten und Literatur zu dem Thema, jedoch scheint es, als könne dieses Thema nicht gänzlich bekämpft werden.

Da es in dieser Fallstudie um das Mobben am Arbeitsplatz geht, ist dieses Problem, neben den betroffenen und nicht betroffenen Mitarbeiter/-innen, auch ein Teil des Personalmanagements. Inwiefern diese Parteien eine Rolle spielen, wird in dem Teil der Analyse deutlich. Jedoch steht fest, dass diese Thematik ein großes Problem in dem Personalmanagement darstellt, da die vielen möglichen Folgen des Mobbens fatal werden und das ganze Betriebsklima beeinflussen können.

10.2 Falldarstellung

Drei Monate nach dem abgeschlossenen Schulabschluss beginnt die 19-jährige Frau Schere aus Bochum nach vielen abgelehnten Bewerbungen eine Ausbildung zur Speditionskauffrau in einem Unternehmen in Dortmund. Das Unternehmen besteht aus 610 Standorten weltweit und zählt 29.000 Mitarbeiter/-innen. Der Standort in Dortmund ist vor zehn Jahren von Bochum dorthin umgezogen und wird von acht Arbeitskräften inklusive der neuen Auszubildenden vertreten. Es herrscht ein familiäres Verhältnis untereinander. Bei dem Umzug ist die langjährige 50-jährige Mitarbeiterin Frau Koch, die ihre Ausbildung damals schon in diesem Unternehmen abgeschlossen hat, in Bochum geblieben und bildet da nun in einem angemieteten Büro den Standort Bochum. Die beiden Standorte haben dennoch ein enges und vertrautes Verhältnis zueinander.

Frau Schere kannte die Chefsekretärin Frau Albert aus Dortmund schon vor Beginn ihrer Ausbildung durch gemeinsame Freunde. Dadurch konnte Frau Albert vor dem Vorstellungsgespräch ein gutes Wort über Frau Schere bei dem Standortleiter einlegen. Nach dem Gespräch unterschreibt Frau Schere sofort den Vertrag und beginnt

https://doi.org/10.1515/9783110697308-010

ungefähr drei Monate später mit der Ausbildung in Dortmund. Sie fühlt sich wohl, kommt mit allen dort Tätigen gut aus und erledigt ihre Arbeit gut, jedoch kommt oft Langeweile bei allen Beschäftigten auf, da es teilweise nicht genug Arbeit für alle Mitarbeiter/-innen gibt.

Schnell kommt die Idee auf, Frau Schere nach Bochum zu Frau Koch zu versetzen. Die Idee wird von allen Beteiligten gut aufgenommen. Frau Koch freut sich, dass ihr Arbeit abgenommen wird und sie Gesellschaft bekommt und Frau Schere freut sich, dass sie neue Aufgaben erledigen kann und einen kürzeren Arbeitsweg hat.

Zwei Wochen später wird die Idee umgesetzt und der Standort Bochum wird nun von der langjährigen Mitarbeiterin, Frau Koch, und der Auszubildenden, Frau Schere, vertreten.

Frau Schere kennt Frau Koch bisher nur sehr wenig, da sie erst zwei- bis dreimal wenige Minuten miteinander telefoniert hatten. Als Frau Schere das erste Mal in das gemeinsame Büro eintrifft und ihre Sachen ablegt, telefoniert Frau Koch gerade mit einer ehemaligen Arbeitskollegin und sagt: „Ich muss jetzt Schluss machen. Die Kollegin ist gerade mit ihrem tollen Auto vorgefahren und ist jetzt im Büro. Und wow, das neueste Handy hat sie auch noch. Ich melde mich, bis später." Frau Schere ist verwundert über diese Aussage und fragt sich, ob sie wirklich etwas Neid heraushört, hält es aber für eine scherzhafte Begrüßung und lächelt aus Höflichkeit. Sie stellen sich gegenseitig vor und bis zum Feierabend unterhalten sie sich über Geschäftliches, aber auch Privates und scheinen sich gut zu verstehen, auch wenn Frau Koch sehr direkt ist und kein Blatt vor den Mund nimmt. Frau Schere freut sich darüber und ist schon gespannt auf die nächste Zeit und die neuen Herausforderungen, die sie zu erwarten hat.

Nach zwei Wochen hat Frau Koch zwei Wochen Urlaub und Frau Schere sitzt ängstlich alleine im Büro mit telefonischer Unterstützung aus Dortmund. Das Planen der Schiffe, die Materialien nach Bochum bringen, die Organisation der Lagerung und Weiterverschiffung, die Kundenabsprachen, die Buchhaltung und die dazugehörigen Formalitäten gehören nun zu Frau Scheres Aufgaben. Alle Aufgaben und Probleme können dennoch gut gelöst werden und Frau Schere wird immer selbstsicherer, bis die Angst ganz verschwindet.

Nach den überstandenen zwei Wochen ist Frau Koch wieder am Arbeitsplatz. Sie wird von den Kolleg(innen)en aus Dortmund darüber informiert, dass alles während ihrer Abwesenheit gut und problemlos verlaufen ist, jedoch herrschte danach eine angespannte Stimmung im Bochumer Büro.

Frau Koch ist jeden Morgen neuerdings aus unersichtlichem Grund schlecht gelaunt und macht daraus kein Geheimnis. Der Ton gegenüber Frau Schere wird immer schärfer, vor allem, wenn kleine Fehler auftreten. Dazu gehört z. B. das Vertauschen der Plätze zweier Ordner im Schrank oder das zu frühe Einschalten der Spülmaschine. Frau Schere hält es für eine kurze, schlechte Phase, aber achtet trotzdem besonders darauf, keine Fehler zu machen.

Wenn Fehler oder Probleme aufkommen, ist Frau Koch inzwischen so genervt, dass sie mit niemandem mehr redet und nur noch vor sich hin flucht. Sie geht nicht an das Telefon und wenn, dann nur sehr aggressiv. Auf Nachfrage, ob man Frau Koch ein wenig Arbeit abnehmen kann, kommt keine Antwort. Geredet wird nur noch, um Frau Schere zu kritisieren und einzuschüchtern.

Die Auszubildende ist mittlerweile verunsichert, da sie sich keine Fehler erlauben darf, aber auch nicht bei neuen Herausforderungen nachfragen kann, wie diese am besten zu lösen sind, da Frau Koch nicht mehr mit ihr redet.

Mit der steigenden Angst, etwas falsch zu machen, gibt es in ihren Augen immer mehr Fehlerquellen, weswegen sie sich nicht mehr an neue Aufgaben traut. So überlegt sie z. B. bei ihrem ersten ausländischen Schiff, die genervte Frau Koch um Hilfe zu bitten, damit keine Fehler auftreten oder die Abwicklung selbst zu bearbeiten mit dem Risiko, Fehler zu machen, da sie bisher nur inländische Schiffe bearbeitet hat.

Die Stimmung wird nach der Zeit so schlecht, dass man sich nur noch einen „Guten Morgen" wünscht und sonst nur drei bis vier Sätze am Tag miteinander spricht. Bei Problemen, die man als Auszubildende nicht alleine lösen kann, werden die Papiere von Frau Koch genervt aus der Hand gerissen oder es werden Papiere, um die sich Frau Koch nicht kümmern möchte, wortlos auf den Tisch von Frau Schere geschmissen.

Da Frau Schere keinen Schlüssel für das Büro besitzt, müssen die beiden gemeinsam Feierabend machen. Zu Beginn sprachen sich Frau Koch und Frau Schere mittags immer ab, wann beide fertig für den Feierabend sind. Mittlerweile muss Frau Schere dann Feierabend machen, wenn Frau Koch geht, da man nicht mehr miteinander redet, sondern Frau Koch einfach ihre Sachen zusammenpackt und das Büro verlässt, obwohl die Auszubildende mit wichtigen Aufgaben noch nicht fertig geworden ist.

Frau Schere nimmt sich oft vor, die Probleme in einem ruhigen Moment anzusprechen, befürchtet allerdings einen Wutausbruch und entscheidet sich deswegen immer dagegen, Frau Koch darauf anzusprechen.

Es gibt einen Betriebsrat und der Ansprechpartner sitzt in dem Standort in Dortmund, allerdings weiß die Auszubildende, dass dieser Ansprechpartner durch die jahrelange Zusammenarbeit im Unternehmen gut mit Frau Koch befreundet ist. Sie befürchtet, dass ihre Probleme mit Frau Koch nicht objektiv und unparteiisch aufgenommen werden und entschließt sich gegen ein Gespräch mit dem Betriebsrat.

Sie überlegt, Frau Albert über die Situation in Kenntnis zu setzen, allerdings möchte sie nicht als neue Auszubildende mit negativen Dingen in Verbindung gebracht werden und eine Mitarbeiterin, die länger als 30 Jahre in diesem Unternehmen ist, schlechtreden. Vor allem nicht, nachdem ein gutes Wort über Frau Schere eingelegt worden ist. Außerdem denkt sich Frau Schere, dass die Situation noch schlimmer wird, wenn Frau Koch Wind davon bekommt.

Die Auszubildende entscheidet sich dafür, noch abzuwarten und zu hoffen, dass die Stimmung wieder besser wird.

Da dieser Fall nicht eintritt und Frau Schere mittlerweile nur noch mit Bauchschmerzen zur Arbeit geht, entscheidet sie sich doch dafür, bei dem nächsten privaten Treffen Frau Albert über den Zustand im Büro aufzuklären und sich einen Rat einzuholen. Diese ist zwar fassungslos über die ganzen Vorfälle, aber nicht überrascht. Auf

Nachfrage erklärt sie Frau Schere, dass es zwischen ihnen vor dem Umzug manchmal ähnlich war, es aber nicht so ausgeartet ist, da in diesem Fall Frau Albert inoffiziell einen höheren Rang im Unternehmen hatte als Frau Koch.

Frau Albert spricht mit dem Standortleiter und veranlasst sofort am nächsten Tag die Versetzung von Frau Schere nach Dortmund. Alle Mitarbeiter/-innen in Dortmund wissen, wieso die Auszubildende zurückkommt, Frau Koch sagt man allerdings, dass es im Moment wieder Personalmangel in Dortmund gibt.

Eine Woche später und nach insgesamt einem halben Jahr in Bochum, sitzt Frau Schere wieder an ihrem alten Arbeitsplatz in Dortmund und bekommt von den anderen Kolleg(innen)en die Aussage von der Chefsekretärin, dass Frau Koch damals schon so war, bestätigt.

Frau Schere hat mit Frau Koch aus Bochum nichts mehr zu tun. Wenn sie sich doch mal zufällig am Telefon sprechen, ist Frau Koch wieder genauso freundlich wie am Anfang, als wäre nie etwas gewesen.

Fragen zur Fallstudie:

1. Um welches Problem handelt es sich in dieser Fallstudie zwischen Frau Schere und Frau Koch?
2. Wieso ist dieses Problem zwischen den beiden Mitarbeiterinnen entstanden?
3. Wie hätte man diesen Konflikt anders lösen können, um die Versetzung zu umgehen?

10.3 Analyse der Fallstudie

In diesem Teil der Arbeit gehe ich auf die Analyse der Fallstudie ein und berücksichtige dabei die drei folgenden Aspekte und Theorien: Die fünf Strategien nach Zapf (1999), die Motive für das Mobben nach Hesse und Schrader (2016) und die Maßnahmen gegen das Mobben nach Resch (1997).

Mobbing entsteht in einem festen und sozialen Rahmen, wie z. B. am Arbeitsplatz. Dort arbeiten Menschen zusammen und bilden eine Arbeitsgruppe, um Probleme und Aufgaben als Team zu lösen. Da dadurch eine Zwangsgemeinschaft entsteht, die man üblicherweise nicht einfach verlassen kann, sobald Konflikte innerhalb der Gruppe auftreten, kommt Mobbing besonders oft am Arbeitsplatz vor (Litzcke & Schuh, 2010).

In der Literatur wird Mobbing als „eine zielgerichtete, systematische und langfristige Schikane oder Diskriminierung" (Hesse & Schrader, o. J.) definiert. Außerdem kommen die Geschehnisse wiederholt über einen langen Zeitraum vor. Mobbing kann zwischen Kolleg(innen)en auf gleicher Ebene stattfinden sowie auf unterschiedlichen Ebenen.

Die fünf Strategien nach Zapf (1999)

Dieter Zapf (1999) hat alle Mobbinghandlungen in fünf Strategien zusammengefasst. Die erste Strategie besagt, dass Mobbing als organisatorische Maßnahme genutzt wird, um der betroffenen Person Aufgaben und die Entscheidungskompetenz zu entziehen. Die zweite Strategie behandelt die soziale Isolation, bei der das Opfer wie Luft behandelt und nicht beachtet wird. Die betroffenen Personen reden nicht mehr miteinander und der Mobbinginitiierende lässt sich nicht mehr von dem Opfer ansprechen. In der dritten Strategie wird das Opfer persönlich angegriffen, indem man sich über diese Person lustig macht. Die vierte Strategie umfasst die verbale Drohung und Aggressionen, wie beispielsweise das Anschreien. Die fünfte Strategie ähnelt der vierten, wobei es hier bereits um nonverbale Aggressionen geht. Das Opfer erfährt körperliche Gewalt oder die Androhung dieser Gewalt.

In der Fallstudie „Zwischen zwei Versetzungen" wird die zweite Strategie, die soziale Isolation, thematisiert. Dort wird durch klare Handlungen zwischen Frau Koch und Frau Schere deutlich, dass die Kommunikation abnimmt, bis an einem bestimmten Zeitpunkt kaum noch welche vorliegt. Gutes Betriebsklima steigert die Produktivität. Da das Betriebsklima zwischen Mitarbeiter/-innen durch diese genannte Isolation sehr stark verschlechtert wird, bis das Mobbingopfer auf sich allein gestellt ist, wird einerseits die Produktivität verringert, als auch die Fehlerquote durch die in der Fallstudie genannte fehlende Sicherheit bei der Problem- und Aufgabenlösung erhöht (Hesse & Schrader, 2016). Es entsteht ein Teufelskreis aus unterlassener Kommunikation, der daraus resultierenden Unsicherheit und dem Begehen sämtlicher Fehler.

Die Motive für das Mobben nach Hesse und Schrader (2016)

Hesse und Schrader (2016) zufolge gibt es nicht immer einen einzigen bestimmten Grund oder ein bestimmtes Motiv für das Mobben am Arbeitsplatz, denn oft ist es so, dass mehrere verschiedene Aspekte ein Zusammenspiel ergeben.

Neben vielen Motiven, wie beispielsweise Rache, Macht, Lust und Langeweile, wird das zum Fallbeispiel passende Motiv „Neid" erläutert. Dabei spielt nicht nur Materielles eine Rolle, sondern auch Ideelles. Wie im vorangegangenen Kapitel festgestellt, werden beide Punkte thematisiert. Neid tritt am Arbeitsplatz sehr häufig auf und ist einer der häufigsten Gründe für das Mobben. Bereits Lob für eine gute Leistung von einer Führungskraft oder Kolleg(innen)en kann bei anderen Beschäftigten Neid auslösen, wobei das Mobbingopfer diese Situation kaum beeinflussen oder abwenden kann. Ein weiterer relevanter Grund für Neid unter Arbeitskräften, welcher den Konflikt in der Fallstudie erklärt, kann eine gute oder gar freundschaftliche Beziehung zur Führungskraft sein. Durch diese Beziehung befürchten Mitarbeiter/-innen oft eine Bevorzugung der Kolleg(innen)en und bilden eine Abneigung gegenüber der betroffenen Person (Hesse & Schrader, 2016). Als zweites Motiv zur Erklärung des Konflikts in der Fallstudie ist die Angst vor neuer Konkurrenz zu betrachten. Um von den eigenen möglichen Fehlern abzulenken, wird der Fokus auf das Mobben gelegt. Zudem gilt das Mobbing hierbei als Methode, Mitarbeiter/-innen vertreiben zu wollen, um den Arbeitsplatz wieder wie gewohnt für sich oder mit „alten" Kolleg(innen)en zu gewinnen. Das Mobbingopfer wird unter Druck gesetzt und es wird allgemein eine schlechte Arbeitsatmosphäre geschaffen, um das Opfer in ein Unwohlsein zu versetzen, sodass es gar bis zu einer Kündigung seitens des Opfers kommen kann.

Folgen und Maßnahmen gegen das Mobben nach Resch (1997)

Mobbing verursacht bei dem Opfer zum Teil schwerwiegende Folgen. Dabei kann es in einzelnen Fällen bis zur Suizidgefährdung kommen. Resch (1997) unterscheidet die Folgen in drei Phasen: die Reaktionen in der frühen Phase, die Reaktionen nach einem halben Jahr und Reaktionen nach ein bis zwei Jahren. Je größer der Zeitraum, in dem das Opfer gemobbt wurde, desto größer sind die Auswirkungen.

In der ersten Phase spricht Resch (1997) u. a. von Reizbarkeit, Erschöpfung und Magenbeschwerden. In der zweiten Phase folgen bereits psychische Krankheiten. Genannt werden hierbei ein emotionaler Rückzug und Gefühlsabstumpfung. Nervosität, Depressionen, Zwangsstörungen und funktionelle Störungen verschiedener Organe können in der dritten Phase auftreten. Indem Maßnahmen ergriffen werden, können diese genannten Folgen verhindert werden.

Resch (1997) nennt viele Maßnahmen und Handlungsmöglichkeiten, die die Führungskräfte, der Betrieb und die betroffene Person selbst unternehmen können.

Um überhaupt dem Problem des Mobbens vorbeugen zu können und schon vor dem Aufkommen zu verhindern, werden Möglichkeiten zur Prävention genannt. Da der Arbeitgebende eine Fürsorgepflicht hat, ist er dazu verpflichtet, sich gegen das Mobben am Arbeitsplatz einzusetzen. Dabei können Führungskräftetrainings helfen, in denen der Umgang mit dieser Thematik geschult wird. Führungskräfte, aber auch Mitarbeiter/-innen, müssen für Anzeichen von Mobbing, z. B. ein schlechtes Betriebsklima, sensibilisiert werden, um schon im Vorfeld die anfänglichen Probleme zu erkennen und eingreifen zu können. Ein weiterer wichtiger Punkt als Präventionsmaßnahme sind regelmäßige Mitarbeitergespräche, Mitarbeiterbefragungen und Konferenzen für ganze Abteilungen, um dem Personal die Chance zu geben, Probleme anzusprechen.

Sollte es schon zu Mobbingattacken gekommen sein, kann der Betrieb von dem Opfer in Kenntnis gesetzt werden, indem der Betriebsrat informiert wird. Es werden dann, unter Umständen auch mit weiteren zugezogenen Kolleg(innen)en, Gespräche mit dem Opfer geführt. Darin wird geklärt, worum es in dem Einzelfall geht und welche weiteren relevanten Informationen bezüglich des Konflikts geklärt werden müssen. Danach folgen sogenannte Vermittlungsgespräche zwischen dem Opfer und dem Mobbenden im Beisein des Betriebsrates. Dabei nimmt der Betriebsrat die Rolle einer neutralen Partei ein. Im besten Falle werden die Konflikte in diesen Gesprächen zwischen den Beteiligten aufgelöst.

Eine weitere Möglichkeit, den Konflikt zu lösen, ist die Einbeziehung der Personalabteilung. Das ist insbesondere eine Möglichkeit, wenn, wie es in der Fallstudie gegeben ist, das Vertrauen zum Betriebsrat nicht vorhanden ist, da der Mobbingausführende eine stärkere Verbindung zum Betriebsrat pflegt. Gelöst werden kann der Konflikt dann, wenn sich eine interessierte Vertrauensperson, beispielsweise aus der Personalabteilung, findet und von der betroffenen Person gezeigt wird, dass es ihr nicht um eine Beschwerde gegen den Mobbingausführenden geht, sondern um einen Rat oder Hilfestellung, um das Mobbing zu stoppen.

Die letzte auf die Fallstudie passende Lösung ist die Konfrontation mit dem Mobbenden. Ohne Betriebsrat oder sonstige schlichtende Parteien sucht das Opfer das Gespräch zu dem Mobbenden, um den Konflikt anzusprechen und lösen zu wollen. Wie auch in der Fallstudie befürchtet, ist dies allerdings nicht die vorsichtigste Weise, das Problem zu beseitigen. Oft kommen zu viele Emotionen dazu, die das Gespräch nicht mehr sachlich und neutral verlaufen lassen. Daher ist es ratsam, eine dritte Person dazu zu holen, die eventuell eingreifen kann (Resch, 1997).

10.4 Zusammenfassung und Fazit

Mobbing ist ein weitverbreitetes Problem, welches mit mehreren Faktoren zusammenhängt, durch diese ausgelöst wird und schwerwiegende Folgen mit sich bringen kann. Gerade am Arbeitsplatz zieht Mobbing viele Probleme, nicht nur für die betroffene Person selbst, sondern auch für den Betrieb, nach sich. Den Konflikt zwischen den Beteiligten zu lösen kostet Zeit und somit Geld für das Unternehmen. Wie in der Fallstudie zu sehen, kommt es daher vor, dass dem Konflikt aus dem Weg gegangen wird, indem man die beiden Personen voneinander trennt, statt den Konflikt aktiv zu lösen versucht.

Durch die Analyse und Anwendung der Theorien kann festgestellt werden, dass das Mobben nicht aus Lust und Laune entstanden ist, sondern einen ernsten Grund, nämlich die Angst vor Konkurrenz und Neid, hat. Dies hätte durch Gespräche und die Auseinandersetzung mit dem Problem aufgelöst werden können. Es stehen viele Handlungsmöglichkeiten und Maßnahmen gegen Mobbing zur Verfügung, die hätten genutzt werden können, jedoch ist dies nicht immer von allen Beteiligten gewünscht.

Die für die Fallstudie angewendete Theorie ist meiner Meinung nach sehr geeignet, da durch die Strategie und Motive für das Mobben das Verhalten der Täterin plausibel erklärt und verständlich dargestellt wird. Durch die Theorie ist es möglich, sich in die Lage der Täterin zu versetzen und den Konflikt von beiden Seiten nachvollziehen zu können. Die Maßnahmen gegen Mobbing zeigen, welche anderen Möglichkeiten das Unternehmen und das Opfer gehabt hätten, um das Problem angehen und verstehen zu können.

Literatur

Hesse, J. & Schrader, H. (2016). *Exakt: Mobbing*. Buxtehude: Stark Verlag.

Hesse, J. & Schrader, H. (o. J.). Mobbing am Arbeitsplatz: Die Psychofalle. Verfügbar unter https://www.berufsstrategie.de/bewerbung-karriere-soft-skills/mobbing-am-arbeitsplatz.php (letzter Aufruf: 07.05.2020).

Litzcke, S. & Schuh, H. (2010). *Stress, Mobbing und Burn-out am Arbeitsplatz* (5. Auflage). Berlin: Springer.

Resch, M. (1997). Mobbing und Konflikte am Arbeitsplatz. Verfügbar unter https://www.dgb.de/themen/++co++mediapool-2bb93db81fe24f3077ced10972300cf8 (letzter Aufruf: 30.04.2020).

Zapf, D. (1999). Mobbing in Organisationen – Überblick zum Stand der Forschung. *Zeitschrift für Arbeits- und Organisationspsychologie*, 43, 1–25.

Matti Mennebröcker

11 Ein 800.000 € teures Missverständnis

11.1 Einleitung

Die Fallstudie ein „Ein 800.000 € teures Missverständnis" beschreibt einen Konflikt zwischen einem Mitarbeiter und seinem Chef in einem Gastronomieunternehmen, welcher durch ein einfaches Missverständnis durch fehlgeschlagene Kommunikation zustande kam und in einem betriebswirtschaftlichen Untergang endete.

Der Mitarbeiter fasste die Versprechen seines Chefs wortwörtlich auf und wurde durch diese stark motiviert. Sein Chef hingegen nutzte Versprechen, welche als eigentliche Floskeln gemeint waren als bis dahin erfolgreiches Motivationsinstrument und befasste sich nicht ausreichend mit dem Gedanken, was ein Nichteinhalten dieser Versprechen auslösen könnte.

Die „Weg-Ziel-Theorie der Führung" von Evans und House befasst sich damit, dass Mitarbeiter/-innen Ziele benötigen, welche für sie erreichbar sind und dass das Erreichen der Ziele für Motivation sorgt.

Ein bekanntes Problem im Personalmanagement ist die erfolgreiche, langjährige Bindung der Beschäftigten im Unternehmen. Die Fallstudie ist ein Beispiel für fehlgeschlagene Personalbindung und die Theorie zeigt eine Möglichkeit, wie dieses Scheitern nicht zustande gekommen wäre.

Die Frage, inwieweit Motivation in Form von Versprechungen und den damit verbundenen beruflichen Aufstiegschancen geeignet ist, ist der zentrale Gedanke. Hinzu kommt die Wirkung der Worte, welche eine Führungskraft verwendet und zu welchen Folgen ein Nichteinhalten der gemachten Versprechen führen kann.

Mithilfe der Analyse der Fallstudie soll zum einen die Schuldfrage geklärt werden, also wer letztendlich für die Eskalation verantwortlich ist, und zum anderen wie man die dramatischen Folgen hätte vermeiden können.

11.2 Falldarstellung

Zu Beginn des Jahres 2016 musste eine Filiale eines norddeutschen Gastronomieunternehmens für mehrere Monate geschlossen werden, weil ein ehemaliger Mitarbeiter aufgrund eines Streits mit dem Geschäftsführer aufgebracht war und interne Betriebsinformationen über einen Schädlingsbefall an das Ordnungsamt weitergab.

Der Mitarbeiter Paul D. arbeitete seit 2004 für das Unternehmen und hatte bis zu dem eskalierten Streit ein sehr gutes und vertrautes Verhältnis zu seinem Arbeitgeber und seinem Chef Birol Y. Seine Karriere begann als Aushilfskellner, worauf er nach

https://doi.org/10.1515/9783110697308-011

wenigen Monaten eine Festanstellung erhielt und schließlich zum Schichtführer ernannt wurde. Diese Position behielt er mehrere Jahre bei, fiel durch Fleiß und Sorgfalt auf und wollte seine Karriere durch seine vorbildliche Arbeitsweise voranbringen.

Der Geschäftsführer des Betriebs, sein Chef Birol Y., sorgte mit Fortbildungen und Versprechungen lange für die Zufriedenheit des Mitarbeiters. Sein wohl größtes und wirksamstes Motivationsmedium war die Aussicht auf den Posten des Betriebsleiters, welcher ab 2016 neu vergeben werden sollte und dem genannten Mitarbeiter versprochen wurde. „Erledigst du deiner Aufgaben weiterhin so zu unserer Zufriedenheit, dann wirst du diesen Laden bald komplett leiten", oder Ähnliches sagt der Geschäftsführer beinahe wöchentlich zu ihm.

Paul D. galt im Betrieb immer als „Musterarbeiter", was im Jahr 2012 schließlich zu seiner Beförderung zum stellvertretenden Betriebsleiter führte. Nun war er in der Hierarchie lediglich eine Stufe unter seiner gewünschten Position. Im Team der Hannoveraner Filiale war Paul D. ebenfalls sehr beliebt, nach anstrengenden Arbeitstagen lud er seine Kolleg(innen)en gerne noch zu einem Feierabendgetränk und einem Essen auf Kosten des Hauses ein. Außerdem war er privat mit vielen Kolleg(innen)en sehr eng befreundet und war als Schichtführer immer sehr auf die Zufriedenheit seiner Mitarbeiter/-innen bedacht, schließlich gibt die Unternehmensführung vor, dass nur sozialkompetente Mitarbeiter/-innen auch Führungskräfte sein können.

In seiner Position als Stellvertreter wurden ihm weitere verantwortungsvolle Aufgaben zugetragen – auch Aufgaben, die Diskretion erfordern.

Schädlinge wie Ratten, Raupen oder Kakerlaken suchen sich häufig den Weg in Gaststätten. Fast immer werden sie durch die Lieferung von Frischewaren hineingeführt.

In diesem Fall waren es Kakerlaken, die im Jahr 2015 durch den Gemüselieferanten in den Betrieb kamen. Bei einem solchen Befall muss sofort eine aufwendige chemische Schädlingsbekämpfung durch einen Kammerjäger erfolgen, was auch so von Paul D. vorgeschlagen wurde. Der Betrieb beschloss jedoch das Problem konservativ durch aufgestellte Fallen zu lösen, da diese Variante deutlich kostengünstiger ist, als die Bekämpfung durch den Kammerjäger.

Die Angestellten brachten die Fallen an den Stellen an, wo sie Schädlinge sahen, jedoch nicht in den engen Zwischenräumen, welche für Kakerlaken die optimalen Lebens- und Fortpflanzungsbedingungen geben. Folglich gab es im Betrieb den Eindruck, dass das Schädlingsproblem weitestgehend gelöst sei, da optisch nur noch wenige Kakerlaken auffielen.

Im Januar 2016 gab es schließlich die Bekanntgabe des neuen Betriebsleiters. Zum Erstaunen aller Mitarbeiter/-innen wurde eine externe Personallösung gewählt. Dies sorgte im Betrieb zu Unstimmigkeiten und Gruppenbildungen. Der für diesen Posten eigentlich vorgesehene Mitarbeiter Paul D. konnte es nicht glauben, schließlich arbeitete er bereits seit Jahren auf diesen Posten hin. Seine Kollegen waren ebenfalls sehr überrascht über die Wahl des Geschäftsführers, die Mehrheit akzeptierte die Entscheidung jedoch, woraufhin es zu einer Gruppenbildung für und gegen Birol Y. kam.

Paul D. fühlte sich im Team nicht mehr so sehr akzeptiert wie früher und von Birol Y. unfair behandelt, woraufhin er zeitnah das Gespräch mit seinem Chef suchte. Er wollte wissen, weshalb er nicht befördert wurde. Der Chef entgegnete: „Ich habe dir den Job niemals zugesagt, es wäre viel zu früh, dir den Posten des Betriebsleiters zu geben, deine Führungsqualitäten sind bei Weitem noch nicht ausreichend." Paul D. verlor daraufhin die Kontrolle und beleidigte seinen Chef als Lügner und Heuchler, woraufhin das Arbeitsverhältnis einvernehmlich aufgelöst wurde.

Frustriert überlegte er, wie er Rache verüben könne, eine solche Beleidigung und Hintergehung wollte er nicht einfach so akzeptieren. Nach einigen Tagen hörte er zufällig, dass Kakerlaken viel hartnäckiger überleben, als fast alle anderen Lebewesen und möglicherweise auch als es im Betrieb angenommen wurde. Er fragte einen ehemaligen Kollegen, mit dem er noch befreundet ist, ob noch einmal Kakerlaken gesichtet wurden. Unüberlegt antwortete sein Freund: „Ja, die kommen häufiger aus den Türzargen rausgekrochen." Seine Informationen leitete der frustrierte Paul D. sofort an das örtliche Ordnungsamt weiter, woraufhin unverzüglich im Betrieb eine unangemeldete Hygienekontrolle stattfand.

Kolonien an Kakerlaken wurden in diversen Zwischenräumen gefunden, die Folgen waren gewaltig: Der Betrieb wurde unverzüglich für sechs Monate geschlossen, eine Strafzahlung für das Versäumen der Schädlingsbekämpfung wurde fällig, der Geschäftsführer wurde fristlos entlassen. Der entstandene Schaden wird mit insgesamt 800.000 € kalkuliert, zudem gab es einen öffentlichen Imageschaden.

Im Herbst 2018 muss die Filiale aufgrund einer irreparablen Rufschädigung und die dadurch resultierenden fehlenden Umsätze dauerhaft geschlossen werden.

Das hier betroffene Unternehmen, die „Fresh & Fast" GmbH ist in Deutschland mit mehr als 30 Filialen vertreten und bietet Salate, Tellergerichte, Desserts und diverse Getränke an. Jeder Betrieb hat durchschnittlich rund 40 Angestellte und wirbt mit dem Versprechen, dass jede Arbeitskraft in der Hierarchie bis ganz oben aufsteigen kann, solange die gegebenen Aufgaben vorbildlich bearbeitet werden.

Fragen zur Fallstudie:

1. Wie hätte der Streit, der die Meldung beim Ordnungsamt ausgelöst hat, vermieden werden können?
2. Was hat sowohl Paul D. als auch Birol Y. zum jeweiligen Verhalten bewegt?

11.3 Analyse der Fallstudie mithilfe der „Weg-Ziel-Theorie der Führung" von Evans und House

Die Weg-Ziel-Theorie der Führung, im Original „Path-Goal Theorie of Leadership", wurde im Jahr 1970 von Martin Evans entworfen und im Jahr 1971 von Robert House weiterentwickelt. Die Weg-Ziel-Theorie von House und Evans erklärt den Führungsprozess und sein Wirkungsgeschehen des Entscheidungsprozesses bei den Geführten. Die theoretische Leitfrage lautet dementsprechend, unter welchen Umständen der Beschäftigte die gegebenen Aufgaben der Führungskraft als Instrument für die Erreichung seiner Ziele und somit zur Motivation einsetzt (Clark, 2015).

Die Führungskraft muss somit erreichbare Aufgaben vorgeben, welche der Arbeitskraft als wichtig bzw. nützlich erscheinen. Unter welchen Umständen ein bestimmtes Führungsverhalten als nützlich, also auch als motivierend angesehen wird, hängt wesentlich von den Zielen und Vorstellungen des Personals und von den sonstigen Arten der Aufgaben ab. Die jeweilige Arbeitskraft ergreift somit immer die Aufgabe, die für sie als die Wichtigste erscheint, da die Lösung dieser Aufgabe das höchste Ziel ist. In der Weg-Ziel-Theorie der Führung ist der Führungsstil einer von mehreren Faktoren, die Erwartungshaltung und das Arbeitsverhalten der Mitarbeiter/-innen zu steuern (Clark, 2015).

Die Führungsperson kann die Zufriedenheit, die Motivation und die Leistung der Gruppenmitglieder auf zwei Wegen beeinflussen. Zum einen besteht die Möglichkeit eines Belohnungssystems, welches auf der monetären und materiellen Ebene zur Zufriedenheit der Mitarbeiter/-innen führt. Zum anderen kann die Führungsperson dem Personal bei der Erledigung schwieriger Aufgaben zur Seite stehen und dabei helfen, Hindernisse zu überwinden. Das Erfüllen der Aufgaben stellt die Führungskraft vor die Herausforderung, den Beschäftigten neue Anreize in Form von Aufgaben, Zielen und Belohnung zu geben, um die Mitarbeiter/-innen weiterhin zu motivieren. Eine Schwierigkeit entsteht hier möglicherweise durch die Unternehmensorganisation, der Zuständigkeit und den Kompetenzen der Führungskraft. Die Weg-Ziel-Theorie schließt nicht aus, dass eine Führungskraft mehrere Führungsstile nebeneinander ausführt. Sie geht vielmehr davon aus, dass der Führende die Methode anwendet, welche für hohe Ziele sorgt, die Mitarbeiter/-innen zu hohen Anstrengungen und einer maximalen Leistungsbereitschaft führt und mit der das Personal zusätzlich zur Erreichung der gegebenen Ziele motiviert wird (Clark, 2015).

Die Weg-Ziel-Theorie besagt, dass die Mitarbeiter/-innen zur Zufriedenheit bestimmte Motivationen benötigen. Zum einen die intrinsische Motivation, welche von der Arbeitskraft selbst ausgeht und zum anderen die extrinsische Motivation, welche von externen Faktoren ausgeht. Mitarbeiter/-innen brauchen erreichbare Ziele, um motiviert zu bleiben. Werden sie bei Schwierigkeiten nicht unterstützt, führt dies zu Demotivation. Wenn Vorgesetzte dabei helfen, Hürden zu überwinden, werden die Mitarbeiter/-innen zusätzlich motiviert (Clark, 2015).

Unter Betracht der Weg-Ziel-Theorie der Führung fällt beim Lesen der Fallstudie auf, dass Birol Y. viele Aspekte der Theorie unbewusst verwendet hat, ohne diese überhaupt zu kennen.

Bereits zu Beginn seines Arbeitsverhältnisses wusste Paul D., dass er sich in einem Unternehmen befindet, welches einen hohen Wert auf die Mitarbeiterzufriedenheit legt. Es besteht zudem die Möglichkeit der Beförderung durch sorgfältige Aufgabenerfüllung. Birol Y. machte es sich zunutze, dass Paul D. über dieses Wissen verfügt. Ständig definierte er neue Ziele für seinen Mitarbeiter, zuerst die Erfüllung neuer Aufgaben, mit Beförderungen als Belohnung, bis hin zum abschließenden Aufstieg zum Betriebsleiter.

Es wird deutlich, dass Birol Y. sich nicht ausreichend mit verschiedenen Führungszielen befasste, denn allein aus der Weg-Ziel-Theorie resultiert in dem vorliegenden Fall eine unwillkürliche Fehlmotivation des Mitarbeiters. Eine intrinsische Motivation durch Paul D. geht aus der Fallstudie wenig hervor, woraus resultiert, dass nahezu ausschließlich die extrinsische Motivation durch Birol Y. bleibt.

Er wurde durch eine Reihe von Aufgaben, die Lösung dieser und Zielen in Form von hierarchischen Aufstiegen an das Unternehmen gebunden. Über die Folge, was passieren kann, wenn die gegebenen Aufgaben zwar erreicht werden, die gesetzten Ziele aber nicht länger greifbar sind, hat sich Birol Y. keinerlei Gedanken gemacht.

Die Ursache für das Problem der resultierenden Schließung der Hannoveraner Filiale entstand durch die Tatsache, dass Paul D. keinerlei berufliche Ziele im Unternehmen mehr vor Augen hatte und auch somit keine Motivation dort weiter zu arbeiten.

Zwar hätte es mit Sicherheit weiterhin Aufgaben für Paul D. gegeben, jedoch ist sein Ziel, Betriebsleiter zu werden, nicht länger greifbar, da dieser Posten extern vergeben wurde. Er wollte nicht länger für das Unternehmen arbeiten, da keinerlei Motivation oder Anreize mehr gegeben waren.

Da Paul D. bei seinen Mitarbeitern sehr beliebt war und weil Birol Y. auch nach der Trennung von Paul D. noch von einigen Arbeitskräften als Chef akzeptiert wurde, lässt darauf schließen, dass Paul D. der einzige Mitarbeiter war, der von Birol Y. auf diese Weise motiviert wurde, da kein weiterer Fall in Form von nicht eingehaltenen Versprechungen bekannt wurde. Einige Mitarbeiter/-innen waren sehr gut mit Paul D. befreundet, weshalb die Möglichkeit besteht, dass diese seine Beförderungen ebenfalls als Motivation wahrgenommen haben.

Paul D. war in der Regel sehr darauf bedacht, dass seine Mitarbeiter/-innen bei der Arbeit grundsätzlich zufrieden sind, jedoch nicht hauptsächlich aus empathischen Gründen, sonder eher aufgrund von Egoismus, weil die Unternehmensführung nur sozial kompetente Mitarbeiter/-innen befördert. Nach der Theorie gab es somit geringere soziale Gründe für seine zufriedenstellende Mitarbeiterführung, da er ihnen mit der Meldung des Betriebes beim Ordnungsamt eine kurzfristige Arbeitspause zumutete. Somit sah er das Ziel, dem Unternehmen zu schaden, welches aus intrinsischer Motivation entstand, als höheres Ziel an, als das Wohlergehen seiner ehemaligen Mitarbeiter/-innen.

Die Weg-Ziel-Theorie der Führung beschreibt u. a. die Herausforderung für eine Führungsperson, seinen Untergebenen neue Anreize zu setzen, wenn Ziele erreicht werden. Birol D. scheiterte an dieser Herausforderung. Anstatt zu versuchen, ein neues Ziel für Paul D. zu finden und zu definieren, wies er ihn auf seine Fehler und persönlichen Defizite hin, was Paul D. zusätzlich zu den nicht eingehaltenen Versprechen provozierte.

Die Leitfragen, ob der Streit hätte vermieden werden können und was die beiden Beteiligten zum jeweiligen Verhalten bewegt hat, lassen sich mit der Weg-Ziel-Theorie der Führung teilweise beantworten.

Birol Y. hat sich über die Jahre so verhalten, weil er Paul D. für die Erreichung seiner Ziele motivieren wollte. Er gab ihm so lange Aufgaben, wie es für ihn möglich war, fand jedoch keine Lösung für das Problem der neuen Anreize bei Nichterreichung des Endziels. Unter Anwendung der Theorie hätte er sich zumindest mit einer neuen Zieldefinition befassen und versuchen müssen, diese gemeinsam mit Paul D. zu bestimmen, was den Streit hätte vermeiden können. Was ihn letztendlich zu der Konfrontation mit Paul D. und der Aussage, dass er noch nicht soweit ist, um die Position des Betriebsleiters zu übernehmen, bringt, kann die Weg-Ziel-Theorie nicht erklären.

Das Verhalten von Paul D. lässt sich mit der Weg-Ziel-Theorie der Führung soweit erklären, dass seine Taten als ein Resultat aus der Demotivation aufzufassen sind.

11.4 Zusammenfassung und Fazit

Aus einer Anstellung als Aushilfskellner wurde eine langjährige Beschäftigung, welche von vielen Höhen und einer extremen Tiefe geprägt war. Auf viele Beförderungen und Fortbildungen folgte ein starker Streit mit irreparablen Schäden, sowohl in betrieblicher, als auch in zwischenmenschlicher Hinsicht.

Birol D. wird sich über die Wirkung seiner Worte nicht bewusst gewesen sein. Hätte er gewusst, was seine Aussagen zum Posten des Betriebsleiters zu Paul D. auslösen, wären seine Versprechungen, welche er nur als Floskeln ansah, anders ausgefallen oder er hätte dafür gesorgt, dass Paul D. den Posten des Betriebsleiters auch bekommt.

Die Weg-Ziel-Theorie der Führung ist für die Erklärung des Falles weitestgehend gut geeignet. Sie gibt viele Antworten auf die einzelnen Geschehnisse und Verhaltensweisen der Beteiligten, erklärt jedoch nicht ganz, weshalb Paul D. letztendlich den Gang zum Ordnungsamt tätigte.

Des Weiteren erklärt die Theorie zwar das grundsätzliche Verhalten der beiden Gastronomen, jedoch zeigt sie nur die Fehler von Birol Y. auf.

Die Theorie besagt, dass das Setzen von Zielen die Motivation fördert und der Mitarbeitende bei adäquater Zielsetzung zufrieden bleibt, allerdings gibt die Theorie keine Antworten auf die Frage, was bei unerreichbarer Zielsetzung passieren kann – außer Demotivation. Die Folgen, die hieraus resultieren können, bleiben unberücksichtigt.

Eine Schuldzuweisung bzw. ein Fehlverhalten von Paul D. kann mithilfe der Theorie nicht erklärt werden. Man kann Paul D. nur vorwerfen, dass er seine Mitarbeiter/-innen aus egoistischen Gründen zufriedenstellte, was allerdings nicht zwangsläufig als Fehlverhalten zu werten ist, da es jahrelang für die allgemeine Zufriedenheit sorgte.

Dennoch ist sein Verhalten als moralisch verwerflich zu betrachten, da er sich über die möglichen Folgen seiner Tat bewusst gewesen ist. Er wollte dem Unternehmen und seinem ehemaligen Chef so viel Schaden zufügen wie möglich.

Des Weiteren ist die Theorie sehr allgemein formuliert. Sie ist so dargestellt, dass diese Art von Führungsstil für nahezu jede Arbeitskraft motivierend wirkt. Personen, die lieber einen monotonen und routinierten Arbeitsablauf haben, werden nicht berücksichtigt.

Als Lehre aus der Fallstudie lässt sich ziehen, dass Führungspersonen ihre Versprechungen defensiver formulieren sollten, da diese sonst gegen sie verwendet werden können. Eine spezifische Zielsetzung als Mitarbeitermotivation ist ein sehr gut geeignetes Instrument, solange diese glaubhaft und realistisch bleibt. Eine Unterstützung durch die Führungsperson beim Erreichen dieser Zielsetzungen vermittelt den Beschäftigten, dass deren Aufgaben wichtig sind und sie gebraucht werden, weshalb ich eine solche Hilfe für unausweichlich bei der langfristigen Bindung von Arbeitskräften halte.

Es wird deutlich, dass Mitarbeiter/-innen eine sehr destruktive Kraft gegenüber ihrem Betrieb besitzen können – in dem Fall von Paul D. sogar so weit, dass ein einzelner Mitarbeiter eine gesamte Filiale gänzlich zerstören kann.

Für Angestellte, welche sich nicht in Führungspositionen befinden, lässt sich aus den Ergebnissen erschließen, dass sie nicht jede einzelne Aussage ihrer Vorgesetzten glauben sollten, schließlich sind auch sie nur Menschen, die Fehler begehen und Aussagen treffen, welche letztendlich unter Umständen nur als Floskel eingesetzt wurden.

Die Schuld ist dennoch Birol D. zuzuweisen – in einer solchen Führungsposition hätte ihm ein solcher Fehler in der Personalführung nicht passieren dürfen.

Literatur

Clark, D. (2015). Path-Goal Leadership Theory. Verfügbar unter http://www.nwlink.com/~donclark/leader/lead_path_goal.html (letzter Aufruf: 07.05.2020).

Abdülhamit Han Aksüt

12 Benachteiligung von ausländischen Arbeitskräften

12.1 Einleitung

In meiner Fallstudie werde ich die Benachteiligungen von ausländischen Mitarbeitenden in Unternehmen, speziell in Leiharbeitsunternehmen, ansprechen. Inspiriert wurde ich dabei von einem guten Bekannten, der mir diese Erfahrung anvertraut und geschildert hat. Dabei werde ich mit meiner Fallstudie, die ich auf Basis von persönlichen Gesprächen mit einem Arbeiter verfasst habe, einen besseren Überblick auf die Praxis geben. Dabei werde ich mit der Fallstudie über den Mitarbeiter Mehmet beginnend berichten. Danach wende ich mich der Analyse der Fallstudie zu. Als Erstes wird die Ressourcenabhängigkeitstheorie erläutert. Darauffolgend werden die Fragen, warum es in diesem Unternehmen und auf diese Weise geschieht, beantwortet. Anschließend werden die Ursachen der Problematik erwähnt. Später kommen die Lösungsvorschläge der Theorie in den Mittelpunkt. Als Letztes erfolgt eine Zusammenfassung und das Fazit.

Das Personalmanagement setzt sich für eine verbesserte Mitarbeiterzufriedenheit ein beziehungsweise versucht sie es auf ein hohes Niveau zu halten. Deswegen dürfen keine Ausnahmen bei speziellen Gruppen existieren. Bei falschen oder problemhaften Maßnahmen stehen sie meistens auf der Seite des Geschäftsführers oder anderer wichtiger Abteilungen, dass Personalmanagement muss sich die Sorgen und Ängste der Mitarbeiter anhören, lösen und ggf. gegen den Geschäftsführer wiedersprechen (Holtbrügge, 2015).

12.2 Fallstudie

Am 28. Januar 2016 bemerkte Mehmet, ein Mitarbeiter eines Unternehmens, genauer gesagt einer Leiharbeitsfirma, kurz nach dem Blick auf seinen Kontoauszug, dass sein Lohn nicht komplett überwiesen worden wurde. Dabei kommt er beim mehrmaligen Berechnen seines Lohnes, anhand seines Schichtsystems und den geleisteten Arbeitszeiten, auf einen viel höheren Betrag als er überwiesen bekommen hatte. Diese Daten besitzt auch die Leiharbeitsfirma elektronisch auf einer Festplatte, wer wann wo und wie viele Stunden gearbeitet hat. Vordergründig lag die Ursache dieser Differenz in einer absichtlichen oder unbewussten Nichtberechnung der Zuschläge, die ihm für seine Nacht- und Sonntagsarbeit zustehen. Bei der ungewöhnlichen Betrachtung seines Kontoauszuges in der Bank kam es zu einem komischen Gesichtsausdruck von

https://doi.org/10.1515/9783110697308-012

dem Leiharbeitnehmer Mehmet. Er zog noch sein Geld ab und fuhr nach Hause, um die Sache genauer zu betrachten. Er wusste nicht, was er machen sollte. Er überlegte, bei seiner Firma anzurufen, allerdings hatte er auch eine gewisse Angst, weil er nicht die auszureichenden Sprachkenntnisse besitzt, um sein Problem zu erläutern. Deswegen wählte er die Nummer seines Arbeitskollegen Yusuf. Er ist in Deutschland geboren und konnte deshalb auch Deutsch sprechen und sein Problem beim Personalbüro erläutern. Er sagte ihm, dass ihm ein Betrag von über 200 € fehle. Die Nacht- und Sonntagszuschläge wurden nicht mitberechnet. Er bat um Hilfe bzw. um eine schnellstmögliche Lösung des Problems. Sein Arbeitskollege war damit einverstanden und holte ihn eine Stunde später von zuhause ab, um mit ihm zum Firmensitz in der Stadt zu fahren. Kurz vor Erreichen der Firma bekam Mehmet Angst. Was, wenn die Firma ihm deswegen kündigt? Er habe noch die Schulden der neuen Einbauküche offen. Doch Yusuf nahm ihm die Angst und meinte, dass er keine Angst haben solle, sie suchen nur nach einer Lösung. Das wäre kein Grund für eine Kündigung. Beim Empfang angekommen, sagten sie aus, dass sie den Zuständigen für die Lohnauszahlung sprechen wollen möchten. Die Dame sagte ihnen, dass sie Platz nehmen und einen Augenblick warten sollen. Nach ein paar Minuten rief sie die Dame in das Personalbüro rein. Sie standen jetzt bei Frau Müller und Yusuf begann das Problem von Mehmet zu schildern. Am Ende des zehnminütigen Gesprächs entschuldigte sich Frau Müller für den Vorfall und versprach eine schnellstmögliche Überweisung des Restbetrags. Es ist wohl ein Fehler bei der Berechnung des Lohnes von Mehmet aufgetreten. Dankend verabschiedeten sie sich. Am nächsten Tag war Mehmet wieder auf der Arbeit. In der Mittagspause ging er mit seinen männlichen Kollegen, die auch überwiegend ausländischer Herkunft waren, in den Pausenraum. Mehmet begann nach dem Essen über sein Problem zu reden. Einige waren erstaunt über den Vorfall, andere wiederum überhaupt nicht. Sie sagten, dass es schon mal vor ein paar Monaten drei bis vier ähnliche Vorfälle gegeben hatte. Das Interessante an der Sache war, dass die Betroffenen auch ausländischer Herkunft waren. Sie meinten, man solle jedes Mal genau kontrollieren, ob die Lohnabrechnung richtig wäre, denn die Firma oder der Geschäftsführer steckt sich gerne paar Euros in die eigene Tasche. Nach zwei Tagen erhielt Mehmet den restlichen Betrag seines Lohnes auf sein Konto. Die nächsten Tage traf Mehmet auf der Arbeit einen der anderen Betroffenen und redete mit ihm, ob und wie die Angelegenheit bei ihm gelöst wurde. Der andere Mitarbeiter ist, anders als Mehmet, ein Flüchtling. Er meinte, dass ihm das Problem bewusst war, doch hatte er Angst, seinen Job zu verlieren. Er fügte hinzu, auch wenn er nach einer Lösung suchen wollen würde, besäße er nicht die Mobilität, um dort hinzukommen. Und er wolle nicht seinen Bleibeprozess verhindern oder verschlechtern, deswegen hat er sich nicht beschwert. Im Übrigen waren ihm die Zuschläge am Anfang gar nicht bewusst gewesen, weil er sich zu Beginn seiner Beschäftigung nur auf den Stundenlohn konzentriert hatte. Zuschläge waren ihm nicht bekannt, erst als ein anderer Mitarbeiter ihn darauf hinwies, bekam er davon Kenntnis. Er sagte Mehmet, dass es ihm nicht wert wäre, auf seine

Rechte zu verzichten und versprach ihm, spätestens nach der Klärung seines Aufent-
haltstitels auf seine Lohnabrechnungen und seine sonstigen Rechte im Unternehmen
zu achten.

Fragen zur Fallstudie:

1. Worin liegt im vorliegenden Fall ein relevanter Konflikt?
2. Wo liegt nach Ihrer Einschätzung ein persönliches Versagen vor?
3. Warum sind Ausländer/-innen härter von dieser Art Vorfall betroffen?

12.3 Analyse der Fallstudie aus Sicht der Ressourcenabhängigkeitstheorie

Die Ressourcenabhängigkeitstheorie, auch bekannt als Ressourcenabhängigkeitsansatz, basiert auf system- und austauschtheoretischen Betrachtungen, die Kooperationen vor dem Hintergrund der Ressourcenabhängigkeit erforschen, welche von
Pfeffer und Salancik bereits Ende der 1970er-Jahre festgehalten wurden. Die Theorie
untersucht Kooperationen vor dem Hintergrund der Ressourcenknappheit. Knappe
Ressourcen sind erfolgskritisch, da sie die Wettbewerbsfähigkeit und das Überleben
einer Organisation ermöglichen bzw. sicherstellen. Die Zusammenarbeit mit anderen externen Organisationen ermöglicht Organisationen, ihre Umwelt zu beeinflussen. Die Gebundenheit an andere Organisationen kann je nach Situation vermieden,
weiterentwickelt und auch ausgenutzt werden. Schlussendlich soll die Umweltkom-
pliziertheit reduziert und Ressourcen, die nicht im Unternehmen sind, kontrolliert
werden. Grundvoraussetzung ist, dass eine reibungslose Integration von knappen
Ressourcen nicht stattgefunden hat und deshalb zur Kooperation zurückgegriffen
werden muss. Die Theorie der Ressourcenabhängigkeit fördert sogar die freiwillige
Denkweise und das Rationalitätsdenken. Das Augenmerk liegt bei den Akteuren und
ihrem Handeln. An oberster Stelle stehen aber Ressourcen und Macht (Stehle, 2015).
Der Ressourcenabhängigkeitsansatz sieht entstehende Abhängigkeiten sowie Ausge-
glichenheit bzw. Unausgeglichenheiten zwischen einer Organisation und ihrem Ein-
flussbereich als entscheidende Faktoren, unter denen Interorganisationsbeziehungen
betrachtet und systematisiert werden. Macht ist ein wichtiger Aspekt innerhalb der
Theorie. Auch Wettbewerbsbeziehungen werden miteinbezogen. Wie bei den aus-
tausch- und systemtheoretischen Ansätzen stehen wirtschaftliche Aspekte stärker
im Vordergrund, wenn z. B. die Frage nach dem Erhalt von Ressourcen gestellt wird.
Die austauschtheoretische Basis drückt sich darin aus, dass bei der Betrachtung von
Interorganisationsbeziehungen eher prozessorientiert gedacht wird (Stehle, 2015).

Warum geschieht das in diesem Unternehmen und auf diese Weise?

Das angesprochene Leiharbeitsunternehmen beschäftigt sehr viele ausländische Mit-arbeiter/-innen. Erwähnenswert ist der hohe Anteil von Ausländergruppen aus der Türkei, Russland, Ländern der Arabischen Halbinsel und Mitarbeitenden aus dem ehemaligen Jugoslawien. In letzter Zeit werden vermehrt auch Flüchtlinge aus arabi-schen Ländern wie Syrien und Irak sowie aus afrikanischen Ländern wie Äthiopien, Somalia, Nigeria und Marokko eingestellt. Viele der ausländischen Mitarbeiter/-innen sind unter gewissen Umständen gezwungen zu arbeiten, weil sie entweder keine Lust haben, sich mit dem Jobcenter zu beschäftigen und an irgendwelchen nicht effektiven Maßnahmen teilzunehmen oder sie haben Kredite aufgenommen und haben Schul-den, die sie abbezahlen müssen. Flüchtlinge, die arbeiten, machen das an erster Stel-le wegen der Aufenthaltsgenehmigung. Damit wollen sie zeigen, dass sie arbeitspro-duktiv sind und eine Chance auf einen dauerhaften Aufenthalt in Deutschland ver-dienen. Viele der Mitarbeiter/-innen haben keine Qualifikation/Ausbildung in einem Berufszweig gemacht, oder sie haben eine Ausbildung in der Heimat absolviert, aber diese wurde hier in Deutschland nicht anerkannt, weil sie aus dem EU-Ausland kom-men. Es arbeiten z. B. ehemalige türkische Beamte (Lehrpersonal, Polizei) heute in deutschen Fabriken als Produktionsmitarbeiter. Dieses Unternehmen stellt deswegen unabhängig von der Nationalität alle Menschen ein, die arbeiten wollen. Meist wer-den nur Zeitverträge ausgehandelt, die höchstens bis zu einem Jahr befristet sind. Vie-len Ausländer(innen)n ist es auch egal, wie lange sie arbeiten, sie denken einfach an die Gegenwart. Ein weiterer Grund ist, dass viele Mitarbeiter/-innen keine oder gering ausreichende Deutschkenntnisse besitzen. Die ausländischen Beschäftigten müssen meistens in der Produktion aushelfen oder Vorgänge beobachten. Dazu benötigt man keine perfekten Sprachkenntnisse. Und viele Arbeiter/-innen verständigen sich mit ih-ren Landsleuten auf ihrer Heimatsprache. Sie übernehmen somit auch bei Problemen oder Konflikten die Rolle der Dolmetscher/-innen. Viele bevorzugen auch die Firma und die Beschäftigung, weil es der einzige Betrieb in der Nähe ist, der sie einstellt. Ei-ne Arbeit außerhalb der Stadt wäre für einige wiederum auch ein Problem, weil nicht alle ein Fahrzeug besitzen, mit dem sie zur Arbeit fahren können. Die Arbeit an sich erfordert auch keine speziellen Anforderungen oder Weiterbildungen. Es sind schnell erlernbare Tätigkeiten, die sich, je nach Arbeitsabteilung, oft wiederholen. Jemand, der zum ersten Mal an einer beliebigen Maschine gearbeitet hat, kann diese am nächs-ten Tag komplett alleine übernehmen und bedienen. Man muss auch sagen, dass vie-le Mitarbeiter/-innen sich untereinander kennen. Es sind Freund(innen)e, Bekannte oder auch ggf. Verwandte. Es existiert somit auch ein etwas familiäres Arbeitsklima unter den Arbeitenden. In den Pausen redet man untereinander und in den Arbeits-zeiten hilft man sich gerne gegenseitig. Einen Arbeitsvertrag zu bekommen ist sehr einfach und geht sehr schnell. Eine großartige Mühe für die Bewerbung ist nicht von-nöten. Anschreiben, Zeugnisse und Lebensläufe werden gar nicht angefordert. Nur der Wille zum Arbeiten muss da sein. Man telefoniert mit der zuständigen Person in der Sachbearbeitung und vereinbart einen Termin. Zu dem Termin müssen gewisse Dokumente mitgebracht werden: Bankkarte, Personalausweis oder Aufenthaltsstatus bzw. -titel, Steueridentifikationsnummer und Krankenkarte. Danach erfolgt ein Einweisungstest über die Gefahren, Risiken, Vorsichtmaßnahmen und allgemeine Fragen über die Arbeit am PC und unterschreibt schlussendlich den Arbeitsvertrag. Und in den nächsten Tagen ist man sofort einsatzfähig.

Zusammengefasst lässt sich hinsichtlich der Belegschaft und den Rahmenbedingungen in dem angesprochenen Leiharbeitsunternehmen Folgendes festhalten:
- hoher Ausländeranteil unter den Beschäftigten
- leichte und schnelle Einstellung von Arbeitskräften
- einziger Arbeitgeber in der Region mit wenigen Einstellungsvoraussetzungen
- keine sehr guten Sprachkenntnisse in Deutsch erforderlich
- viele Mitarbeiter/-innen kennen sich untereinander
- leicht erlernbare Tätigkeiten
- Unwissenheit und Schwachpunkte von ausländischen Mitarbeitenden werden ausgenutzt

Was sind die Ursachen der in der Fallstudie geschilderten Probleme aus Sicht der Theorie?

Das Unternehmen sieht sich knappen Ressourcen ausgesetzt, es will die Kosten verringern und die Gewinne erhöhen. Ausländische Mitarbeiter/-innen haben die Arbeitsbeschäftigung als knappe Ressource. Sie haben in nur wenigen Unternehmen eine Chance auf eine Beschäftigung. Und dieses Unternehmen ist eines davon, was auch in relativer Nähe zu ihrem Wohnort liegt. Das Unternehmen könnte die Preise für den Verleih der Mitarbeiter/-innen für die jeweiligen Kundenunternehmen erhöhen, aber es würde die Attraktivität des Unternehmens verringern und die Kundenunternehmen würden sich andere Leiharbeitsfirmen aussuchen. Die Mitarbeiter/-innen ausländischer Herkunft könnten in anderen Städten eine Beschäftigung finden, doch dafür sind die Umstände und Kosten für den Wechsel des Arbeitsorts zu hoch. Somit verringert sich die Autonomie der ausländischen Mitarbeiter/-innen, weil sie zu abhängig sind von dem jetzigen Unternehmen. Das Unternehmen hat jedoch freie Auswahl und keine Sorgen bei der Personaleinstellung. Die Mitarbeiter/-innen unterstützen sich gegenseitig, soweit das Problem oder die Sorge untereinander lösbar ist. Informationen werden ausgetauscht und Sprachbarrieren werden aufgebrochen. Jede subjektive Form möchte seine eigenen Abhängigkeiten verringern und vermeiden. Man will seine Machposition halten, ausnutzen und wenn möglich weiterentwickeln. Eine weitere Ursache ist die geringe Anzahl von Unternehmen in der Region, die jede Arbeitskraft einstellen. Die Abhängigkeit ist in dieser Region sehr hoch, weil keine Alternativen vorhanden sind. Das Unternehmen hat durch seine Ressource „Beschäftigung" eine sehr knappe Ressource für die qualifikationslosen und sprachfremden ausländischen

Mitarbeiter/-innen. Die Macht liegt damit in der Hand des Leiharbeitsunternehmens, dass teilweise in einen Konflikt mit seinem Personal, speziell mit ausländischen Mitarbeitenden, gerät.

Was empfiehlt die Theorie für das betrachtete Problem?

Wenn es den Arbeitskräften nicht gelingt, ihre Autonomie zu bewahren, entwickeln sie verschiedene Strategien und Maßnahmen, um sich aus der Kontrolle der Leiharbeitsunternehmen zu entziehen bzw. befreien.

Ein Lösungsvorschlag wäre sich bestmöglich in die Unternehmensstruktur des Unternehmens zu integrieren, sich gut mit den Vorgesetzten zu verstehen, Probleme höflich anzusprechen und sich arbeitsproduktiv sowie tüchtig zu zeigen (Academic, o. J.).

Ideal wäre es, eine Kooperation mit Arbeitskolleg(innen)en einzugehen, um ein stärkeres Machtverhältnis aufzubauen und gemeinsam gegen Uneinigkeiten sowie Probleme vorzugehen. Die Mitarbeiter/-innen müssen sich gegenseitig unterstützen, um gemeinsam gegen die Ungerechtigkeiten des Leiharbeitsunternehmers vorzugehen. Ausländische Mitarbeiter/-innen sollte man auf ihrer Muttersprache aufklären, Mut geben und genau beschreiben, wie man vorgehen muss (Kempf, 2007).

Die Arbeitskräfte sollten bei Betriebsratswahlen und anderen Wahlvorgängen für bestimmte Gremien immer die Personen wählen, die die eigenen Interessen vertreten und ggf. Probleme schildern und einreichen. Sie sollten sich zudem bei dem Personalmanagement beschweren, wenn ein entsprechender triftiger Grund vorliegt. Darüber hinaus sollten eindeutige und klare Langzeitverträge mit dem Personalwesen verhandelt werden. Das Unternehmen sollte einen Joint Venture mit anderen Unternehmen eingehen, um mehr Macht in der Region zu besitzen. Dies kann in unserem Fall nur für den Arbeitgebenden von Vorteil sein sein. Die Mitarbeiter/-innen könnten davon nicht profitieren (Pfeffer & Salancik, 1978).

Eine weitere denkbare Möglichkeit liegt in der Einschaltung von Dritten, um Streiks zu organisieren oder Schlagzeilen über miserable Arbeitsbedingungen und Betrugsvorwürfe in der Zeitung zu veröffentlichen. Die breite Öffentlichkeit sollte darauf aufmerksam gemacht werden, dass dieses Unternehmen seine Mitarbeiter/-innen betrügt (Berger, 2012).

12.4 Zusammenfassung und Fazit

Die Theorie ist zur Analyse der Fallstudie sehr gut geeignet. Die aufgeführten Aspekte in der erwähnten Fallstudie geben Aufschlüsse darauf, dass die hohe Nachfrage nach Arbeit speziell, in der ausländischen Bevölkerung in Deutschland, den Leiharbeitsunternehmen ein gewisses Machtverhältnis verleiht. Durch die aktuelle Wirtschaftslage ist der Bedarf an Arbeitenden sehr hoch, was sich wiederum positiv auf die Auftragslage der Leiharbeitsunternehmen auswirkt. Das Austreten und Kündigen von Arbeitskräften stellt für sie kein Problem dar, weil immer mehr Leute in der Warteschlange auf Arbeit warten. Dieses Machtverhältnis wird in vielen Fällen, wie auch in der Fallstudie, mit schlechten Absichten ausgenutzt. Die vorhandene Informationslücke über rechtliche Arbeitsbedingungen der ausländischen Arbeiter/-innen, speziell der neuen Eingewanderten, ermöglicht ein sehr einfaches Spiel mit ihnen. Beschwerden oder Anzeigen sind gar nicht vorhanden, weil die Mitarbeiter/-innen abhängig sind von ihren Arbeitgebenden. Es würde für sie keine finanziellen Vorteile oder andere Beschäftigungsbegünstigungen bringen, wenn sie es täten – außer sie kennen sich genauestens mit den arbeitsrechtlichen Regularien und Gesetzen aus. Nach meiner Analyse ist ein sofortiges Lösen des Problems in absehbarer Zeit nicht zu erreichen. Eine Aufklärung mit Broschüren und Flyern auf verschiedenen Sprachen könnte einen Teil der Mitarbeiter/-innen zum Nachdenken anregen. Aber die Abhängigkeit spielt in jedem Fall eine zu große Rolle. Solange keine richtigen Alternativen zu einer sicheren Vollbeschäftigung angeboten werden können, werden solche Vorfälle immer wieder auftreten.

Literatur

Academic (o. J.). Ressourcenabhängigkeitsansatz. Verfügbar unter https://deacademic.com/dic.nsf/dewiki/1176487 (letzter Aufruf: 01.07.2019).

Berger, S. (2012). *Die Vernetzung der Finanzdienstleister: Eine Analyse am Beispiel des Asset Managements*. Wiesbaden: Gabler Verlag.

Holtbrügge, D. (2015). *Personalmanagement* (6. Auflage). Heidelberg: Gabler Verlag.

Kempf, M. (2007). *Strukturwandel und die Dynamik von Abhängigkeiten*. Wiesbaden: Deutscher Universitätsverlag.

Pfeffer, J. & Salancik, G. R. (1978). *The External Control of Organizations: A Resource Dependende Perspective*. Stanford: Stanford Business Books.

Stehle, H. (2015). *Unternehmenskommunikation in Geschäftsbeziehungen*. Wiesbaden: Verlag für Sozialwissenschaften.

Alisha Düsing

13 Diskrepanz zwischen Festangestellten und Aushilfen

13.1 Einleitung

Die vorliegende Fallstudie thematisiert das Missverhältnis zwischen den Aushilfskräften und dem festangestellten Personal in einem Unternehmen. Der Konflikt besteht darin, dass sich die Aushilfen von den Festangestellten ausgenutzt fühlen und nicht akzeptiert werden. Die Festangestellten fühlen sich dazu berechtigt, unbeliebte Aufgaben auf die Aushilfen zu übertragen aufgrund der Tatsache, dass sie mehr Rechte und Pflichten in dem Unternehmen haben. Außerdem sind sie dort dauerhaft beschäftigt und haben somit einen größeren Bezug zu dem Unternehmen.

Das Thema bezieht sich im Bereich des Personalmanagements und der Organisation auf die Personalunzufriedenheit im Unternehmen, die Mitarbeiter/-innen sind unmotiviert, erbringen schlechte Leistungen, fühlen sich unwohl und im Team nicht akzeptiert. Die Festangestellten und Aushilfen sind kein einheitliches Team, es besteht eine Kluft zwischen den beiden Arbeitergruppen. Festangestellte und Aushilfen sind in allen Bereichen gleichermaßen eingearbeitet, trotzdem erledigen sie unterschiedliche Aufgaben, da unbeliebte Aufgaben auf die Aushilfen übertragen werden. Dadurch fühlen sich die Aushilfskräfte ausgenutzt und hilflos, da das Management nicht in die Situation eingreift und es keine Aussicht auf Besserung gibt. Viele Aushilfen kündigen, der Konflikt bleibt wiederum bestehen.

13.2 Fallstudie

Die seit 2012 als Familienunternehmen betriebene Autowaschanlage „Clean Wash" beschäftigt 20 Mitarbeiter/-innen, darunter 13 Festangestellte und sieben Aushilfen. Die Anlange wird von Maria und ihrer Tochter geführt, welche gleichermaßen am Unternehmen beteiligt sind. Zu ihren Aufgaben gehören: Buchhaltung, Mitarbeiterauswahl und die Planung von Finanzen. Die Festangestellten arbeiten 42,5 Stunden in der Woche in dem Betrieb, im Gegensatz dazu verbringen die Aushilfen weniger als ein Drittel dieser Zeit an der Arbeitsstelle. Das Unternehmen arbeitet im Schichtsystem, die erste Schicht beginnt um 7:30 Uhr und endet um 17 Uhr und die zweite Schicht von 10 Uhr bis 19:30 Uhr. Die Mitarbeiter/-innen werden gleichermaßen auf diese Stunden verteilt. Ihnen steht einmal in der Woche ein freier Tag zu, da die Anlage an sechs Tagen in der Woche geöffnet ist.

https://doi.org/10.1515/9783110697308-013

Am Anfang der Woche liegt den Aushilfen der Dienstplan vor, sodass sie sich an Tagen, an denen Personalmangel herrscht, zum Arbeiten eintragen. Der Dienstplan für das Stammpersonal gibt somit vor, wann sie zu arbeiten haben, währenddessen entscheiden die Aushilfen selbst, wann sie arbeiten. Ein ausschlaggebender Unterschied, der zwischen dem Stammpersonal und den Minijobbern gemacht wird.

Die Aufgaben sind gleichermaßen verteilt, Festangestellte sowie Aushilfen sind in der Lage, alle Arbeiten zu erledigen. Die Absicht des Managements ist es, einer Diskrepanz (in der Arbeitsqualität, im Können der Mitarbeiter/-innen untereinander, etc.) gezielt vorzubeugen. Die Arbeiten unterteilen sich in vier Bereiche: das Vorbereiten der Autos, der Kundenkontakt, vor allem durch die Kassierung und die Ausfahrt, in der die Autos nachpoliert und per Hand getrocknet werden, und die Dienstleistungen.

Die Waschanlage hebt sich von anderen Waschstraßen ab, da man zuerst mit dem Auto in den Vorsprühbogen fährt, welcher den groben Schmutz beseitigt. Außerdem werden an dieser Station die Felgen und der Lack des Autos mit einem Hochdruckreiniger gesondert gereinigt. Danach steigt der Fahrende aus und wählt die Wäsche aus, die das Fahrzeug erhalten soll. Während das Auto durch die Waschanlage fährt, geht der Autobesitzende den Kundengang entlang, welcher durch Fenster mit der Waschanlage verbunden ist, um dem Autobesitzenden einen Überblick über das Fahrzeug zu verschaffen, welche Stationen es in der Waschanlage durchläuft. An der Kasse, welche sich am Ende des Ganges befindet, wird der Autobesitzende abkassiert und beraten. Während der Autobesitzende den Gang entlang läuft, fährt das Auto durch die Waschstraße und wird abschließend per Hand von zwei Arbeitskräften nachpoliert.

Des Weiteren bietet das Unternehmen Dienstleistungen zur Autoaufbereitung an, welche gleichermaßen auf die Arbeiter/-innen verteilt sind. Hier werden z. B. Autoinnenreinigungen oder Scheibenreinigungen angeboten. Dafür befindet sich auf dem Gelände eine Politurhalle, in der diese Arbeiten erledigt werden.

Im Verhältnis zu anderen Waschanalagen sind die Preise moderat. Eine Standard-Wäsche liegt bei 9,50 € und eine Komplettreinigung kostet 18 €. Innenreinigungen liegen bei 40 € und Scheibenreinigungen kosten 15 €. Bei der Innenreinigung wird das komplette Fahrzeug ausgesaugt, die Scheiben werden sowohl von innen als auch von außen gereinigt. Die Fußmatten werden abgesaugt. Die Armaturen in dem Auto werden gesondert gereinigt und die Sitze werden aufbereitet.

Die Autowaschanlage legt viel Wert auf Handarbeit und der Kundenkontakt ist stärker vorhanden, als in anderen Waschstraßen, die Preise unterscheiden sich aber im Vergleich zu anderen Anlagen nicht (Aral Luxembourg, 2018).

Minijobber sind sehr beliebte Arbeitskräfte, da für sie weniger Personalkosten angestellt werden und meist nicht mehr als den Mindestlohn von 8,84 € (Stand im Jahr 2018) verdienen (Ministerium der Justiz Nordrhein-Westfalen, 2018). Im Gegensatz hierzu wird das Stammpersonal nach Berufserfahrung bezahlt. Mitarbeiter/-innen, die seit einem Jahr in dem Unternehmen sind, verdienen 9,50 € pro Stunde und Mitarbeiter/-innen, die mehrere Jahre in dem Unternehmen sind, bekommen ein festes

Gehalt. Somit entsteht nicht nur eine Diskrepanz zwischen den Festangestellten und den Aushilfen, sondern auch innerhalb des Stammpersonals kann dies zu Konflikten führen, sofern sich einige benachteiligt fühlen. Aushilfen haben außerdem weniger Urlaubsanspruch und weniger Pausen, da die Arbeitszeit geringer ist.

„Schon wieder durften wir Aushilfen die Drecksarbeiten erledigen, für die sich die Festangestellten zu schade waren." Immer öfter kommt es zu Problemen zwischen den Festangestellten und den Aushilfen, da sich die Aushilfen benachteiligt fühlen. Sie erledigen die gleichen Aufgaben wie die Festangestellten und werden trotzdem nicht ansatzweise gleich behandelt. Die Aushilfskräfte erledigen Aufgaben, für die sich die festangestellten Mitarbeiter/-innen zu stolz sind und sind somit körperlicher und gesundheitsgefährdender Arbeit ausgesetzt. Beispielsweise reinigen sie die Anlage mit ätzenden Mitteln oder erledigen Arbeiten alleine, welche für zwei Personen gedacht sind. Gerne werden Arbeiten, welche ungern von dem Stammpersonal erledigt werden, auf die Aushilfen übertragen, da diese meist den Anweisungen nicht widersprechen und sich unterordnen, wenn die Chefin außer Haus ist. In diesen Situationen gehören Sprüche wie, „Lass das ruhig die Aushilfen putzen" oder „Wofür haben wir denn die Aushilfen?", zum Standard. Des Öfteren kam es vor, dass Aushilfen an heißen Sommertagen den ganzen Tag in der Ausfahrt standen, in der das Auto nachpoliert wird, somit harter körperlicher Arbeit ausgesetzt waren, da man durchgehend den Rücken belastet, um das Auto nachzupolieren. Außerdem staut sich im Sommer die Wärme in der Politurstation. Die Festangestellten gingen nacheinander an ihnen vorbei, ohne auf die Idee zu kommen, die Aushilfen abzulösen oder ihnen unter die Arme zu greifen. Stattdessen legten sie Raucherpausen ein. Die Situation änderte sich auch nach mehrmaliger Beschwerde nicht. Dies führt oft zu Kündigungen unter den Aushilfskräften, da diese einen neuen Job als bestmögliche Option sehen.

Fragen zur Fallstudie:

1. Wodurch entstehen die Diskrepanzen?
2. Welche Maßnahmen kann das Unternehmen treffen, um den Diskrepanzen vorzubeugen?

13.3 Analyse der Fallstudie

Im Folgenden wird die Fallstudie „Diskrepanz zwischen Festangestellten und Aushilfen" mit der Theorie „Etablierte-Außenseiter-Beziehung" von Norbert Elias und John L. Scotson aus dem Buch „Etablierte und Außenseiter" (1993) analysiert. Dafür wird die Theorie kurz dargestellt, Bezüge hinsichtlich der Fallstudie gezogen und abschließend ein Lösungsansatz aufgezeigt, den die Theorie aufweist.

„Etablierte und Außenseiter" von Norbert Elias und John L. Scotson besagt, dass zwei Gruppen von Ortsansässigen in einer englischen Vorortgemeinde „Winston Parva" (Elias & Scotson, 1993, S. 7) lebten: die Alteingesessenen und die Zuzügler. Die Bewohner/-innen unterschieden sich weder in ihrer Nationalität, noch in ihrem Beschäftigungsverhältnis oder in ihrer sozialen Schicht. Der einzige Unterschied war, dass die Alteingesessenen länger in dem Dorf wohnten und somit mehr Macht ausüben konnten, da die Verhältnisse in ihrer Gruppe bereits festgesetzt waren. Sie lebten länger als Gemeinschaft in dem Dorf und hatten gemeinsame Identität, Normen und Hierarchien gebildet. Sie erachteten sich als „bessere Menschen" und „als Menschen von höherem Wert" (Elias & Scotson, 1993, S. 8), da sie sich bereits in dem Dorf etabliert hatten.

Die Außenseiter wiederum waren machtlos und sichtlich unterlegen, da sie sich in einem Zustand der Anomie befanden, sie kannten sich untereinander nicht und waren somit autonom (Elias & Scotson, 1993). Jedoch nahmen sie den Zustand an, minderwertig zu sein und nicht respektiert zu werden, weil sie sich in dem Dorf noch nicht etabliert hatten.

Innerhalb der Etablierten bestand eine Rangordnung, sie hatten in ihrer Gruppe starke und schwache Mitglieder, sowohl die Starken als auch die Schwachen wurden innerhalb der Gruppe akzeptiert (Elias & Scotson, 1993). Durch die Tatsache, dass zwei Einwohnergruppen in dem Dorf lebten, bestand ein Statusgefüge unterhalb der Gruppen (Elias & Scotson, 1993). Die Alteingesessenen hatten einen höheren gesellschaftlichen Stellenwert in dem Dorf als die Neuankömmlinge, da sie sich in der Gesellschaft bereits etabliert hatten.

Das sogenannte Statusgefüge ist in dem Unternehmen „Clean Wash" zu beobachten, da sich die Arbeitnehmer in zwei Gruppen untergliedern: in die Aushilfen und in die Festangestellten. Die festangestellte Mitarbeitergruppe identifiziert sich mit dem Status der Alteingesessenen, sie sind mit dem Unternehmen vertraut. Die Aushilfen hingegen gehören der minderwertigen Gruppe an, da sie keinen inneren Zusammenhalt entstehen ließen. Sie sind unfähig, eine Gruppendynamik herzustellen, weil sie sich untereinander nicht bekannt und somit deutlich unterlegen sind (Elias & Scotson, 1993).

Anders als in der Theorie unterscheiden sich die Etablierten (hier: Festangestellte) und Außenseiter (hier: Aushilfen) in ihrem Beschäftigungsverhältnis, sie haben unterschiedliche Arbeitszeiten, Arbeitsbedingungen und Löhne und sind für die gleichen Arbeiten eingearbeitet. Die Festangestellten kennen sich in dem Unternehmen aus, haben untereinander bereits die Machtverhältnisse geklärt und fühlen sich somit den Zuzüglern überlegen. Als Etablierte fühlen sie sich berechtigt, unbeliebte Aufgaben auf die Aushilfen zu verteilen und ihnen Anweisungen zu geben. Die Aushilfen führen diese Aufgaben aufgrund ihrer Unerfahrenheit mit dem Unternehmen aus, dies führt zu Demotivation und daraus resultierenden Kündigungen seitens der Aushilfen.

„Ihr stärkerer Zusammenhalt gibt einer solchen Gruppe die Möglichkeit, soziale Positionen mit einem hohen Machtgewicht für die eigenen Leute zu reservieren, was seinerseits ihren Zusammenhalt verstärkt, und Mitglieder anderer Gruppen von ihnen auszuschließen" (Elias & Scotson, 1993, S. 12). Da die „Neuankömmlinge in das Revier" (Elias & Scotson, 1993, S. 121) der Hauptangestellten eintreten und die Gleichstellung mit ihnen revidieren, verstärkt sich der Zusammenhalt unterhalb der Festangestellten, und den Aushilfen ist es nicht möglich, sich zu integrieren. Neue Gruppenmitglieder werden nicht akzeptiert, da sie sich erst in der Gruppe beweisen müssen.

Die Positionen der Festangestellten wurden verteilt und sie bilden ein Team, in dem andere Mitglieder nicht akzeptiert werden, sofern sie einer anderen Arbeitergruppe angehören. Als Gruppe wirken sie mit Macht und Druck auf die Aushilfen ein, indem sie ihre Hierarchieanordnung in dem Unternehmen deutlich machen, denn sie verteilen Aufgaben auf die Aushilfen, die als körperlich anstrengende Aufgaben gelten. Aus der Perspektive von Elias und Scotson wäre die Übertragung der minderwertigen Aufgaben an die Aushilfen als „die Fähigkeit der Alteingesessenen, den Zuzüglern das Schandmal menschlicher Minderwertigkeit aufzudrücken" (Elias & Scotson, 1993, S. 13) zu betrachten. Das Stammpersonal schließt die Aushilfen aus und gibt ihnen des Weiteren Anweisungen, welche die Aushilfen befolgen. Unter den Etablierten besteht die Regel, keinen Kontakt mit den Neuankömmlingen aufzunehmen, da sie „Angst vor Beschmutzung" (Elias & Scotson, 1993, S. 19) haben. Sollten sie dennoch Kontakt zu den Außenseitern aufnehmen, brechen sie die Normen der Gruppe und der Status der Etablierten sinkt. Es besteht das Risiko, dass die Außenseiter die Achtung vor der Etablierten-Gruppe verlieren und sich die Gruppe dadurch entfremdet.

„Andere Gruppen als minderwertig anzusehen, ist eine der Waffen, die überlegene Gruppen in einem Machtbalance-Kampf verwenden, zur Behauptung ihrer sozialen Persönlichkeit" (Elias & Scotson, 1993, S. 14). Die Unterlegenen verfügen nicht über die Fähigkeit, in einer solchen, für sie neuen Situation angemessen zu reagieren und zu handeln. Daraus resultierend üben die Überlegenen Druck auf die „Neuen" aus, um ihre Stärken und Schwächen zu identifizieren. Gleichzeitig üben sie Macht auf die Unterlegenen aus, da sie sich bereits in dem Unternehmen etabliert haben (Elias & Scotson, 1993).

Eines der Hauptprobleme in dem Unternehmen sind unterschiedliche Werte (Elias & Scotson, 1993) und Normen, denn „Werte und Normen sind die Grundlage menschlicher Beziehungen und ermöglichen die Kooperation zwischen Individuen einer Gruppe" (Hügel, o. J.). Die Aushilfen haben keine Werte und Normen untereinander festgesetzt aufgrund der Tatsache, dass sie neu sind und ihnen das Unternehmen sowie die Arbeit unbekannt sind.

Laut Elias und Scotson (1993) wollten die Neuankömmlinge ihre Position in dem Dorf verbessern und die Etablierten ihre aktuelle Position halten. Die Aushilfen gliedern sich den Festangestellten demnach unter und erledigen die ihnen aufgetragenen Aufgaben, weil sie ihre „Position verbessern wollen", um von den Festangestellten akzeptiert zu werden. Die Festangestellten sind mit ihrer Position saturiert, da sie sich bereits behauptet haben und der überlegenen Gruppe angehören, sie kennen das Unternehmen und haben eine solide Mitarbeiterbeziehung zu den Unternehmensleitenden aufgebaut.

Gründe für die in der Fallstudie aufgezeigte Diskrepanz sind nach Elias und Scotson (1993) u. a. Vorurteile. Die Festangestellten sehen ihren Arbeitsplatz ungewiss, da Aushilfen, welche meist Studierende sind, die gleichen Aufgaben erledigen, obwohl sie weniger Arbeitserfahrungen besitzen und für den Arbeitgebenden günstigere Arbeiter/-innen sind. Es konnte nicht ausgeschlossen werden, dass die Etablierten in der Theorie die gleiche Ungewissheit hatten, ob die Außenseiter die Arbeitsplätze der Etablierten besetzen und diese somit ihre Arbeit verlieren (Elias & Scotson, 1993).

Unter anderem führt genau dieser Grund zur Disharmonie zwischen den Etablierten und den Außenseitern. Einerseits haben die Festangestellten Angst, durch die Aushilfen ersetzt zu werden und somit würden die bereits geschaffenen Machtverhältnisse neu gebildet werden, andererseits gibt es das Problem, sofern die Außenseiter keine Arbeit haben und somit kein Geld verdienen, dass sie am Existenzminimum leben. Dies bedeutet, sie leben auf Kosten der Etablierten, verbrauchen ökonomische Ressourcen und andere menschliche Erfordernisse des Dorfes (Elias & Scotson, 1993).

Auf die Unternehmenssituation bezogen nehmen die Aushilfen den Festangestellten die Arbeit weg, da das Stammpersonal durch die Aushilfen weniger Stunden in der Woche arbeitet, gleichzeitig verlieren sie ihre Machtposition und verdienen weniger Geld. Auf der anderen Seite verdienen die Aushilfen Geld, um sich selbst zu finanzieren, weshalb sie ebenfalls auf den Job angewiesen sind. Diese Disharmonie besteht darin, dass die Aushilfen sowohl eine Unterstützung als auch eine Last für die Festangestellten sind, da die Festangestellten ohne die Aushilfen in dem Unternehmen zu viel Arbeiten zu erledigen hätten, mit den Aushilfen wiederum kommen sie nicht auf ihre Stunden und haben somit weniger Geld zur Verfügung.

Um die Diskrepanz zwischen Etablierten und Außenseitern in dem Dorf vorzubeugen, deuten Elias und Scotson den Lösungsansatz einer gesamten Kohäsion an. Diese Kohäsion bringt eine verbesserte Organisation mit sich und der Kohäsion wird dadurch mehr Macht zugeteilt, da sich sowohl die Machtverhältnisse der Etablierten, als auch die der Außenseiter in die Gemeinschaft integrieren.

Anders als die Aushilfen haben sich die Zuzügler nicht beherrschen lassen, sie nahmen den Zustand an, den Etablierten unterlegen zu sein, da sie nicht die gleichen Lebenserfahrungen in dem Dorf hatten, jedoch lebten sie weiterhin in dem Dorf und flüchteten nicht aus der Situation, wie die Aushilfen, welche kündigen.

13.4 Beantwortung der Leitfragen

Im Folgenden werden die Leitfragen „Wie entstehen die Diskrepanzen zwischen den Angestellten?" und „Welche Maßnahmen kann das Unternehmen treffen, um diese Diskrepanzen vorzubeugen?" mit Bezug auf die Analyseergebnisse der Theorie „Etablierte und Außenseiter" beantwortet.

Wodurch entstehen die Diskrepanzen zwischen den Angestellten?

In vielen Unternehmen verbringen die Aushilfen weniger Zeit und investieren weniger Energie in ihre Arbeit. Außerdem haben die Festangestellten mehr Rechte und Pflichten (Arbeitsvertrag.org, o. J.) auf der Arbeit, weshalb sie die Aushilfen nicht als vollwertige Mitarbeiter/-innen akzeptieren und sie für „Drecksarbeiten" ausnutzen. Festangestellte Mitarbeiter/-innen haben das Recht auf Mitbestimmung, sie haben einen Kündigungsschutz, ihnen steht das Recht auf ein Arbeitszeugnis nach Kündigung zu und sie haben mehr Urlaubsanspruch als geringfügig beschäftigte Mitarbeiter/-innen. Dadurch, dass die Aushilfen die gleichen Tätigkeiten erledigen wie das Stammpersonal, haben diese die Befürchtung, durch Minijobber ersetzt zu werden, da diese günstigere Arbeitskräfte darstellen und weniger Rechte haben als das Stammpersonal.

Die Aushilfen haben selten die Möglichkeit, eine Mitarbeiterbeziehung zu den Festangestellten aufzubauen, da sich diese intern auf der Arbeit unterhalten und den Aushilfen nicht die Möglichkeit geben, sich in die Gruppe zu integrieren. Es finden innerbetriebliche Veranstaltungen statt, wie Sommerfeste, Weihnachtsfeiern oder sonstige außerbetriebliche Veranstaltungen, zu denen die Aushilfen nicht eingeladen werden. Auf der Arbeit werden Themen oder Vorfälle diskutiert, in welche die Minijobber nicht involviert sind und dadurch werden sie ausgegrenzt.

Einerseits haben Festangestellte mehr Arbeits- und Lebenserfahrungen, mit denen sie den Aushilfen, welche meist Studierende sind, sichtlich überlegen sind. Andererseits fühlen sie sich dadurch diskriminiert, dass sie meist einen niedrigeren Bildungsabschluss besitzen, weil für die Arbeit in der Autowaschanlage weder ein hoher Bildungsabschluss noch eine abgeschlossene Berufsausbildung von Bedeutung ist. Diese Tatsache ist ausschlaggebend für die Diskrepanz unter den Arbeitskräften.

Die Situation scheint für die Aushilfen aussichtslos, da sie wenig bewirken können, weil ihnen die Festangestellten überlegen sind. Ihnen steht meistens nur der Ausweg durch Kündigung offen oder sie wenden sich an externe Behörden, was aber in den meisten Fällen aussichtslos ist.

Welche Maßnahmen kann das Unternehmen treffen, um der Diskrepanz vorzubeugen?

Um eine Gemeinschaft zu schaffen, in die beide Angestelltengruppen gleichermaßen integriert werden, sollten auch die Aushilfen zu außerbetrieblichen Veranstaltungen eingeladen werden, auf denen sich Aushilfen und Festangestellte privat austauschen und somit die Interessen der jeweils anderen kennenlernen können. Des Weiteren müssten regelmäßig Mitarbeiter- und Teamgespräche stattfinden, bei denen die Möglichkeiten zur Verhinderung dieser Diskrepanz im Team vereinbart und besprochen werden. Hierbei tauschen sich die Mitarbeiter/-innen darüber aus, was sie konkret an der Arbeitssituation stört, wodurch sie unmotiviert sind und was man verbessern kann, denn dies führt zu besseren Leistungen und steigert den Zusammenhalt im Team.

13.5 Fazit

Die Analyse hat ergeben, dass die Diskrepanz zwischen Festangestellten und Aushilfen durch außerbetriebliche Veranstaltungen und regelmäßige Teambesprechungen ausgeglichen werden kann. In den Teambesprechungen werden vorhandene Konflikte besprochen und gegebenenfalls behoben. Es sollten sowohl alle Mitarbeiter/-innen als auch die Führungskräfte anwesend sein, damit die Unstimmigkeiten von allen Arbeitskräften beurteilt werden können.

Literatur

Aral Luxembourg (2018). SuperWash Programme und Preise. Verfügbar unter https://www.aral.de/de_lu/luxembourg/home/ihre-tankstelle/supewash-anlagen/superwash-programme-und-preise.html (letzter Aufruf: 17.05.2018).

Arbeitsvertrag.org (o. J.). Die Rechten und Pflichten im Arbeitsrecht – wer darf was? Verfügbar unter https://www.arbeitsvertrag.org/rechte-und-pflichten/ (letzter Aufruf: 26.06.2018).

Elias, N. & Scotson, J. L. (1993). *Etablierte und Außenseiter* (9. Auflage). Berlin: Suhrkamp Verlag.

Hügel, Ch. (o. J.). Werte und Normen – 4 Beispiele. Verfügbar unter http://www.helpster.de/werte-und-normen-4-beispiele_203933 (letzter Aufruf: 04.07.2018).

Ministerium der Jusitz Nordrhein-Westfalen (2018). Mindestlohn. Verfügbar unter https://www.justiz.nrw.de/Gerichte_Behoerden/fachgerichte/Arbeitsgericht/mindestlohn/index.php?print=1 (letzter Aufruf: 03.07.2018).

Caroline Bittner
14 Zwei-Klassen-Gesellschaft

14.1 Einleitung

In der heutigen Arbeitswelt wird die Leiharbeit für Unternehmen immer attraktiver. Personal kann schneller, flexibler eingesetzt beziehungsweise entlassen werden, zudem werden auch Kosten gespart (Schwaab & Durian, 2017). Jedoch steht diese Art von Arbeitsverträgen stark in der Kritik, vor allem die interne Leiharbeit. Doch was bedeutet das überhaupt und welche Auswirkungen hat dies für das Unternehmen? Leiharbeit bedeutet im Allgemeinen „Überlassung von Arbeitnehmern durch ihren Arbeitgeber (Verleiher) zur Arbeitsleistung an Dritte (Entleiher)" (Gabler Wirtschaftslexikon, 2018). Bei der internen Leiharbeit ist der Verleiher zudem auch das Einsatzunternehmen. Dadurch entstehen in dem Unternehmen verschiedene Arbeitsverträge, die zu Streitigkeiten zwischen den Arbeitskräften führen können. Die Fallstudie „Zwei-Klassen-Gesellschaft" fokussiert sich auf das Unternehmen Schulte und die interne Leiharbeitsfirma Schulte Service. Dieses Unternehmen produziert dekorative Druckgussmodule, die bearbeitet und verpackt werden. In diesem Unternehmen gibt es öfters Streitigkeiten zwischen den Mitarbeitenden, da durch verschiedene Arbeitsverträge Vor- bzw. Nachteile entstehen können.

14.2 Fallstudie

Frau Müller ist fest angestellt bei der Firma Schulte Service. Sie ist dort seit 17 Jahren Arbeitnehmerin und verbaut Badgarnituren. Ihre Arbeitszeiten sind von 6:00–14:30 Uhr, jedoch hat sie eine 30-minütige unbezahlte Pause. Hinzu kommt noch, dass sie erst nach sechs Jahren Spätschichtzulangen erhielt und sie kein Urlaubsgeld bekommt. Nebenbei arbeitet sie noch zweimal die Woche, nach der Arbeit, in einem Imbiss auf geringfügiger Basis, da sie bei Schulte Service nur 8,84 € (Mindestlohn) in der Stunde verdient. Sie ist unzufrieden bei der Arbeit, erschöpft und fühlt sich ungerecht behandelt. Ihre Kollegin Frau Fischer, die gemeinsam mit Frau Müller am selben Arbeitsplatz arbeitet, ist bei der Firma Schulte angestellt und verdient ungefähr 13 € in der Stunde. Schulte Service ist eine interne Leiharbeitsfirma von Schulte und sie haben an dem Standort ca. 1.300 Mitarbeiter/-innen. Schulte stellt Druckgussmodule her, die dann verbaut beziehungsweise verpackt werden. Leider haben die Kolleginnen immer wieder Diskussionen, da Frau Fischer besser bezahlt wird und viel mehr Vorteile hat als Frau Müller. Unter anderem gehören dazu die bezahlten Pausen, die frisch renovierten Pausenräumen für die Mitarbeiter/-innen von Schulte, die sofor-

https://doi.org/10.1515/9783110697308-014

tigen Spätschichtzulagen und die Bezahlung nach dem Tarifvertrag. Die Situation zwischen den beiden Parteien spitzt sich immer weiter zu und ist an einem Punkt angelangt, bei der jede Kleinigkeit zu einer handfesten Diskussion führt. Als dann Frau Fischer den Arbeitsplatz verließ, um an einem Streik der IG Metall für höhere Löhne und bessere Arbeitszeiten teilzunehmen (IG Metall Nordrhein-Westfalen, 2018), fühlte sich Frau Müller übergangen, nicht weil sie nicht am Streik teilnehmen konnte, sondern weil sie mal wieder alleine die Arbeit verrichten muss, die Chefin Druck macht, dass die Teile noch raus müssen und die zu verrichtende Arbeit körperlich anspruchsvoll ist, währenddessen ihre Kollegin für noch mehr Geld streiken geht. Sie fühlt sich unfair behandelt. Mehr Lohn und bessere Vereinbarkeit von Beruf und Familie für die einen, und für die anderen heißt es weiter Arbeiten und zusehen, wie man die Familie über die Runden kriegt. Kann das sein? Frau Müller ist nicht in einer Gewerkschaft und die Firma Schulte Service besitzt auch keinen Betriebsrat. Frau Müller wendet sich deswegen an ihre Chefin, die jedoch nicht mit der Situation umgehen kann und kehrt die Situation unter den Tisch, vielleicht auch weil sie einfach überfordert mit der gesamten Situation ist. Sie muss sich alleine um 3 Abteilungen kümmern, die Einsatzplanung der Mitarbeiter/-innen machen und organisatorische Abläufe klären. Auch sie ist unzufrieden, da sie gerne eine Hilfskraft hätte, die sie unterstützen würde, aber dies jedoch aus Sparmaßnahmen der Firma nicht genehmigt worden ist. Auch nach mehrmaligem Nachfragen seitens Frau Müller konnte sie keinen Aufschluss darüber bekommen, warum eine solche Zwei-Klassen-Gesellschaft in diesem Unternehmen herrscht und warum sie minderwertig behandelt wird. Daraufhin wendet sich Frau Müller an den Geschäftsführer. Dieser wiederum droht: „Wenn Sie sich beschweren, kann ich die gesamte Produktion der Firma Schulte auch ins Ausland verlegen, dann haben Sie und Ihre Kollegen keinen Arbeitsplatz mehr." Mit dieser unprofessionellen Antwort hätte Frau Müller jedoch nicht gerechnet und fragt sich, wie eine solche Zwei-Klassen-Gesellschaft in Deutschland möglich ist und warum ihre geleistete Arbeit weniger wert ist als die von Frau Fischer. Die Mitarbeiter/-innen der Schulte Service versuchen Lösungen zu finden, um das Arbeitsklima und die Gerechtigkeit zwischen den Parteien zu verbessern, was jedoch nicht so einfach ist, denn die Angst und das Unwissen bezüglich ihrer Rechte und Pflichten bremst sie jedes Mal aus.

14.3 Theorie: Bedürfnispyramide nach Maslow

Die Maslowsche Bedürfnispyramide besteht aus fünf Stufen, die in einer Pyramide angeordnet sind. Die erste Stufe „physiologische Bedürfnisse" deckt die Grundbedürfnisse eines Menschen ab. Darunter fallen z. B. Bedürfnisse wie Essen, Trinken und Schlafen. Werden diese Bedürfnisse nicht erfüllt, so könnte ein Mensch nicht überleben und nicht weiter in der Bedürfnishierarchie aufsteigen. In der zweiten Stufe der Pyramide geht es um das Bedürfnis der Sicherheit. Das bedeutet, dass jeder nach der

Befriedigung der physiologischen Bedürfnisse sich danach sehnt, ein Zuhause zu haben, das sicher und geschützt vor sämtlichen Gefahren ist. Werden diese Bedürfnisse erfüllt, geht es in der Pyramide einen Schritt weiter zu dem Bedürfnis nach Zugehörigkeit oder auch „soziale Bedürfnisse" genannt. Freundschaft, Liebe und Zugehörigkeit zu einer Gruppe bzw. Gesellschaft fallen darunter. Der nächste Schritt der Pyramide ist das Bedürfnis der Wertschätzung. Auf dieser Ebene möchte man die Anerkennung der anderen Menschen erlangen für die Dinge, die man erstrebt bzw. erarbeitet hat. Auf der letzten Ebene steht das Bedürfnis der Selbstverwirklichung. Dieses Bedürfnis ist die Entfaltung seiner eigenen Persönlichkeit, wie z. B. Hobbys, und ist von Mensch zu Mensch unterschiedlich. Die weiteren Bedürfnisse (z. B. das Bedürfnis nach Selbstverwirklichung) innerhalb der Bedürfnispyramide sollen für die weitere Analyse ausgeklammert werden (Maslow, 2010).

14.4 Anwendung der Theorie

Anhand der Maslowschen Bedürfnispyramide könnte man die Unzufriedenheit der Mitarbeiter/-innen bezüglich der unterschiedlichen Entlohnung der Unternehmen Schulte und Schulte Service vergleichen. In den meisten Fällen sind die ersten beiden Stufen der Pyramide erfüllt, und so geht es in der dritten Stufe um das soziale Bedürfnis. Da im Unternehmen große Streitigkeiten zwischen den Mitarbeitenden wegen der ungerechten Bezahlung herrschen, entstehen Gruppen im Unternehmen, in denen Personen ausgeschlossen werden. Dadurch entstehen Unzufriedenheiten und die nächste Stufe der Pyramide ist kaum zu erreichen, in der es um Wertschätzung geht. Die Mitarbeiter/-innen der Schulte Service arbeiten genau an denselben Arbeitsplätzen wie die Mitarbeiter/-innen des Unternehmens Schulte, jedoch werden sie unterschiedlich bezahlt. Das führt dazu, dass die Mitarbeiter/-innen sich nicht anerkannt fühlen und sie ihre Motivation verlieren. Dies macht sich außerhalb des Arbeitsplatzes bemerkbar – ein Erreichen der letzten Stufe der Bedürfnispyramide ist nicht möglich. Das Unternehmen Schulte sollte sich Gedanken über die unterschiedlichen Bedingungen machen und die Differenz zwischen den beiden Gruppen so gering wie möglich halten – indem sie z. B. keine Unterschiede bei den Pausenräumen und Pausenzeiten machen. Bei der Entlohnung sollte der Stundenlohn gerecht angepasst werden, sodass es keine großen Unterschiede gibt.

Literatur

Gabler Wirtschaftslexikon (2018). Arbeitnehmerüberlassung. Verfügbar unter https://
wirtschaftslexikon.gabler.de/definition/arbeitnehmerueberlassung-30204 (letzter Aufruf:
06.05.2020).

IG Metall Nordrhein-Westfalen (2018). 4,3 % mehr Geld und kurze Vollzeit. Verfügbar unter
http://www.igmetall-nrw.de/news/2017/43-mehr-geld-und-kurze-vollzeit/ (letzter Aufruf:
06.05.2020).

Maslow, A. (2010). *Motivation und Persönlichkeit* (P. Kruntorad, Übersetz.). Hamburg: Rowohlt.

Schwaab, M. O. & Durian, A. (2017). *Zeitarbeit: Chancen–Efahrungen–Herausforderungen*. Wiesbaden: Springer.

Olga Miller

15 Benachteiligung von Frauen am Arbeitsplatz

15.1 Einleitung

Schon im Art. 3 des Grundgesetzes ist geregelt, dass Männer und Frauen gleichberechtigt sind. Das Grundgesetz regelt auch, dass niemand aufgrund seines Geschlechts benachteiligt oder bevorzugt werden darf. Für viele Frauen ist genau diese Situation in der Arbeitswelt die bittere Realität. Diese Arbeit widmet sich der Frage, welche Gründe es hat, dass die Benachteiligung von Frauen am Arbeitsplatz immer noch allgegenwärtig ist. Während das deutsche Recht von „Benachteiligung" spricht, verwendet das europäische Recht den Begriff der „Diskriminierung", jedoch ist hier das Gleiche gemeint. Der Diskriminierungsschutz ist im Allgemeinen Gleichbehandlungsgesetz (AGG) geregelt. Darauf wird in der Arbeit mithilfe der Fallstudie ausführlich eingegangen und es werden die verschiedenen Formen von Benachteiligungen erläutert und analysiert. Darauf folgt die Darstellung der Theorie der statistischen Diskriminierung und eine Analyse aus der Perspektive der Theorie. In der Analyse wird verdeutlicht, welche Gründe es hat, dass Frauen nach wie vor am Arbeitsplatz benachteiligt werden und warum seitens der Arbeitgebenden auch nichts dagegen unternommen wird. Anschließend werden noch Handlungsempfehlungen für die betroffenen Mitarbeiterinnen und Führungskräfte gegeben, um zukünftig auf Benachteiligungen reagieren zu können und diesen vorzubeugen. Zum Schluss wird im Fazit das Wichtigste zusammengefasst und die Gründe für die Benachteiligung noch einmal erläutert.

15.2 Fallstudie: „Reisende soll man nicht aufhalten"

Anna Müller arbeitet bei einer Rechtsanwaltskanzlei in Dortmund. Die Kanzlei besteht aus vier Anwälten und einer Anwältin. Außerdem besteht die Kanzlei aus drei männlichen und sechs weiblichen Angestellten. Peter Paul ist 35 Jahre alt und seit fünf Jahren Bürovorsteher in der Kanzlei. Er ist u. a. für die Belange der Mitarbeiter/-innen sowie der Auszubildenden verantwortlich. Darüber hinaus gehören das Mahnwesen sowie das Zwangsvollstreckungsverfahren zu seinen Aufgaben. Diese Aufgaben bedürfen zusätzlicher Qualifikationen, die in dieser ausgeprägten Form nur er besitzt. Peter hat ebenso die Befugnis, die Angestellten zu bewerten und die Bewertungen an die Führungskräfte weiterzugeben. Er darf somit auch mit den Arbeitgebenden entscheiden, wer eine Fortbildung erhält. Die Anwält(innen)e vertrauen Peter voll und ganz, dass er die Lage in der Kanzlei und zwischen den Angestellten im Griff hat und halten sich aus den Angelegenheiten der Angestellten heraus.

https://doi.org/10.1515/9783110697308-015

Anna hat vor zehn Jahren ihre Ausbildung zur Rechtsanwaltsfachangestellten in der Kanzlei begonnen und wurde nach ihrer Ausbildung übernommen. Zu ihren Aufgaben gehört nach wie vor nur das Abtippen von Diktaten. Anna ärgert sich darüber, dass sie der Kanzlei bereits seit zehn Jahren immer treu war und seit ihrer Übernahme vor sieben Jahren keine Lohnerhöhung oder eine Weiterbildung erhalten hat. Sie wird immer wieder auf das nächste Jahr vertröstet. Das führt dazu, dass Anna demotiviert ist und keinen Spaß mehr an ihrer Arbeit in der Kanzlei hat. Nachdem sie erfahren hat, dass Lutz Schneider, der erst vor Kurzem nach seiner Ausbildung übernommen wurde, eine Fortbildung erhält, sind Anna und ihre Kolleginnen aufgebracht. Sie haben bereits gemerkt, dass die männlichen Mitarbeiter von Peter immer bessere Bewertungen erhalten, obwohl Anna und ihre Kolleginnen mehr Arbeit am Tag leisten müssen. Anna sucht das Gespräch mit Peter.

In dem Gespräch teilt Peter ihr mit, dass die Kanzlei „in die Zukunft investieren möchte" – Anna und die anderen Mitarbeiterinnen wären ja noch sehr jung. Das Risiko, dass jemand von den weiblichen Angestellten schwanger wird und die Kanzlei verlässt, ist ihm zu hoch. Anna und ihre Kolleginnen sind entsetzt und fühlen sich durch die Äußerung benachteiligt. Zudem kam es bereits in der Vergangenheit immer häufiger zu Konflikten zwischen Peter und den anderen weiblichen Angestellten sowie den Auszubildenden. Außerdem regen sich die Mitarbeiterinnen immer häufiger darüber auf, dass Peter oft Raucherpausen macht und nicht immer seine Arbeit rechtzeitig erledigt. Das führt häufig zu Verzögerungen im Tagesablauf. Die Mitarbeiterinnen müssen häufig ihre Arbeit unterbrechen, um Peter zu helfen und müssen anschließend länger bleiben, damit keine wichtigen Fristen versäumt werden. Diese Situationen führen dazu, dass Peter seine Arbeit an Mitarbeiterinnen, die die nötige Qualifikation nicht besitzen, weitergibt, mit den Worten: „Sie wollen doch diese Fortbildung machen. So haben Sie die Möglichkeit, sich schon einmal einzuarbeiten". Dadurch entsteht ein enormer Zeitdruck für die Angestellten, weil die wesentliche Arbeit, wie z. B. das Einreichen von Klagen, auf der Strecke bleibt. So werden auch teilweise wichtige Fristen versäumt, was zusätzlich zu Konflikten zwischen den Mitarbeiterinnen und den Führungskräften führt. Auch die Auszubildenden fühlen sich in dieser Situation überfordert und im Stich gelassen. In diesen Zeiten haben sie keine Kontaktperson. Zudem verdienen die Mitarbeiterinnen viel weniger als Peter und die zwei männlichen Angestellten. Die Überstunden werden nicht bezahlt und können auch nicht anderweitig angerechnet werden. Auch fällt den weiblichen Angestellten immer häufiger auf, dass ihre männlichen Kollegen von Peter verschont werden. Diese werden immer fair behandelt und bekommen keine zusätzliche Arbeit. Sie müssen weder länger bleiben noch die Arbeit von Peter erledigen. Auch dürfen sie an manchen Tagen sogar eher gehen, wenn in der Kanzlei „nicht viel los ist". Zudem sind sie immer sehr entspannt und können es nicht nachvollziehen, warum sich die Mitarbeiterinnen über Peter aufregen.

Kurz vor Weihnachten kommt es zu einem weiteren Vorfall, bei dem Anna endgültig die Nerven verliert. Peter legt Anna eine Akte auf den Tisch mit der Bitte, diese

Aufgabe für ihn zu erledigen, da er sie nicht mehr schafft. Er müsse ja noch schließlich seine Weihnachtseinkäufe erledigen. Anna schaut sich die ihr zugeteilte Aufgabe an und merkt, dass sie die Aufgabe unmöglich noch am gleichen Tag erledigen kann. Sie geht zu Peter ins Büro und sagt ihm, dass er die Aufgabe erledigen muss. Wutentbrannt wirft Peter Anna einen Kugelschreiber an den Kopf. Anna und ihre Kolleginnen sind entsetzt und suchen nach diesem Vorfall das Gespräch mit den Arbeitgebenden. Nachdem diese sich nur widerwillig die Beschwerden der Angestellten anhören, teilen sie mit, dass sie leider nichts machen können. „Schließlich brauchen wir ihn hier in der Kanzlei. Er verfügt über die nötigen Qualifikationen und kümmert sich immer um die Belange der Mitarbeiterinnen und Mitarbeiter sowie der Auszubildenden. Er handelt auch immer im Sinne der Kanzlei. Außerdem hat jeder mal einen schlechten Tag". Zudem sei den Arbeitgebenden bereits zu Ohren gekommen, dass Peter sich häufig durch die weiblichen Angestellten, aufgrund seiner Homosexualität, gemobbt fühle. Er hat die Führungskräfte bereits gewarnt, dass die Mitarbeiterinnen versuchen werden, ihn aus der Kanzlei zu mobben. Die Angestellten sind über den Vorwurf empört und fühlen sich nicht ernst genommen. Die Arbeitsmotivation sinkt bei den Mitarbeiterinnen und die Auszubildenden lassen sich immer häufiger krankschreiben. So spitzt sich die Lage immer weiter zu. Vor allem Anna fühlt sich im Stich gelassen. Auch das Verhältnis zwischen Anna und Peter hat sich deutlich verschlechtert. Aufgrund der Überforderung durch die zusätzliche, aufwendige Arbeit und die festgefahrene Situation kündigen Anna und eine weitere Kollegin ihren Job in der Kanzlei. Wie dramatisch die Sache wirklich ist, wird den Arbeitgebenden auch dann nicht klar, als eine Auszubildende ihre Ausbildung abbricht. Diese berichtet von Depressionen, die entstanden sind, aufgrund des Drucks durch Peter. In einer Krisenrunde, in der auch Peter sich zu den Kündigungen äußert, haben die Führungskräfte alle die gleiche Meinung: „Reisende soll man nicht aufhalten."

Fragen zur Fallstudie:

1. Wie hätten die Arbeitgebenden reagieren müssen, um noch die Kündigungen der Mitarbeiterinnen abzuwenden?
2. Was hätte Anna alternativ unternehmen können?

15.3 Analyse zum Thema Benachteiligung von Frauen am Arbeitsplatz

In den nachfolgenden Ausführungen wird die Fallstudie unter dem Aspekt der statistischen Benachteiligung analysiert. Zu Beginn wird jedoch der Begriff Benachteiligung definiert und die vielfältigen Erscheinungsformen dergleichen vorgestellt.

Der Begriff Benachteiligung

Eine Diskriminierung im rechtlichen Sinne liegt vor, wenn eine Person aufgrund einer oder auch mehrerer rechtlich geschützter Diskriminierungskategorien ungleich behandelt wird und es keinen sachlichen Grund gibt, der die ungleiche Behandlung rechtfertigt. Unter die Diskriminierungskategorien fällt auch der Arbeitsmarkt. Die Diskriminierung bzw. hier die Benachteiligung wird im Allgemeinen Gleichbehandlungsgesetz (AGG) geregelt (Antiskriminierungsstelle des Bundes, 2017).

Gemäß §1 AGG ist das Ziel des Gesetzes, die Beseitigung oder die Verhinderung von Benachteiligungen aufgrund des Geschlechts, der ethnischen Herkunft oder Rasse, der sexuellen Identität oder auch die Benachteiligung aufgrund des Alters. Der Anwendungsbereich des AGG bezieht sich hauptsächlich auf Beschäftigung und Beruf und beinhaltet u. a. Regelungen zu Einstellungsbedingungen und Auswahlkriterien, Beschäftigungs- und Arbeitsbedingungen, Arbeitsentgelt, Entlassungsbedingungen sowie Zugang zu allen Formen der beruflichen Weiterbildung oder Umschulung (§1 AGG).

Laut AGG kann jedoch gemäß §§8–10 AGG eine unterschiedliche Behandlung zulässig sein, wenn es eine Anforderung für die Art der auszuübenden Tätigkeit darstellt. Hierbei könnte es sich z. B. um bestimmte Qualifikationen wie einen Studienabschluss handeln. Aber auch altersmäßige oder gesundheitliche Anforderungen kommen hier in Frage. Das kann z. B. bei der Ausübung des Berufes des Flugkapitäns der Fall sein. Auch können Religionsgemeinschaften eine bestimmte Religionszugehörigkeit von ihren Beschäftigten verlangen. Die unterschiedliche Behandlung aufgrund des Alters ist zulässig, wenn sie objektiv angemessen oder durch ein legitimes Ziel gerechtfertigt ist. Gemäß §5 AGG ist eine unterschiedliche Behandlung ebenfalls zulässig, wenn bestehende Nachteile, aufgrund eines der in §1 AGG aufgeführten Merkmals, durch angemessene und geeignete Maßnahmen verhindert oder ausgeglichen werden können. Das kann z. B. der Fall sein, wenn in einem Unternehmen Frauen unterrepräsentiert sind und eine Frauenquote diese Nachteile ausgleicht (Hessisches Ministerium der Justiz, für Integration und Europa, 2009).

Arten der Benachteiligung und Analyse

Im §3 des AGG sind vier verschiedene Arten von Benachteiligungen aufgeführt. Das AGG unterscheidet zwischen unmittelbarer und mittelbarer Benachteiligung sowie zwischen Belästigung und sexueller Belästigung.

Eine unmittelbare Benachteiligung liegt dann vor, wenn eine Person aufgrund eines der im §1 AGG aufgeführten Grundes gegenüber einer anderen Person in einer vergleichbaren Situation benachteiligt wird. Bezüglich des Geschlechts liegt eine unmittelbare Benachteiligung in Bezug auf §2 Abs. 1 Nr. 1–4 AGG dann vor, wenn eine Frau aufgrund von Schwangerschaft oder Mutterschaft benachteiligt wird. In dem Fall ist deutlich zu erkennen, dass Peter seine männlichen Kollegen bevorzugt. Er setzt sich offensichtlich bei den Vorgesetzten verstärkt dafür ein, dass diese eine Fortbildung erhalten, während Anna immer wieder auf das nächste Jahr vertröstet wird. Auch verfügt Anna über die gleichen Qualifikationen wie ihr Kollege Lutz Schneider, der bereits kurz nach der Ausbildung eine Weiterbildung erhalten hat. Die Äußerungen von Peter, dass die Kanzlei in die Zukunft investieren möchte und Anna und ihre Kolleginnen schwanger werden könnten, stellt eine unmittelbare Benachteiligung der weiblichen Angestellten gemäß § 3 Abs. 1 S. 2 AGG dar.

Auch eine mittelbare Benachteiligung liegt in dem Fall vor. Eine mittelbare Benachteiligung gemäß § 3 Abs. 2 AGG liegt vor, wenn dem Anschein nach neutrale Regelungen oder Verfahren Personen gegenüber anderen benachteiligen, ohne dass die Verfahren oder Kriterien ein rechtmäßiges Ziel sachlich rechtfertigen. Durch die Raucherpausen von Peter kommt es zu Verzögerungen im Tagesablauf, die die Mitarbeiterinnen ausgleichen müssen. Während die männlichen Kollegen von Peter verschont werden und keine zusätzliche Arbeit leisten und keine Überstunden machen müssen, müssen die weiblichen Angestellten häufig die Arbeit von Peter übernehmen und unbezahlte Überstunden machen. Die weiblichen Angestellten werden hier mittelbar benachteiligt.

In dem Fall liegt auch eine Form der Belästigung vor. Eine Belästigung ist gemäß § 3 Abs. 3 AGG ebenfalls eine Benachteiligung, wenn bestimmte, unerwünschte Verhaltensweisen dazu führen, dass die Würde einer Person verletzt wird und ein Umfeld geschaffen wird, dass von Beleidigungen, Erniedrigungen, Entwürdigungen, Einschüchterungen oder Anfeindungen geprägt ist. Konflikte zwischen Anna und Peter sowie den Auszubildenden und den anderen Mitarbeiterinnen gab es schon häufig. Nachdem Peter einen Kugelschreiber nach Anna geworfen hatte, weil sie seine Arbeit nicht an einem Tag erledigen konnte, hat sich die Lage dramatisch verschlimmert. Es wurde ein Umfeld geschaffen, dass von den oben genannten Gründen geprägt ist. Auch das Gespräch mit den Vorgesetzen hat die Lage von Anna und ihren Kolleginnen sowie der Auszubildenden noch verschlimmert. Die Vorgesetzen waren nicht bereit, etwas an der festgefahrenen Situation in der Kanzlei zu ändern. Auch fühlten sich Anna und die anderen Angestellten nach dem Vorwurf, dass sie Peter aufgrund seiner Homosexualität mobben, vor den Kopf gestoßen und erniedrigt. Die Konflikte zwischen den Mitarbeiterinnen und den Vorgesetzen, die entstanden sind, weil Peter seine Arbeit nicht rechtzeitig erledigt hat und die anderen ihm helfen mussten, waren für die Mitarbeiterinnen zusätzlich sehr belastend. Durch dieses Umfeld, das von Anfeindungen geprägt war, sank die Motivation der Mitarbeiterinnen und führte letzten Endes zu einer Depression bei einer Auszubildenden und zu der Kündigung sowohl durch die Auszubildende als auch durch Anna und einer weiteren Kollegin.

Eine sexuelle Belästigung gemäß § 3 Ab. 4 AGG fand in dem Fall nicht statt.

Analyse aus der Perspektive der Theorie der statistischen Diskriminierung

Bei der Theorie der statistischen Diskriminierung von Phelps (1972) spricht man von Diskriminierungen, die aufgrund unvollständiger Informationen über die zukünftige Produktivität des Bewerbenden bzw. Mitarbeitenden entstehen (Falk, 2005). Dabei beurteilen Arbeitgeber/-innen die Mitarbeiter/-innen aufgrund des durchschnittlichen Verhaltens einer sozialen Gruppe (Falk, 2005). Diese Form der Diskriminierung wird deshalb als „statistisch" bezeichnet, weil als Entscheidungsgrundlage die Varianz der Produktivität bestimmter Gruppen verwendet wird oder die durchschnittliche, angenommene Produktivität. Dabei spielt es keine Rolle, welche Ausfallzeiten eine Person aufweist oder wie produktiv sie ist (Hipp, 2016). Bei der sozialen Gruppe der Frauen unterstellen Arbeitgeber/-innen ein diskontinuierliches Erwerbsverhalten, eine geringere Leistungsmotivation und eine geringere Leistungsbereitschaft sowie auch eine niedrige Durchschnittsproduktivität. Auch bei Frauen, die den stereotypen Vorstellungen nicht entsprechen, kommt es dennoch zu Diskriminierungen, weil dieses Verhalten vom Arbeitgebenden unterstellt wird, auch wenn dies nicht vorhanden sind. Daraus folgt, dass der Zugang zu innerbetrieblichem Aufstieg und Fortbildungen den Arbeitnehmerinnen verwehrt bleibt, obwohl sie formal die gleichen Voraussetzungen wie ihre männlichen Kollegen erfüllen. Die Ursachen hierbei liegen aus betriebswirtschaftlicher Sicht in der asymmetrischen Informationsverteilung zwischen der Arbeitnehmerin und der Führungskraft. Auch bei gegebenen formalen Kriterien, wie Arbeitszeugnissen, hat der Arbeitgebende von der Leistungsbereitschaft und der Leistungsfähigkeit nur einen begrenzten Eindruck. Des Weiteren spielen ökonomische Vorbehalte eine Rolle. Die Führungskraft versucht das Risiko einer Fehlbesetzung zu reduzieren, indem sie ihre Durchschnittserwartung und ihren Erfahrungen entsprechend handelt, um so Informationskosten einzusparen. Jede Förderung von Qualifikationen der Mitarbeiter/-innen stellt für den Arbeitgebenden eine ökonomische Investition dar. Da Arbeitgeber/-innen Frauen die oben genannten Eigenschaften unterstellen, scheuen sie sich davor, in weibliche Nachwuchskräfte zu investieren. Dieses Verhalten der Arbeitgeber/-innen führt zum Effekt der selbsterfüllenden Prophezeiung. Frauen könnten daraufhin von sich selbst, in Bezug auf den beruflichen Erfolg und ihre Entwicklungsmöglichkeiten, nur wenig erwarten und sich zurückziehen. Dadurch stützen sie die Durchschnittserwartungen der Führungskraft in Bezug auf die mangelnde Leistungsbereitschaft und das familiär bedingte Fluktuationsrisiko (Hördt, 2006).

Erklärung der Umgangsweise mit der Benachteiligung im Fall:
Warum wurde nichts unternommen?

Bei der Theorie spricht man von Unvollständigkeit der Informationen über den Bewerbenden oder die Arbeitskraft. In dem Fall wird die Theorie vor allem daran deutlich, dass Peter befugt ist, sich um die Angelegenheiten der Mitarbeiter/-innen sowie der Auszubildenden zu kümmern und diese an die Kanzleileitung weiterzutragen, wenn das erforderlich ist. Die Arbeitgeber/-innen halten sich derweil aus den Belangen der Angestellten und Auszubildenden raus. Dadurch kommt es zu einer asymmetrischen Informationsverteilung, was die Leistungen, Wünsche und Probleme der Angestellten und Auszubildenden betrifft. Auch Informationen in Bezug auf die Leistungen und Motivationen der Angestellten haben die Vorgesetzten nur aufgrund der Beurteilung durch Peter. Somit wissen die Arbeitgeber/-innen in dem Fall gar nicht, wie produktiv oder unproduktiv Anna und ihre Kolleginnen wirklich sind, sondern stützen sich auf die Erfahrungen, die sie in der Vergangenheit mit weiblichen Angestellten gemacht haben. Aufgrund dieser Beurteilung aus der Vergangenheit geben sie lieber Lutz die Chance auf eine Fortbildung. Anna besitzt in dem Fall jedoch die gleichen Voraussetzungen wie ihr Kollege Lutz. Es kann jedoch sein, dass Peter bereits gemerkt hat, dass Anna demotiviert ist und deshalb glaubt, dass sie nicht mehr bereit ist Leistungen zu erbringen. Auch wird Anna und ihren Kolleginnen hier unterstellt, dass eine von ihnen eventuell bald schwanger werden könnte und daraufhin die Kanzlei verlässt. An der Stelle handelt es sich ganz klar um eine Diskriminierung. Obwohl Anna den stereotypen Vorstellungen nicht entspricht, was auch daran deutlich wird, dass Anna bereits seit Jahren auf eine Fortbildung wartet, wird ihr genau das seitens des Bürovorstehers unterstellt. Auch seitens der Arbeitgeber/-innen wird ihr das indirekt zugetragen, weil die Arbeitgeber/-innen der Meinung sind, dass Peter immer im Sinne der Kanzlei handelt und sie nichts unternehmen könnten. Aufgrund dessen, dass Anna die Aufgabe von Peter nicht erledigen konnte, hat sie womöglich auch hier, sowohl bei Peter als auch bei ihren Vorgesetzten, den Eindruck hinterlassen, dass sie keine Motivation mehr hat und nicht bereit ist, noch weitere Leistungen zu erbringen. Auch weil sich die Auszubildenden immer häufiger krankschreiben lassen, aufgrund der stressigen Situation, und die Arbeitsmotivation der Mitarbeiterinnen spürbar sinkt, kann man bereits hier von einer geringen Leistungsbereitschaft und vom Effekt der selbsterfüllenden Prophezeiung sprechen. Ökonomische Vorbehalte spielen hier ebenfalls eine Rolle. Mit der Aussage von Peter („Die Kanzlei möchte in die Zukunft investieren") wird klar, dass die Kanzleileitung ihren Erfahrungen entsprechend handelt und sich davor scheut, in weibliche Nachwuchskräfte zu investieren. Dadurch, dass Anna und ihre Kolleginnen den Job kündigen, verstärken sie noch einmal diese Effekte der selbsterfüllenden Prophezeiung. Sie bestätigen die Durchschnittserwartungen von den Vorgesetzten und Peter, ohne es zu wollen. Sie sehen für sich selbst keine Entwicklungsmöglichkeiten in diesem Unternehmen, was dazu geführt hat, dass die Leistungsbereitschaft und die Motivation nicht mehr gegeben war und es zur Kündigung, zu diesem „Rückzug", kam.

15.4 Handlungsempfehlungen für die Arbeitgebenden und die betroffene Mitarbeiterin

Die Arbeitgeber/-innen sind gemäß dem § 12 AGG grundsätzlich dazu verpflichtet, Maßnahmen gegen eine Benachteiligung zu treffen und diese vorzubeugen. Auch ist es die Aufgabe der Arbeitgeber/-innen auf die Unzulässigkeit von Benachteiligungen hinzuweisen und dagegen vorzugehen, falls diese doch auftreten. In dem Fall müssen die Vorgesetzten die erforderlichen Maßnahmen zur Unterbindung ergreifen. Angemessene Maßnahmen gegen eine Benachteiligung wären gemäß § 12 Abs. 3 AGG z. B. eine Versetzung oder eine Abmahnung sowie auch die Kündigung. In Bezug auf die erste Frage hätte es gereicht, wenn die Arbeitgeber/-innen Peter abgemahnt hätten aufgrund seiner Aussage über eine mögliche Schwangerschaft. Die Arbeitgeber/-innen hätten Peter darauf hinweisen müssen, dass es sich um eine klare Benachteiligung handelt und er mit Konsequenzen rechnen muss, wenn er die Benachteiligung nicht unterlässt. Spätestens als Peter Anna einen Kugelschreiber an den Kopf geworfen hat, hätten die Arbeitgeber/-innen handeln müssen. Hier wäre eine Abmahnung oder Kündigung angebracht gewesen, um die Situation zwischen Peter und den Mitarbeiterinnen zu entschärfen und die Kündigungen durch Anna und ihre Kollegin zu verhindern. Aus Sicht der Theorie sollten die Arbeitgeber/-innen sich mehr für ihre Mitarbeiter/-innen interessieren, um selbst beurteilen zu können, wer die Chance auf eine Fortbildung erhält. Dafür sollten z. B. alle drei Monate Gespräche zwischen den Vorgesetzten und den Angestellten stattfinden, in denen sie ihre Probleme und ihre Wünsche äußern können. Die Arbeitgeber/-innen sollten zusammen mit den Angestellten Ziele vereinbaren und auf der Basis dieser Ziele und der Erreichung dieser Ziele, die Motivationen und Leistungen der Angestellten beurteilen und so entscheiden, wer eine Fortbildung absolvieren sollte. Eine weitere Möglichkeit wäre auch eine „Warteliste" für Fort- und Weiterbildungen anzulegen, um so jedem Angestellten eine Fortbildung zu ermöglichen.

Im Sinne der Handlungsempfehlungen für Beschäftigte wäre anzuführen, dass Anna nach den Gesprächen mit Peter und den Vorgesetzten rechtliche Schritte hätte einleiten können. Das AGG sieht dabei drei verschiedene Möglichkeiten vor. Anna hätte sich gemäß § 13 AGG aufgrund der Benachteiligung bei einer zuständigen Beschwerdestelle des Betriebs beschweren können. In diesem Fall ist das die Rechtsanwaltskammer in Hamm. Zudem hätte Anna, nachdem Peter ihr den Kugelschreiber an den Kopf geworfen hatte und seitens der Kanzleileitung keine Handlung erfolgte, laut § 14 AGG ihre Arbeit einstellen können, ohne den Arbeitsplatz zu verlieren. Die Leistungsverweigerung ist jedoch nur dann zulässig, wenn das dem eigenen Schutz dient und die Vorgesetzten nichts unternehmen, um die Belästigung einzustellen – was hier der Fall ist. Eine weitere Möglichkeit ist gemäß § 15 Abs. 2 AGG Schadensersatzansprüche geltend zu machen. Der § 15 Abs. 2 AGG regelt den immateriellen Vermögensschaden, der im Falle einer Benachteiligung entsteht, da das Persönlichkeitsrecht von

Anna verletzt wurde und ihr die Chance auf eine Fortbildung nur aufgrund ihres Geschlechts verwehrt bleibt. Aus der Sicht der Theorie hätte Anna ein Gespräch mit den Arbeitgebenden persönlich führen sollen und nicht mit Peter. In dem Gespräch hätte sie deutlich ihre Probleme schildern und ihre Qualifikationen und ihre Fähigkeiten aufzeigen müssen und auch deutlich sagen sollen, dass sie sich benachteiligt fühlt. Sie hätte aus der Masse herausstechen und den Vorgesetzten zeigen müssen, dass sie nicht den stereotypen Vorstellungen entspricht und ihre Karriere für sie sehr wichtig ist. Keinesfalls hätte sie kündigen und dabei den Effekt der selbsterfüllenden Prophezeiung bestätigen dürfen. An der Stelle wäre die Beschwerde bei der Rechtsanwaltskammer sinnvoller gewesen, um auf der einen Seite ihrem Ziel näher zu kommen und auf der anderen Seite den Arbeitgebern zu zeigen, dass sie weiß, wie sie sich wehren kann. Das hinterlässt auch bei den Arbeitgebenden den Eindruck, dass sie nicht den stereotypen Vorstellungen entspricht und verschafft sich dadurch auch den nötigen Respekt. Erst wenn sie die Möglichkeiten ausgeschöpft hätte und die Situation sich nicht verändert hätte, wären rechtliche Schritte an dieser Stelle sinnvoll gewesen, um nicht schon vorher das Verhältnis zwischen ihr und den Vorgesetzten zu gefährden.

15.5 Schlussfolgerungen

Zusammenfassend lässt sich sagen, dass die Diskriminierung von Frauen am Arbeitsplatz nach wie vor real ist. Vor allem in kleineren Unternehmen, in denen z. B. keine Frauenquote existiert und auch nicht festgelegt ist, welche Ziele das Unternehmen u. a. in Bezug auf die Förderung von Frauen verfolgt, findet diese Diskriminierung am stärksten statt. Obwohl das AGG verstärkt versucht, die Diskriminierung am Arbeitsplatz einzudämmen, indem es die Pflichten des Arbeitgebenden erfasst, halten sich viele Arbeitgeber/-innen nicht an das Gesetz und handeln nach wie vor basierend auf ihren Erfahrungen. Auch der Fall hat gezeigt, dass die Arbeitgeber/-innen hier ganz klar nach den stereotypen Vorstellungen agieren, da diese sich leider häufig bestätigen. Frauen wird unterstellt, dass sie nicht bereit sind Leistungen zu erbringen und keine Leistungsmotivation aufweisen und sich irgendwann u. a. aus familiären Gründen zurückziehen. Dieser Effekt der selbsterfüllenden Prophezeiung wird offensichtlich nach wie vor nicht von allen Arbeitgebenden erkannt, sodass die Förderung von Frauen, u. a. auch aus finanziellen Gründen, auf der Strecke bleibt. Wie die vorliegende Arbeit gezeigt hat, ist auch für viele Frauen die Kündigung häufig die einzige Möglichkeit aus einer scheinbar ausweglosen Situation herauszukommen. Aufgrund der oben genannten Handlungsempfehlungen wird deutlich, dass es Möglichkeiten gegeben hätte, die Kündigung zu verhindern. Diese wurden jedoch nicht genutzt. Auch die Vorstellung gegen die Arbeitgeber/-innen rechtlich vorzugehen, löst bei vielen Hemmungen aus. Häufig ist jedoch genau das der einzige Weg, um sich zu wehren. Frauen sollten sich nicht einfach zurückziehen und denken, dass sie sowieso nichts erreichen können. Man sollte als Frau zeigen, dass man beruflich selbstverständlich in der Lage ist, genau die gleichen Leistungen zu erbringen wie Männer. Dazu gehört auch, dass man die Arbeitgeber/-innen damit konfrontieren sollte, wenn man den Eindruck hat, dass man benachteiligt wird und dazu gehört auch, dass man vielleicht auch rechtlich dagegen vorgehen muss. Nur so gelingt es, zukünftig den stereotypen Vorstellungen der Arbeitgeber/-innen entgegen zu wirken und den Effekt der selbsterfüllenden Prophezeiung einzudämmen.

Literatur

Antidiskriminierungsstelle des Bundes (2017). *Handbuch „Rechtlicher Diskriminerungsschutz"* (3. Auflage). Berlin: Nomos.

Falk, S. (2005). *Geschlechtsspezifische Ungleichheit im Erwerbsverlauf, Analysen für den deutschen Arbeitsmarkt.* Wiesbaden: VS Verlag für Sozialwissenschaften.

Hessisches Ministerium der Justiz, für Integration und Europa (2009). Das Allgemeine Gleichbehandlungsgesetz (AGG). Wiesbaden.

Hipp, L. (2016). Ungleichheiten und Diskriminierung auf dem Arbeitsmarkt. Verfügbar unter https://www.bpb.de/apuz/221588/ungleichheiten-und-diskriminierung-auf-dem-arbeitsmarkt?p=all (letzter Aufruf: 30.06.2019).

Hördt, O. (2006). *Spitzenpositionen für Spitzenleistungen? Eine empirische Untersuchung geschlechtsspezifischer beruflicher Entwicklungsverläufe in einem Wirtschaftsunternehmen.* Wiesbaden: Deutscher Universitäts-Verlag.

Themengebiet III: **Sexuelle Belästigung**

Marlene Bayer
16 „Ein kühles Blondes"

16.1 Einleitung

Im Personalmanagement geht es nicht nur darum, das Personal gezielt einzusetzen, sondern es auch vor kritischen und unvorhersehbaren Situationen zu bewahren. Eine solche Situation kann beispielsweise in Fällen von sexueller Belästigung gesehen werden. Hier obliegt es dem Arbeitgebenden seinen Arbeitnehmer/-innen vor etwaigen Situationen zu schützen – und zwar auf Basis des Allgemeinen Gleichbehandlungsgesetzes (AGG). Auch heute kommt es jedoch am Arbeitsplatz noch häufig zu Fällen von sexueller Belästigung (Antidiskriminierungsstelle des Bundes, 2015). Gerade in der Gastronomie, wo auch Genussmittel ausgeschenkt und verzehrt werden, sind Fälle von sexueller Belästigung am Arbeitsplatz keine Seltenheit. Viele Arbeitnehmer/-innen wissen sich nach solch einer Tat nicht zu helfen. Sie versuchen das Geschehene zu ignorieren oder fühlen sich durch sich selbst oder durch Dritte unter Druck gesetzt. Häufig sehen die Opfer die Ausschöpfung der rechtlichen Mittel in Form einer Anzeige als nicht ausreichend an, um aus der Situation zu entfliehen. Erschwerend kommt hinzu, dass die Opfer häufig von anderen nicht ausreichend ernst genommen werden. Diese Situationen können, bleiben sie durch die Arbeitgeber/-innen unbeachtet, schlimme und ebenso langanhaltende Folgen für die Arbeitnehmer/-innen nach sich ziehen (Antidiskriminierungsstelle des Bundes, 2019). Nicht selten sind diese Auswirkungen durch das Abhängigkeitsverhältnis zwischen den beteiligen Parteien begründet (Pfeffer & Salancik, 1978). In dieser Fallstudie geht es um eine junge Dame, welche an ihrem Arbeitsplatz von einem Stammkunden sexuell belästigt wurde und durch ihre Vorgesetzten keine ausreichende Hilfe erfahren hat.

16.2 Fallstudie: "Ein kühles Blondes"

An einem ganz gewöhnlichen Wochenendabend beginnt Anna ihre Schicht in einem kleinen städtischen Pub. Plötzlich kommt es zu der Situation, dass ein bekannter Stammgast ihr auf den Hintern haut. Empört geht sie zu ihrer Chefin und erläutert ihr das Geschehen, diese hält es jedoch nicht für nötig, etwas zu unternehmen und ihrer Angestellten die nötige Hilfe im Umgang mit der Situation zukommen zu lassen.

Anna arbeitet seit einem Jahr in dem kleinen Pub in der Innenstadt, in welchem lediglich Getränke serviert werden. Neben ihrem Studium möchte sie sich in der Gastronomie etwas Geld dazuverdienen. Anna ist hier geringfügig beschäftigt auf Basis eines 450-Euro-Vertrags und arbeitet im Pub ausschließlich an den Wochenenden. Ih-

https://doi.org/10.1515/9783110697308-016

re Aufgaben im Pub sind es, die Kund(innen)en mit einem freundlichen Lächeln zu begrüßen und die Bestellungen aufzunehmen. Zusätzlich muss sie die Getränke selber zapfen bzw. zubereiten und diese anschließend an den Tisch der Gäste servieren. Eine weitere Tätigkeit von Anna ist es auch, die Gäste abzukassieren und die Tische anschließend wieder zu säubern. In der Unternehmenspolitik des Pubs ist es geregelt, dass jede Kellnerin und jeder Kellner sein Trinkgeld selbst behalten darf. Deshalb sind die Mitarbeiter/-innen im Pub sehr bestrebt, ihre Arbeit den Kund(innen)en gegenüber freundlich und zuvorkommend zu verrichten, um hierdurch einen kleinen Zuschuss zu ihrem Gehalt zu erlangen. Die Bar wurde 2016 von der neuen Inhaberin Frau Humm renoviert und neu eröffnet. Sie liegt sehr zentral in einer kleinen Stadt, wodurch sie leicht von vielen Passant(innen)en zu Fuß zu erreichen ist. Ferner passen ca. 100 Personen in den Gastraum der Kneipe. Zum Team gehören zwei männliche Festangestellte und drei weibliche Aushilfen. Der Pub hat viele Stammkund(innen)en, welche in der Lokalität gerade an den Wochenenden anzutreffen sind.

An einem Samstagabend bedient Anna die Gäste höflich und mit einem freundlichen Lächeln. Des Öfteren bekommt die blonde Bedienung in dem Pub kleine Aufmerksamkeiten oder Komplimente von den Gästen. Ein sehr bekannter Kunde, welcher jedes Wochenende das Lokal aufsucht, hatte sich schon an Annas erstem Arbeitstag bei ihr vorgestellt. Seitdem macht er der jungen Blondine ständig Komplimente und zeigt viel Interesse an der Bedienung: „Wow, deine Augen sind so blau wie der Ozean." Anna bleibt professionell, bedankt sich höflich, zeigt jedoch weiterhin kein Interesse an dem älteren Herrn. Annas Kleidungsstil ist zudem bedeckt und keineswegs aufreizend, meist trägt sie eine schwarze Hose und ein zu weites Shirt, bedruckt mit der Werbung einer bekannten Biersorte. Zu späterer Stunde bestellt der bekannte Stammkunde auch an diesem Abend bei der Aushilfe ein Bier für sich und seine Freunde. Als sie die Bestellung aufnimmt, sagt er lachend: „Ein kühles Blondes für mich und meine Freunde!". Anna nimmt die Bestellung auf, dreht sich um, um hinter der Theke die Biere zu zapfen. In dem Moment holt der Stammgast aus und gibt ihr einen Klaps auf den Hintern. Anna erschreckt sich und sagt nichts. Die Begleiter des Mannes finden es amüsant, wie der Gast mit der Bedienung umgeht und lachen laut auf. Die Angestellte weiß nicht, wie sie reagieren soll. Zurückschlagen ist für sie aber keine Option. Unter Schock und erniedrigt geht sie direkt zu ihrer Chefin Frau Humm und berichtet ihr von dem Vorfall. Die Chefin zeigt jedoch kein Verständnis für Anna und sagt nur, es sei ein Stammkunde und sie solle ihm einfach aus dem Weg gehen. Die Inhaberin zapft das Bier und serviert es der Männergruppe, ohne sich weiter über das Geschehene zu äußern. Anschließend sagt sie zu Anna erneut, dass sie dem Gast einfach aus dem Weg gehen solle und dass die Kollegin nun die Bedienung des Tisches übernimmt. Sie schildert auch ihrer Kollegin den Vorfall, diese meint nur "Ist der so betrunken?" und schüttelt den Kopf. Anna weiß jedoch nicht, ob sich der Stammgast so etwas schon mal erlaubt hat. Sie macht sich, durch die Vorkommnisse sehr bedrückt, weiter an die Arbeit und ist wütend, dass ihre Chefin nichts gegen den aufdringlichen Gast unternimmt.

An den weiteren Wochenenden, an denen Anna arbeitet, ist ihr die Anwesenheit des älteren Mannes, welcher weiterhin den Pub besucht, sehr unangenehm. Sie versucht, ihm weitestgehend aus dem Weg zu gehen, um so seinen Bestellungen auszuweichen. Sobald sie sieht, dass sich sein oder das Glas seiner Freunde leert, geht sie in eine andere Richtung. Die Angestellte fühlt sich deutlich unwohl auf der Arbeit. Der ältere Stammgast sieht sich nicht in der Verantwortung sich zu entschuldigen und lässt sich auch nicht anmerken, dass sein Verhalten unangemessen war. Auch die Chefin Frau Humm hat keine weiteren Maßnahmen getroffen, um die Situation in Ausgleich zu bringen. Auch als Anna sie noch einmal darauf anspricht und ihr schildert, wie unangenehm sie sich in dem Moment fühlte, gab Frau Humm ihrer Angestellten keine weitere Hilfe. Sie solle die Sache bei sich bewenden lassen. Auch wenn der ältere Herr sich in den folgenden Wochen nichts mehr zu Schulden hat kommen lassen, so fühlt sich Anna von seiner Gegenwart angreifbar. Keiner will Anna helfen und alle schauen nur zu, wie sich die junge Dame unsicher und unwohl durch ihre Arbeitsschichten quält.

Fragen zur Fallstudie:

1. Warum hat die Führungskraft Frau Humm nichts unternommen?
2. Was kann Anna tun, um sich in dem Pub besser zu fühlen?

16.3 Analyse

In diesem Kapitel soll die vorangegangene Fallstudie anhand von gesetzlichen Bestimmungen und der Ressourcenabhängigkeitstheorie genauer betrachtet werden.

Gesetzliche Lage

Laut einer Statistik aus dem Jahre 2004 haben insgesamt 58,2 % aller befragten Frauen Situationen von sexueller Belästigung erlebt. Auch am Arbeitsplatz bzw. in der Ausbildung haben 22 % der Befragten sexuelle Belästigung mindestens einmal erleben müssen. Die Täter/-innen waren hierbei überwiegend männlich (Antidiskriminierungsstelle des Bundes, 2015). Gerade an Arbeitsplätzen, an welchen es keiner beruflichen Qualifikation bedarf, oder bei Beschäftigten, welche erst seit kurzer Zeit in dem Betrieb tätig sind, sind Fälle von sexueller Belästigung vermehrt zu finden (Bundesministerium für Familie, Senioren, Frauen und Jugend [BMFSFJ], 2020). Tatsächlich ist in den meisten dieser Fälle ein großes Machtgefälle zwischen den Opfern und den belästigenden Personen zu erkennen. Es ist des Weiteren zu sehen, dass die vorhandenen Abhängigkeitsverhältnisse zwischen den Beteiligten häufig durch die Täter/-innen ausgenutzt werden (BMFSFJ, 2020).

Sexuelle Belästigung am Arbeitsplatz findet sich in allen Bereichen der Wirtschaft. Grundsätzlich ist eine Belästigung immer ein heikles Thema. Jeder Mensch empfindet anders und es herrschen unterschiedliche Wahrnehmungen in Bezug auf dieses Thema. Sexuelle Belästigung stellt jedoch einen Straftatbestand dar und wird häufig als ein Mittel der Machtausübung genutzt. Der Tatbestand der sexuellen Belästigung kann hierbei als das Verhalten einer Person gegenüber einer anderen gesehen werden, durch welche sich das Opfer einer sexuell bestimmten Verhaltensweise gegenüber sieht, welche sie als unerwünscht erachtet bzw. welche sie in ihrer Würde verletzt. Die Rechtslage unterscheidet hierbei dem Grunde nach drei Arten von Belästigungen laut Arbeitsschutzgesetz (ArbSchG).

1. Körperlich: Darunter fallen unerwünschte, auch rein zufällige Berührungen, etwa tätscheln, küssen, umarmen, kneifen. Es spielt keine Rolle, ob es rein zufällig oder absichtlich war.
2. Verbal: Hierzu zählen persönliche bzw. zweideutige Kommentare, anzügliche Witze, Bemerkungen über Figur oder Aussehen, Einladungen mit eindeutigem Charakter, Aufforderung zu intimen Handlungen und entsprechende Fragen.
3. Nonverbal: Ungewollte Konfrontation mit Bildern, anzügliche Blicke, hinterherpfeifen sowie unerwünschte Annäherungsversuche durch E-Mail, Social Media oder SMS (ArbSchG).

Auch das Allgemeine Gleichbehandlungsgesetz (AGG) verbietet jede Form der sexuellen Belästigung am Arbeitsplatz und verpflichtet die Arbeitgeber/-innen, vorzubeugen und einzugreifen, wenn derartige Verhaltensweisen auftreten. Zum Begriff der sexuellen Belästigung ist § 3 Abs. 4 AGG zu beachten:

„Eine sexuelle Belästigung ist eine Benachteiligung [...], wenn ein unerwünschtes, sexuell bestimmtes Verhalten, wozu auch unerwünschte sexuelle Handlungen und Aufforderungen zu diesen, sexuell bestimmte körperliche Berührungen, Bemerkungen sexuellen Inhalts sowie unerwünschtes Zeigen und sichtbares Anbringen von pornografischen Darstellungen gehören, bezweckt oder bewirkt, dass die Würde der betreffenden Person verletzt wird, insbesondere wenn ein von Einschüchterungen, Anfeindungen, Erniedrigungen, Entwürdigungen oder Beleidigungen gekennzeichnetes Umfeld geschaffen wird" (§ 3 Abs. 4 AGG).

Die sexuelle Belästigung findet oft in der Öffentlichkeit statt und an Orten, an welchen man diese nicht direkt erwartet, wie z. B. dem Arbeitsplatz. Egal ob Arbeitskolleg(innen)en, Vorgesetzte oder auch Kund(innen)en, jede sexuelle Belästigung ist ein Straftatbestand und sollte nicht geduldet werden. Am häufigsten erleben Frauen sexuelle Belästigungen durch die eigenen Kollegen auf der gleichen Hierarchieebene. Am zweithäufigsten sind Belästigungen durch männliche Kunden zu sehen, gefolgt von Belästigungen durch Vorgesetzte auf höherer Hierarchieebene (Antidiskriminierungsstelle des Bundes, 2015). Doch nicht nur Frauen werden belästigt. Auch Männer können Opfer sexueller Belästigung sein. Im Endeffekt ist es egal, ob man intern von einem männlichen Kollegen bedrängt wird oder externe Bedrängung durch einen männlichen Kunden erfolgt. In der Situation, in welcher sich eine Person in ihrer Würde verletzt sieht, sind die Arbeitgeber/-innen dazu verpflichtet, aktiv der sexuellen Belästigung am Arbeitsplatz entgegen zu wirken und die Mitarbeiter/-innen zu schützen (AGG). Natürlich können sich Betroffene auch eigenständig rechtlich zur Wehr setzen, doch der Schutz am Arbeitsplatz ist mit dem AGG geregelt. Wer im Zusammenhang seines Beschäftigungsverhältnisses sexuell belästigt wird, hat das Recht, sich bei der zuständigen Stelle zu beschweren. Sollte die Führungskraft nicht eingreifen oder eine ungeeignete Maßnahme treffen, sind die Betroffenen berechtigt, ihre Tätigkeit ohne Verlust des Arbeitsentgelts einzustellen. Unter bestimmten Voraussetzungen ist sind die Arbeitgeber/-innen darüber hinaus zum Schadensersatz gegenüber dem Opfer verpflichtet (BMFSFJ, 2020).

Oft haben Betroffene lange mit der Situation zu kämpfen und die Folgen sind schwerwiegend. Besonders schlimm wird es für die Opfer, wenn eine sogenannte Schuldumkehr betrieben wird. Das bedeutet, die belästigte Person wird beschuldigt, etwas falsch verstanden zu haben oder gar den Vorfall zu ernst zu nehmen (Antidiskriminierungsstelle, 2019). Dies macht den Betroffenen doppelt zu schaffen, weil sie erstens mit der Situation der sexuellen Belästigung umgehen müssen und zweitens nicht ernst genommen werden und keine Hilfe bekommen. Gerade am Arbeitsplatz, wo die meiste Zeit des Tages verbracht wird, kann dies die Arbeitsleistung immens beeinträchtigen. Man unterscheidet zwischen kurz- und langfristigen Folgen. Beispiele hierfür können der Abfall der Arbeitsmotivation, Schuldgefühle bei den Betroffenen, Schlaflosigkeit oder gar ein Gefühl der Minderwertigkeit bei den Opfern sein. Das ist vor allem dann der Fall, wenn die betroffene Person nicht ernst genommen wird. Auch die Kündigung oder im schlimmsten Fall die Arbeitsunfähigkeit können die Folge sein (Antidiskriminierungsstelle des Bundes, 2019).

Ressourcenabhängigkeitstheorie

Anhand der Ressourcenabhängigkeitstheorie sind Unternehmensentscheidungen als Folgen der verschiedenen Machtverhältnisse zu sehen. Derjenige, der die Ressourcen besitzt, hat die Macht über die beteiligten Akteure. Kritische Ressourcen sind das, wovon die Organisation abhängig ist und welche die Existenz der Unternehmung bewahren. Der Zugang zu den kritischen Ressourcen sichert die wirtschaftlichen Interessen der Unternehmung. Hierbei ist zu sehen, dass die Akteure, welche die Hoheit über die kritischen Ressourcen besitzen, bei Entscheidungen stärker berücksichtigt werden als jene, die über die relevanten Ressourcen nicht verfügen. So werden weniger mächtige Akteure unter Druck gesetzt. Unsicherheiten unter den Beteiligten kann sich ferner dann breit machen, wenn die betroffenen Ressourcen zusätzlich knapp werden. Durch eine erhöhte Konzentration von Ressourcen an einer Stelle, bei gleichzeitiger

Knappheit, können Spannungen entstehen. Die Folgen dieser Spannungen sind bspw. mangelnde Kooperationen unter den beteiligten Akteuren sowie eine gesteigerte Unsicherheit (Pfeffer & Salancik, 1978).

In dem hier beschriebenen Fall sind die kritischen Ressourcen des Pubs die Gäste, die kommen, um dort ihre Getränke zu konsumieren und so zum wirtschaftlichen Erfolg der Unternehmung maßgeblich beitragen. Frau Humm ist davon abhängig, dass möglichst viele Kund(innen)en ihr Lokal aufsuchen und damit dessen Existenz sichern. Anna ist abhängig von Frau Humm, weil diese ihr den Lohn zahlt und ihr somit ein höheres Einkommen verschafft. Anna muss ferner die Entscheidungen von Frau Humm akzeptieren und ihnen Folge leisten. Frau Humm hat als Selbständige ein gesteigertes Interesse daran, viel Geld an den Gästen zu verdienen, um so ihren Gewinn zu maximieren (Pfeffer & Salancik, 1978). Es ist jedoch auch zu sehen, dass gerade Stammkund(innen)en eine Machtposition gegenüber Frau Humm besitzen. Stammkund(innen)en werden Frau Humm einen anhaltenden und kalkulierbaren Ertrag bringen. Diese Kalkulierbarkeit nimmt Frau Humm einen Teil der Unsicherheit, welche eine Selbständigkeit in der Gastronomie mit sich bringt. Der in dem Fall beschriebene Vorfall verdeutlicht die Machtposition des Gastes gegenüber der Gastronomin. Frau Humms Ressourcen sind die Kund(innen)en und diese knappe Ressource möchte sie nicht gefährden (Fröhlich, 2009). Hier kann der Grund für das unterlassene Einschreiten zu sehen sein. Frau Humm hat in dieser Situation ihr eigenes wirtschaftliches Wohlergehen über das persönliche Wohlergehen ihrer Angestellten gestellt. Die Gastronomin hatte Angst, ihren Kunden durch ein etwaiges Einschreiten zu verärgern und so die stetige Einnahmequelle durch diese Ressource zu verlieren.

Handlungsempfehlung

Anna sollte sich Hilfe suchen, um sich ihren Arbeitsalltag in ihrem Betrieb zu erleichtern. Aufgrund der Tatsache, dass ihre Chefin ihr keine Hilfe bietet, sollte sie sich zunächst an ihre Kolleg(innen)en wenden. In größeren Betrieben wäre der Betriebsrat oder eine Gewerkschaftsvereinigung ebenfalls eine mögliche Anlaufstelle. Betriebsunabhängig gibt es ferner die Möglichkeit, ein Hilfetelefon zu kontaktieren, um hier eine rechtliche Beratung oder weitere Hilfestellungen in Anspruch zu nehmen. Da es sich zusätzlich um eine Straftat handelt, ist des Weiteren auch die Polizei als mögliche Lösungsinstanz zu nennen. Laut Arbeitsschutzgesetz fallen unerwünschte wie auch rein zufällige körperliche Berührungen, hier ein Klaps auf den Hintern, zu einem Straftatbestand (Arbeitsschutzgesetz). Ein solcher kann mit einer Geldstrafe oder einer Gefängnisstrafe von bis zu zwei Jahren bestraft (§ 184i Abs. 1 StGB). Dennoch ist laut Arbeitsschutzgesetz Frau Humm dazu verpflichtet, Anna genau vor solchen sexuellen Belästigungen zu schützen (AGG). Sie hätte dem Stammgast ein Hausverbot erteilen oder gleich die Polizei rufen können. Die hier genannten Lösungen gelten nicht nur für Frau Humm und Anna, sondern für alle Arbeitgeber/-innen und alle Beschäftigten in Organisationen. Jeder, der eine sexuelle Belästigung am Arbeitsplatz erleben musste, sollte sich beschweren können und keine Angst mehr vor weiteren sexuellen Handlungen haben.

16.4 Fazit

Die hier beschriebene Situation verdeutlicht die Theorie der Ressourcenabhängigkeit praxisnah. Frau Humm sieht sich in einem Spannungsfeld, welches ihre Entscheidungen maßgeblich beeinflusst. Auf der einen Seite ist hier die knappe Ressource Stammgast zu sehen, welche für Frau Humm eine wichtige Größe für die Erreichung ihrer eigenen wirtschaftlichen Interessen darstellt. Auf der anderen Seite sieht sich Frau Humm ihrer Verantwortung der eigenen Belegschaft gegenübergestellt. Diese Verantwortung ist hier zwar durch das Gesetz geregelt, ihr wurde hier jedoch trotz dessen nicht nachgekommen. Hier ist zu sehen, dass die Verteilung der Ressourcen einen maßgeblichen Einfluss auf das Ergebnis haben. Frau Humm hätte sich möglicherweise anders entschieden, wäre sie nicht wirtschaftlich abhängig von dem Täter. Diese starke Abhängigkeit kann hierbei als eine wichtige Größe bei der Erklärung des Verhaltens der Gastronomin gesehen werden. Es ist des Weiteren zu sehen, dass Frau Humm hier als zuständige Personalmanagerin nicht ihren Aufgaben entsprechend gehandelt hat. So kam sie ihren Pflichten ihrer Belegschaft gegenüber nicht nach und stellte die eigenen wirtschaftlichen Interessen über das Wohlergehen ihrer Mitarbeiter/-innen. Es ist zu sagen, dass die Ressourcenabhängigkeitstheorie für den hier vorliegenden Fall zwar einen Erklärungsansatz bietet, sie jedoch trotzdem nicht als Ausrede für einen vernachlässigten Schutz der Belegschaft gelten kann.

Literatur

Antidiskriminierungsstelle des Bundes (2015). Sexuelle Belästigung am Arbeitsplatz. Verfügbar unter https://www.antidiskriminierungsstelle.de/DE/ThemenUndForschung/Geschlecht/sexuelle_Belaestigung/sexBelaestigung_node.html (letzter Aufruf: 06.05.2020).

Antidiskriminierungsstelle des Bundes (2019). *Was tun bei sexueller Belästigung am Arbeitsplatz? Leitfaden für Beschäftigte, Arbeitgeber und Betriebsräte* (5. Auflage). Berlin: MKL Druck.

Bundesministerium für Familie, Senioren, Frauen und Jugend (2020). Sexuelle Belästigung. Verfügbar unter https://www.bmfsfj.de/bmfsfj/themen/gleichstellung/frauen-vor-gewalt-schuetzen/sexuelle-belaestigung (letzter Aufruf: 06.05.2020).

Fröhlich, W. (2009). *Abhängigkeit reduzieren durch Kooperation?* Verfügbar unter https://sozialeskapital.at/index.php/sozialeskapital/article/view/157/258/ (letzter Aufruf: 06.05.2020).

Pfeffer, J. & Salancik, G. R. (1978). *The External Control of Organizations: A Resource Dependence Perspective*. Stanford: Stanford Business Books.

Stefanie Moser

17 Sexuelle Belästigung am Arbeitsplatz

17.1 Einleitung

Die vorliegende Arbeit beschäftigt sich mit der sexuellen Belästigung am Arbeitsplatz. Als Grundlage dieses Themas dient ein Vorfall aus der Praxis, der anschließend mithilfe geeigneter Studien, Gesetze, Literaturarbeiten und einer ausgewählten Theorie analysiert wird. Abschließend folgen eine kurze Zusammenfassung und ein Fazit. Die Auseinandersetzung mit diesem Fall ist wichtig, um Erkenntnisse zu ziehen und durch die Anwendung des gewonnenen Wissens auf ähnliche Situationen besser reagieren zu können. Zudem dient es als Hilfestellung für andere Betroffene. Im Hinblick auf das Personalmanagement ist das Thema deswegen von Relevanz, weil ein Unternehmen der Pflicht unterliegt, das Personal vor Verstöße gegen vorhandene Gesetze und Regeln zu schützen (Becker, Ebert, & Pastoors, 2018). Die sexuelle Belästigung am Arbeitsplatz stellt eine Verletzung der Pflichten dar, die aus dem Arbeitsvertrag hervorgehen (§ 7 Abs. 3 AGG). Aufgrund dessen muss das Unternehmen vorbereitet sein und angemessen handeln, um die Verantwortung gegenüber dem Personal nachzukommen und den Beschäftigten das Gefühl zu vermitteln, dass sie ein wichtiger Bestandteil sind. Ansonsten können sich negative Folgen für alle Beteiligten ergeben. Demzufolge ist die Kontrolle sowie Überwachung hinsichtlich der Durchführung und Einhaltung bestehender Regeln eine wichtige Aufgabe eines Unternehmens (§ 75 Abs. 1 BetrVG).

17.2 Fallbeschreibung

Die Elektronik GmbH ist mit 2.000 Filialen in 20 europäischen Ländern ein führender Experte im Bereich Elektronik. Als mittelständisches Unternehmen beschäftigt die Elektronik GmbH 12.000 Mitarbeiter/-innen.

Unter diesen befand sich die 18-jährige Auszubildende Maria Müller. Während ihrer dreijährigen kaufmännischen Ausbildung zur Kauffrau im Einzelhandel ereignete sich in ihrer Stammfiliale in Münster ein Vorfall mit einem Arbeitskollegen. Neben regelmäßigen Bemerkungen sexuellen Inhalts kam es schlussendlich zu einer sexuell motivierten Berührung. Die Maßnahmen, die zur Lösung dieses Problems beitragen sollten, stellten sich jedoch als Nachteil für die Auszubildende heraus. Die daraus resultierten Folgen waren mit erheblichem Stress und Druck für die Auszubildende verbunden.

https://doi.org/10.1515/9783110697308-017

Der ausgelernte Kaufmann im Einzelhandel Reiner Schmidt verfügte durch seine langjährige Betriebszugehörigkeit über viel Erfahrung. Während seiner Laufbahn bei der Elektronik GmbH erbrachte er durch sein hohes Engagement Leistungen, die über die Mindestanforderungen und Erwartungen des Unternehmens hinausgingen. Er erledigte seine Arbeit mit großem Fleiß und Interesse. Aus diesem Grund war er ein angesehener Arbeitnehmer im Unternehmen, der vor allem von Kund(innen)en und Arbeitskolleg(innen)en dieser Filiale geschätzt wurde. Durch Bemerkungen sexuellen Inhalts machte er jedoch immer häufiger auf sich aufmerksam. Das Interesse an Frau Müller blieb auch nicht bei ihren Kolleg(innen)en, die sich nicht dazu äußerten, unbemerkt. Ohne Erfolg bat sie ihn, die Bemerkungen zu unterlassen. In Anbetracht dieser Tatsachen zweifelte sie daran, ausreichend ernstgenommen zu werden, und entschied sich deshalb, weitere Vorkommnisse zu ignorieren. Zudem hatte sich die Auszubildende während ihres Aufenthalts einen guten Ruf bei den anderen Arbeitskolleg(innen)en aufgebaut und wollte diesen nicht gefährden. Sie wusste schließlich nicht, wie andere darauf reagieren würden. Diese Entscheidung stellte sich jedoch als ein schwerwiegender Fehler heraus. Auf die Unterlassungsaufforderung der unerwünschten Bemerkungen reagierte ihr Kollege nicht und ging stattdessen noch einen Schritt weiter.

An einem Nachmittag kurz vor Arbeitsende verließen alle Kolleg(innen)en bis auf Frau Müller und Herrn Schmidt frühzeitig die Filiale. Diese seltene Gelegenheit ergriff Herr Schmidt und es kam zu einer sexuell motivierten Berührung. Als Herr Schmidt nach einem mehrfachen und deutlichen „Nein" seitens der Auszubildenden merkte, dass keine Erwiderung eintreten würde, brach er unverzüglich ab. Die verängstigte Auszubildende begab sich auf den Heimweg und beschwerte sich telefonisch bei ihrem Ausbilder. Dieser informierte den Geschäftsführer. Frau Müller wurde für den nächsten Tag freigestellt und ihr Geschäftsführer ging der Sache nach. Als Herr Schmidt von ihm am darauffolgenden Tag mit der Anschuldigung konfrontiert wurde, gestand er ohne weiteres die Tat. Zur Lösung dieses Konflikts wurde auf Empfehlung des Geschäftsführers der Betriebsrat eingeschaltet. Des Weiteren wurden beide Parteien zu einem gemeinsamen Gespräch gebeten. Die Angst war der jungen Frau anzusehen, als sie und Herr Schmidt im selben Raum aufeinandertrafen. Zur Einschätzung der gesamten Situation wurden ihnen Fragen zum Tathergang gestellt. Die Auszubildende wurde ebenso gefragt, ob sie sich die Zusammenarbeit mit dem Arbeitskollegen weiterhin vorstellen könne. Diese Frage wurde von ihr verneint. Nach einer anschließenden Beratung kamen der Geschäftsführer und der Betriebsrat zu einer übereinstimmenden Entscheidung. Frau Müller sollte aufgrund der Unzumutbarkeit versetzt werden. Die Auszubildende besaß aus finanziellen Gründen kein eigenes Auto, sodass das Unternehmen ihr noch am gleichen Tag einen Mietwagen zur Verfügung stellte. Diesen erhielt sie für drei Monate, damit sie ihre Ausbildung in der der neuen Stammfiliale fortführen konnte. Aufgrund der großen Entfernung zwischen dem aktuellen Wohnort und dem neuen Arbeitsplatz wurde sie gebeten, sich während der Überlassungsdauer des Fahrzeugs um eine naheliegende Wohnung zu kümmern.

Herr Schmidt verblieb mit einer schriftlichen Abmahnung in seiner bisherigen Filiale. Um andere Konflikte zu vermeiden, nahm sie die Entscheidung hin, fühlte sich jedoch ungerechtfertigt behandelt. Sie verstand nicht, warum sie Konsequenzen daraus ziehen musste, obwohl sie das Opfer war. Frau Müller musste ihre gesamte vertraute Umgebung wechseln und entschied sich, trotz angebotener Übernahme, nach erfolgreichem Abschluss ihrer Ausbildung das Unternehmen zu verlassen. Sie führte ihre Arbeit bei einem Wettbewerber fort. Das Unternehmen verlor somit eine Arbeitnehmerin an die Konkurrenz.

Fragen zur Fallstudie:

1. Warum fühlte sich die Auszubildende ungerechtfertigt behandelt?
2. Beurteilen Sie die Entscheidung der Geschäftsführung und des Betriebsrats. Haben sie zur Lösung dieses Problems richtig gehandelt? Wie lässt sich diese Entscheidung begründen?
3. Welche Folgen ergaben sich aus dieser Entscheidung?

17.3 Analyse

Eine Analyse des Falles anhand bestehender Gesetze und verschiedener Literatur geben Empfehlungen darüber, was bei dem Eintreten einer sexuellen Belästigung am Arbeitsplatz zu beachten ist und ob die Handlung des Unternehmens in dieser Hinsicht der Richtigkeit entsprochen hat. Zur Herausstellung der Beweggründe des Unternehmens in Bezug auf die getroffenen Entscheidungen wird anschließend die Ressourcenabhängigkeitstheorie herangezogen. Die Beschäftigung mit diesem Thema ist für Unternehmen von großer Bedeutung. Das Bundesministerium für Familie, Senioren, Frauen und Jugend führte mithilfe eines Fragebogens eine Befragung mit 5.347 Frauen durch, die von sexueller Belästigung betroffen waren. Es stellte sich heraus, dass es sich bei Tätern mit rund 42 % um Personen aus der Arbeit, Ausbildung und Schule handelte (Müller & Schöttle, 2004). Außerdem gaben 1.024 der befragten Frauen an, dass die sexuelle Belästigung am meisten von den Kollegen des Unternehmens ausging (Müller & Schöttle, 2004).

Zunächst stellt sich jedoch die Frage, was unter dem Begriff „sexuelle Belästigung am Arbeitsplatz" zu verstehen ist und ob sich in der Fallstudie um eine handelte.

Bedeutung der sexuellen Belästigung am Arbeitsplatz

Nach dem Allgemeinen Gleichbehandlungsgesetz (AGG) stellt die sexuelle Belästigung der Beschäftigten eine Benachteiligung aufgrund des Geschlechts dar (§ 1 AGG).

Diese liegt dann vor, „wenn ein unerwünschtes, sexuell bestimmtes Verhalten, wozu auch [...] körperliche Berührungen, Bemerkungen [...] gehören, [...] bezweckt
oder bewirkt, dass die Würde der betreffenden Person verletzt wird, insbesondere
wenn ein durch Einschüchterungen, Entwürdigungen [...] gekennzeichnetes Umfeld
geschaffen wird" (§ 3 Abs. 4 AGG). Die Ablehnung demgegenüber muss somit erkennbar sein und kann verbal, aber ebenfalls nonverbal vorgenommen werden, wie z. B.
durch die Aufforderung zur Unterlassung (Boemke & Danko, 2007). Das Ignorieren
fällt demnach nicht in diesen Rahmen.

Rechte und Pflichten der Beschäftigten und des Unternehmens

Das AGG findet Anwendung auf die Beschäftigten eines Unternehmens und unter bestimmten Bedingungen auch auf die Selbständigen sowie Organmitglieder. Neben den
Auszubildenden fallen ebenso die Arbeitnehmer/-innen, arbeitnehmerähnliche Personen, Heimarbeiter/-innen und die ihnen Gleichgestellten, Bewerber/-innen sowie
bereits gekündigte Personen unter die Beschäftigten. Bei den Selbstständigen und Or-
ganmitgliedern muss es sich allerdings um den Zugang zur Erwerbstätigkeit oder den
Aufstieg im Beruf handeln (§ 6 Abs. 1 und 3 AGG).

Das Recht auf Beschwerde bei den Verantwortlichen des Betriebes, Unternehmens
bzw. der Dienstelle kann von den Beschäftigten in Anspruch genommen werden, sofern sie von einer sexuellen Belästigung am Arbeitsplatz betroffen sind (§ 13 Abs. 1
AGG). Neben den Vorgesetzten und dem Betriebsrat besteht die Möglichkeit, sich auch
an die Gleichstellungsbeauftragte, den Personalrat oder die eigenständigen betrieblichen Beschwerdestellen zu wenden (Boemke & Danko, 2007). Anschließend muss die
Beschwerde auf ihren Inhalt geprüft werden (§ 13 Abs. 1 AGG). Die Einbeziehung mehrerer Stellen ist erlaubt (Boemke & Danko, 2007).

Ein Verstoß gegen das AGG setzt Maßnahmen voraus, die zur Unterbindung der
Benachteiligungen dienen sollen und in Einbeziehung der Arbeitnehmerinteressen
getroffen werden müssen. Sie können eine Abmahnung, Umsetzung, Versetzung oder
Kündigung zur Folge haben (§ 12 Abs. 3 AGG). Diese kann sich an den Beschuldigten
aber auch an die Beschuldiger/-innen richten, soweit eine Unzumutbarkeit den Anlass
dafür gibt (Boemke & Danko, 2007).

Ressourcenabhängigkeitstheorie

Die Entscheidung des Unternehmens lässt sich u. a. mithilfe der Ressourcenabhängigkeitstheorie erklären. Diese sagt aus, dass die Abhängigkeit einer Organisation gegenüber ihrer Umwelt auf die Knappheit bestimmter Ressourcen zurückzuführen ist, die
einen wichtigen Bestandteil für die Sicherung ihrer Existenz darstellen. Aus diesem

Grund üben die Verfügung und Kontrolle dieser Ressourcen Macht über die Organisation aus, die diese benötigt und den Mangel durch die Beschaffung auszugleichen versucht (Alt, 2005).

Anwendung auf den Fall

In Bezug auf die Ressourcenabhängigkeitstheorie ist das Unternehmen abhängig von dem Arbeitnehmer Herrn Schmidt. Er zeichnet sich durch seinen guten Ruf und seine Kompetenzen aus, von denen sie gegenwärtig und zukünftig profitieren können. Dies hängt insbesondere mit dem Alter und der Betriebszugehörigkeitsdauer zusammen. Aus der Perspektive des Unternehmens setzt Erfolg demnach die Erhaltung dieses Beschäftigten und dementsprechend die Vermeidung seines Verlustes voraus. Die Entscheidung wurde somit durch die Gegenüberstellung der Beschäftigten hinsichtlich ihrer Stärken und Schwächen beeinflusst, um dadurch den maximalen Nutzen zu erhalten. In dieser Hinsicht ist zu diesem Zeitpunkt die Bewertung der Auszubildenden geringer bzw. negativer ausgefallen, als die des beschuldigten Arbeitnehmers. Dementsprechend ist in Erfahrung zu bringen, was gegen die Abhängigkeit unternommen werden kann, um den Beeinflussungen in Zukunft entgegenzuwirken.

Handlungsempfehlung

Die Ressourcenabhängigkeitstheorie empfiehlt den Organisationen eine permanente Beobachtung ihrer Umwelt, um Gefahren im Vorfeld zu erkennen und zu vermeiden. Darüber hinaus sollten sie sich mit einer ausreichenden Menge an notwendigen Ressourcen ausstatten, die in der Gegenwart und in der Zukunft einen Mangel aufweisen (Preisendörfer, 2005). Insofern ist dem Unternehmen hier zu raten, nicht ausschließlich den Fokus auf einzelne, sondern alle Beschäftigte zu richten.

Fort- und Weiterbildungen können z. B. den Bedarf an Beschäftigten sichern und erhöhen, die ein Defizit in diesem Unternehmen darstellen (Meueler, 2002). Sie können ihre Motivation und damit ebenfalls die Produktivität steigern (Janssen & Leber, 2015). Die Aufrechterhaltung des Bestands gewinnt vor allem auch an Bedeutung, weil der Mangel an gut qualifiziertem Personal in Europa durch demografische Veränderungen steigt (Lietzmann & Mayerl, 2015). Als Lösung kommt deshalb die betriebliche Ausbildung in Betracht. Auszubildende können auf die Anforderungen des Unternehmens vorbereitet werden und sind daher in der Lage, ebenfalls einen wesentlichen Beitrag zum Erfolg zu leisten (Lietzmann & Mayerl, 2015). Dementsprechend ist die Sicherung der Auszubildenden genauso wichtig, wie die der schon länger im Unternehmen zugehörigen Arbeitnehmer/-innen.

17.4 Zusammenfassung und Fazit

Zusammenfassend lässt sich feststellen, dass die empfundene Ungerechtigkeit der Auszubildenden im Zusammenhang mit der Entscheidung des Unternehmens steht. Aus der Analyse ging hervor, dass das Unternehmen gemäß der Gesetze richtig gehandelt hat, seine Entscheidung jedoch aus rein wirtschaftlichen Gründen getroffen wurde, wie die Anwendung der Ressourcenabhängigkeitstheorie auf den Fall zum Ausdruck brachte. Sie zeigt die Absichten bzw. Gründe des Unternehmens auf, die sie damit verfolgen, garantiert allerdings nicht ihre Wirksamkeit und betrachtet auch nicht weitere Probleme, die sich daraus ergeben können, wie z. B. die Abwanderung der Auszubildenden zur Konkurrenz. Demgegenüber kann eine Fehlentscheidung dazu führen, dass die sexuelle Belästigung am Arbeitsplatz zu- statt abnimmt. Durch die Herabminderung der Tat bringt das Unternehmen dem Personal zum Ausdruck, dass bei Vergehen dieser Art nur mit minimalen Sanktionen zu rechnen ist. Die Belästigenden lernen nicht daraus, sondern werden auch noch in ihrer höheren Position gestärkt. Hingegen fühlen sich Betroffene nicht vollwertig behandelt, sodass u. a. auch die Loyalität dem Unternehmen gegenüber abnehmen kann. Das Unternehmen sollte deshalb die eigene Strategie überdenken. Andererseits ist bei Auszubildenden jungen Alters mit Angst zu rechnen, weil sie einen guten Eindruck machen und ihre Ausbildung nur ungern gefährden wollen. Dies hätte das Unternehmen bei der Entscheidungsfindung berücksichtigen und die Hinnahme hinterfragen sollen. Dem Personal muss deutlich gemacht werden, dass ihre Meinungen einen Nutzen bringen und sie diese äußern dürfen, ohne negative Konsequenzen befürchten zu müssen.

Literatur

Alt, R. (2005). Mikropolitik. In Weik, E. & Lang, R. (Hrsg.), *Moderne Organisationstheorien 1: Handlungsorientierte Ansätze* (2. Auflage, S. 295–328). Wiesbaden: Gabler.
Becker, J. H. (2018). Umgang mit Mobbing, sexueller Belästigung und Stalking. In Becker, J. H., Ebert, H. & Pastoors, S. (Hrsg.), *Praxishandbuch berufliche Schlüsselkompetenzen: 50 Handlungskompetenzen für Ausbildung, Studium und Beruf* (S. 193–200). Berlin: Springer-Verlag.
Boemke, B. & Danko, F.-L. (2007). *AGG im Arbeitsrecht*. Berlin: Springer.
Janssen, S. & Leber, U. (2015). *Weiterbildung in Deutschland: Engagement der Betriebe steigt weiter* (IAB-Kurzbericht Nr. 13). Nürnberg: Institut für Arbeitmarkt- und Berufsforschung (IAB) der Bundesagentur für Arbeit.
Lietzmann, A. & Mayerl, M. (2015). *Betriebliche Ausbildung: Jetzt aktiv werden*. Berlin: k.o.s GmbH.
Meueler, E. (2002). Fortbildung und Subjektentwicklung. In Nuissl, E., Schiersmann, Ch. & Siebert, H. (Hrsg.), *Literatur- und Forschungsreport Weiterbildung* (S. 59–68). Bielefeld: Bertelsmann.
Müller, U. & Schöttle, M. (2004). *Lebenssituation, Sicherheit und Gesundheit von Frauen in Deutschland: Eine repräsentative Untersuchung zu Gewalt gegen Frauen in Deutschland*. Berlin: Bundesministerium für Familie, Senioren, Frauen und Jugend.
Preisendörfer, P. (2005). *Organisationssoziologie: Grundlagen, Theorien und Problemstellungen*. Wiesbaden: VS Verlag für Sozialwissenschaften.

Isabelle Wild

18 Wieso führt ein Zuzwinkern zur Abmahnung?

18.1 Einleitung

Die Angst vor sexueller Belästigung am Arbeitsplatz ist nicht unüblich. Und das nicht ohne Grund. Laut einer Studie müssen sich etwa 50 % der Frauen schlüpfrige Kommentare am Arbeitsplatz gefallen lassen, etwa 10 % wurden zum Geschlechtsverkehr aufgefordert und bei 5 % der Frauen wurde sogar angedroht, Nachteile im Beruf zu bekommen, falls diese nicht gefügig sind (Kaufmann, 2013). Doch wo fängt sexuelle Belästigung an und wo hört sie auf? Was kann man tun, wenn man Opfer von sexueller Belästigung wird? Was kann man machen, wenn man zu Unrecht wegen sexueller Belästigung beschuldigt worden ist? Der nachfolgende Analyseteil beschäftigt sich eingehend mit diesen Fragen. Und auch mit der Frage, was sexuelle Belästigung am Arbeitsplatz für Konsequenzen hat – in diesem Falle eine schriftliche Abmahnung.

Eine Abmahnung ist die Vorstufe einer Kündigung und somit ein Rückschlag in der Karriere. Nur 46 % der Befragten haben keine Angst vor Karriere-Rückschlägen (Statista, 2011). Dies bedeutet, dass die anderen um jeden Preis eine Abmahnung verhindern wollen. Doch eine Abmahnung zu bekommen wegen eines Zuzwinkerns, daran denkt niemand im ersten Augenblick. Genau diese Situation wird in der folgenden Fallstudie erläutert. In der darauffolgenden Analyse dieser Fallstudie wird darauf eingegangen, wie es dazu gekommen ist und wieso die Bestrafung dieser Geste eine schriftliche Abmahnung war.

18.2 Fallstudie: Abmahnung durch Zuzwinkern

Thomas arbeitet als Chemiemeister in einem pharmazeutischen Unternehmen mit 600 Arbeitskräften. Das Geschlechterverhältnis ist auch in den höheren Positionen ausgeglichen. Durch seinen Meistertitel besitzt er eine höhere Stellung und großes Ansehen im Unternehmen und in dieser Position. Er kümmert sich als Manager um die chemischen Betriebs- und Produktionsabläufe. Doch nach diesem Tag verändert sich einiges und Thomas, der zuvor gerne dort gearbeitet hat, fühlt sich nun sichtlich unwohl. Thomas muss jetzt alles tun, um nicht wieder negativ aufzufallen, um damit nicht noch eine weitere Abmahnung zu erhalten und womöglich noch seinen Job zu verlieren. Doch wie ist es so weit gekommen?

Ein Arbeitstag wie jeder andere auch, so scheint es zumindest. Doch es sollte sich nicht um einen normalen Arbeitstag für Thomas handeln. Der Morgen verlief gut, es war ruhig und ohne negative Vorkommnisse, was nicht oft vorkam. Alles lief nach Plan.

https://doi.org/10.1515/9783110697308-018

Es war Zeit für die Mittagspause und Thomas konnte pünktlich in die Kantine, um sein Mittagessen zu sich zu nehmen. Als er sein Tablett in der Hand hielt und er nach einem schönen Sitzplatz Ausschau hielt, bemerkte er ein paar Arbeitskolleg(innen)en. Er zwinkerte ihnen gut gelaunt zu, bevor er an ihnen vorbeiging, sich an einen freien Platz hinsetzte und sich seinem Mittagessen widmete. Auch nach seiner Pause verlief der Tag zunächst etwas ruhiger als normal.

Kurz vor Feierabend wurde Thomas zur Firmenleitung gerufen. Sein Vorgesetzter, in dem Falle sein Personalleiter, erklärte ihm, dass sich eine Arbeitskollegin über ihn beschwert hatte und er somit Konsequenzen ziehen muss.

Thomas wusste gar nicht, um was es eigentlich geht. Daraufhin erklärte ihm sein Personalchef, dass sich diese Kollegin von ihm sexuell belästigt gefühlt hatte und er ein solches Verhalten in seinem Betrieb nicht duldet. Bei dieser Kollegin handelte es sich um Frau Weiß, diese Kollegin kannte er nicht. Thomas verstand immer noch nicht, was er falsch gemacht hatte und fragte jetzt mal genauer nach, um was es eigentlich geht. Daraufhin erläutert sein Personalchef die Situation in der Kantine, als Thomas seinen Kolleg(innen)en zugezwinkert hatte und die Kollegin Frau Weiß sich durch dieses Zuzwinkern sexuell belästigt gefühlt hatte. Als Konsequenz müsse er Thomas jetzt abmahnen und darauf hinweisen, ein solches Verhalten zu unterlassen. Thomas war verwundert, dass ein Zuzwinkern so etwas auslösen konnte. Dieses galt weder einer bestimmten Person noch war ihm bewusst, dass es andere als sexuelle Belästigung auffassen könnten. Thomas erläutert daraufhin die Situation aus seiner Sicht. Sein Vorgesetzter wies ihn daraufhin, dass er als Meister auch eine Vorbildfunktion habe und so etwas nicht zulassen durfte. Außerdem sei die harte Bestrafung damit zu rechtfertigen, dass sich weiterhin die Mitarbeiter/-innen ernstgenommen und wohl im Unternehmen fühlen sollen. Und diese sollen wissen, dass sie mit Anliegen, wie Belästigungen oder Mobbing, immer zur Firmenleitung gehen können und nicht tatenlos zugesehen wird.

Ihm wurde bewusst, dass, egal was er sagen würde, er könnte seinen Personalleiter nicht überzeugen. Somit musste er es hinnehmen. Das Gespräch endete.

Thomas ging also mit einer Abmahnung nach Hause. Er verstand immer noch nicht genau, was eigentlich an diesem Tag passiert war. Eine Abmahnung – wegen Zuzwinkern. Ein paar Tage später erreichte ihn die schriftliche Abmahnung per Post.

Ab diesem Tag musste er genau auf sein Verhalten gegenüber seinen Arbeitskolleg(innen)en achten, damit ihm so etwas nicht wieder passiert, um nicht seinen Job zu gefährden. Thomas wollte keine Juristen zu Rate ziehen, da dies nur unnötige Kosten verursacht und er auch seinen Ruf nicht weiter gefährden möchte.

Fragen zur Fallstudie:

1. Zählt eine Geste schon als Belästigung?
2. Wieso ist es direkt zu einer Abmahnung gekommen? Kann man etwas dagegen machen? Wenn ja, was?

3. Welche Konsequenzen gibt es für das Opfer, den Arbeitgeber und den Beschuldigten?
4. Was sollte in Zukunft geändert werden?

18.3 Analyse

Im Rahmen der Analyse wird versucht, die bereits oben genannten Fragen aufgrund von der aktuellen deutschen Gesetzeslage und Theorien aus den Bereichen Personalmanagement und Organisation zu erklären. Dadurch soll deutlich werden, wieso dieses Fallbeispiel genau so abgelaufen ist. Außerdem soll die Analyse zeigen, wie man diese Situation hätte verhindern können und welche Möglichkeiten es gibt, sich dagegen zu wehren.

Erklärungsansatz aufgrund der deutschen Gesetzeslage

Zuallererst stellt sich die Frage, ob ein Zuzwinkern schon als sexuelle Belästigung gesehen werden kann. Es gibt drei unterschiedliche Belästigungsformen. Zunächst die körperliche, darunter fallen Berührungen, aber auch das Nichteinhalten von körperlicher Distanz. Als nächstes Belästigungsform gibt es die verbale Form. Zu dieser zählen nicht angebrachte Sprüche, z. B. anzügliche Witze. Die letzte Form ist die non-verbale. Non-verbale Belästigungen sind z. B. Nachrichten mit anzüglichem Inhalt, aber auch Gesten oder das klassische Hinterherpfeifen. Somit ist dies einfach zu beantworten. Ja, ein Zuzwinkern ist bereits eine Belästigung und zählt zur non-verbalen Belästigung (ArbSchG, o. J.).

Aus der Sicht des Opfers ist es sexuelle Belästigung und diese Geste ist auch so eingeordnet. Das Opfer hat ein Beschwerderecht, dieses ist im Allgemeinen Gleichbehandlungsgesetz (AGG) festgehalten. Aber nicht nur, wenn das Opfer zu der Firmenleitung gegangen ist und diese nichts unternimmt, hat das Opfer ein Leistungsverweigerungsrecht. Dieses besagt, dass man nicht zur Arbeitsstelle erscheinen muss, wenn die Firmenleitung auf eine gerechtfertigte Beschwerde nicht gehandelt hat. Trotz dessen, dass das Opfer nicht erscheinen muss, muss das normale Gehalt weitergezahlt werden. Außerdem hat das Opfer ein Anspruch auf Schadensersatz oder sogar Schmerzensgeld – besonders dann, wenn der Fall vor Gericht kommt und die Firmenleitung des Opfers von sexueller Belästigung nicht nachweisen kann, auf eine Beschwerde gehandelt zu haben. In diesem Falle kann es passieren, dass beschlossen wird, dass die Firmenleitung an das Opfer Geld zahlen muss.

Diese Umstände führen dazu, dass die Firmenleitung auf eine Beschwerde handelt. Nach dem Arbeitsschutzgesetz ist der Arbeitgebende dazu verpflichtet, Gefahren zu bekämpfen. Diese Gefahren gefährden die psychische oder physische Gesundheit von Arbeitnehmenden (§ 4 ArbSchG). Darunter fällt auch die Belästigung durch einen Arbeitnehmenden an einem anderen Arbeitnehmenden.

Was kann man als Beschuldigter tun? Was ist, wenn jemand zu Unrecht beschuldigt worden oder die Situation missverstanden worden ist? Was man tun kann, hängt auch von den Maßnahmen ab, die das Opfer eingeleitet hat. Es gibt nicht nur die Möglichkeit, dies der Betriebsleitung zu melden, sondern auch eine Strafanzeige zu erstatten. Falls es zu einer Anzeige gekommen ist, ist es unumgänglich, vor Gericht zu ziehen und dieses gerichtlich zu klären, wenn ein Beschuldigter Gegenmaßnahmen ergreifen möchte. Dazu kann z. B. eine Gegenanzeige gestellt werden. Auch in den Fällen, in denen keine Anzeige von dem Opfer erstattet wird, gibt es eine Klärung meist nur vor Gericht. Doch auch, wenn vor Gericht bestätigt wird, dass man zu Unrecht beschuldigt worden sei, heißt es nicht gleich, dass alles wieder gut ist. Oft ist auch nur die Anschuldigung rufschädigend und kann die berufliche Zukunft des Beschuldigten erschweren oder gar ganz verbauen (Grassl, 2017).

Erklärungsansatz aufgrund von Organisationstheorien

Charles E. Lindblom hat 1959 das Muddling-Through-Modell zum ersten Mal erwähnt (Lindblom, 1959). Dieses Modell gehört zu den Organisationstheorien, um genauer zu sein zu den Entscheidungstheorien. „To muddle through" heißt so viel wie sich durchwurschteln. Dabei geht es um eine Entscheidungsfindung, die von wenigen Annahmen ausgeht. Es gibt wenige Alternativlösungen. Um auf eine Lösung zu kommen, werden nur die Konsequenzen angesehen und diejenige, die am nähesten an einer guten Lösung ist, wird genommen. Andere Faktoren spielen in diesem Modell keine Rolle (Gabler Wirtschaftslexikon, 2018).

Dieses Modell spiegelt das Verhalten der Firmenleitung wider. Die möglichen Konsequenzen sind bei einer schriftlichen Abmahnung des Beschuldigten am geringsten. Es ist weder mit einer Leistungsverweigerung zu rechnen noch mit einer Geldstrafe durch einen möglichen Schadensersatz- oder Schmerzensgeldanspruch. Die Firmenleitung hat nach den Gesetzen gehandelt und muss somit mit keinerlei Konsequenzen rechnen. Die einzige mögliche Konsequenz, die diese Entscheidung hätte, wäre, dass der Betrieb einen Mitarbeiter verliert.

18.4 Fazit

Das Verhalten des Arbeitgebers in der Fallstudie ist durch die deutsche Gesetzeslage gut zu erläutern. Auch das Muddling-Through-Modell bestärkt dies. Arbeitgeber/-innen haben bei Fällen von sexueller Belästigung wenig Spielraum. Sie müssen sich an die Gesetze halten und andere mögliche Konsequenzen berücksichtigen, z. B.

eine Rufschädigung, falls es an die Öffentlichkeit kommt, dass bei einem Fall von sexueller Belästigung nicht angemessen gehandelt wurde.

Zudem ist auch das Verhalten des Opfers zu erklären. Da allgemein gilt, dass sexuelle Belästigung immer dann entsteht, wenn ein nicht beidseitiges Einverständnis herrscht. Zuzwinkern gehört zur non-verbalen Form von sexueller Belästigung, somit kann das Opfer Gebrauch von ihren Rechten machen.

Auch das Verhalten des Beschuldigten ist zu erklären, da die meisten im ersten Augenblick ein Zuzwinkern nicht als Belästigung ansehen würden. Der Beschuldigte kann nichts tun, außer mit einem Rechtsanwalt zu sprechen und dann Gegenmaßnahmen zu ergreifen. Wenn dieser Fall nicht vor Gericht gehen soll, bleibt ihm nur das Hinnehmen der schriftlichen Abmahnung. Außerdem muss der Beschuldigte nun einmal mehr auf sein Verhalten achten. Ein Problem dabei könnte entstehen, wenn viel über diese Situation gesprochen wird und andere Kolleg(innen)en daraus einen Nutzen ziehen möchten, z. B. durch ein Provozieren von solch einem Verhalten oder auch durch falsche Anschuldigungen. Dies könnte zu einer Kündigung führen. Es könnte auch sein, dass der Beschuldigte durch eine belästigende Handlung von den Kolleg(innen)en nicht mehr respektiert, schikaniert oder sogar gemobbt wird.

Einige Fragen bleiben offen, z. B. ob die subjektive Wahrnehmung ausreicht, um jemand anderen der sexuellen Belästigung zu beschuldigen. In diesem Fall fühlte sich nur eine Kollegin von dem Zuzwinkern belästigt, die anderen Kolleg(innen)en, die dabei waren, nicht. Auch ein einfaches Ansehen oder Anstarren kann als sexuelle Belästigung ausgelegt werden. Doch wenn man z. B. tagträumt und dabei eine Person ansieht, ohne dass man es mitbekommt, könnte es schon als sexuelle Belästigung aufgefasst werden.

Auch vor Gericht spielt offenbar die subjektive Wahrnehmung eine wichtige Rolle. Vor Gericht ist die Wahrnehmung der Richterschaft entscheidend. Diese können bei einer Geste den Beschuldigten freisprechen oder auch verurteilen. Man muss die Fälle individuell betrachten, aber auch die Wahrnehmung der Richterschaft auf die einzelnen Fälle hat bei den Urteilen eine große Bedeutung.

Andere Möglichkeiten oder eine größere Auswahl an Möglichkeiten bei der Handhabung in einem Betrieb mit sexueller Belästigung könnte den zu Unrecht Beschuldigten helfen. Auch hierbei muss dann jeder Fall individuell betrachtet werden und die Leitung des Unternehmens müsste mehr Zeit dafür einplanen, sich jeden Fall im Unternehmen einzeln und genau anzusehen und zu beurteilen. Dies macht mehr Arbeit, als jeden Fall von sexueller Belästigung gleich zu werten. Auch bei der individuellen Handhabung muss sichergestellt werden, dass die Unternehmen sich vor rechtlichen Konsequenzen schützen können. Somit bleibt die Frage offen, ob Unternehmen mehr Handlungsspielraum bei Belästigungen bekommen sollten, ohne dass diese mit Kon sequenzen rechnen müssen.

Für den Beschuldigten sollten andere Lösungswege gefunden werden, als der Weg zum Rechtsanwalt und zu einer gerichtlichen Einigung.

Somit ist diese Fallstudie im Großen und Ganzen zu erklären, aber es gibt noch keine optimale Lösung, wie mit solchen Situationen umgegangen werden soll, damit niemandem Unrecht getan wird.

Da sexuelle Belästigungen in Unternehmen öfter vorkommen, sollte dieses Thema offener gehandhabt werden. Das bedeutet, dass Opfer, Arbeitgeber/-innen und Beschuldigte genau wissen, was sie tun können. Zudem sollte für jeden deutlich sein, was alles unter sexueller Belästigung fällt.

Literatur

ArbSchG (o. J.). Sexuelle Belästigung am Arbeitsplatz erkennen und darauf reagieren. Verfügbar unter https://www.arbeitsschutzgesetz.org/sexuelle-belaestigung-am-arbeitsplatz/ (letzter Aufruf: 28.06.2018).

Gabler Wirtschaftslexikon (2018). Muddling-Through-Strategie. Verfügbar unter https://wirtschaftslexikon.gabler.de/definition/muddling-through-strategie-40122/version-263515 (letzter Aufruf: 28.06.2018).

Grassl, T. (2017). Krankenschwester beschuldigt Kollegen und zerstört so sein Leben. Verfügbar unter https://www.focus.de/finanzen/karriere/sexuelle-belaestigung-krankenschwester-beschuldigte-kollegen-und-zerstoerte-so-sein-leben_id_7775372.html (letzter Aufruf: 02.07.2018).

Kaufmann, M. (2013). Mal wieder „zufällig" am Po berührt. Verfügbar unter http://www.spiegel.de/karriere/sexuelle-belaestigung-wo-verlaeuft-die-grenze-a-879553.html (letzter Aufruf: 28.06.2018).

Lindblom, Ch. E. (1959). The Science of "Muddling-Through". *Public Administration Review*, 19(2), 79–88.

Statista (2011). Haben Sie Angst, infolge eines Karriere-Knicks in Ihrem Berufsleben zurückgeworfen zu werden? Verfügbar unter https://de.statista.com/statistik/daten/studie/204248/umfrage/umfrage-zur-angst-vor-karriere-rueckschlaegen/ (letzter Aufruf: 30.6.2018).

Themengebiet IV: **Destruktive Führung**

Mats Schulte
19 Destruktive Geschäftsführung

19.1 Einleitung

In dieser Arbeit soll eine Fallstudie zum Thema Personalmanagement bzw. Personalführung vorgestellt werden. Alles in diesem Text Beschriebene ist aus einer realen Situation entsprungen und baut auf Erzählungen von Betroffenen auf. Dabei wurden Zahlen, Informationen sowie Namen des Unternehmens und aller betreffenden Personen leicht abgeändert, um Identitäten zu schützen.

Es handelt sich um das Beispiel der WK-GmbH, welche das Unternehmen darstellt, in dem sich der Fall abspielen wird. Hauptakteur der Fallstudie ist Herr Meier. Dieser ist Geschäftsführer und sorgt mit seiner Position im Unternehmen für einige Probleme. Um einen Überblick über die Gesamtsituation schaffen zu können, werden zunächst Hintergrundinformationen zur WK-GmbH gegeben. Darauf aufbauend werden Herr Meiers Aktionen und deren Wirkung auf das Unternehmen aufgezählt und erklärt. Um die Situation bewerten zu können, wird in der darauffolgenden Analyse ein theoretischer Teil eingeführt. Mithilfe von Theorien über Personalführung sollen die Handlungen auf eventuelle Fehler ebenso wie die Folgen analysiert werden. Die Fragen, die verfolgt werden, lauten „Wie beeinflusst die Führung von Herrn Meier das Unternehmen?" und „Was hätte besser gemacht werden können?". Im letzten Teil wird ein kurzes Fazit gezogen.

19.2 Fallstudie

In diesem Kapitel wird die Fallstudie der WK-GmbH vorgestellt. Zunächst wird es um das Unternehmen gehen, in welchem sich die gesamte Situation abspielt. Es werden Hintergrundinformationen und für die Analyse wichtige Details gegeben. Anschließend wird die Person Herr Meier kurz vorgestellt. Informiert wird dabei über seinen Stand im Unternehmen sowie von ihm ausgehende Handlungen und die Wirkung, die diese auf das Unternehmen haben. Im letzten Teil wird abschließend ein Organigramm vorgestellt, um die Unternehmensstruktur kurz zu vertiefen.

Die WK-GmbH

Das Unternehmen, in dem Herr Meier arbeitet, ist die WK-GmbH. In den letzten Jahren ist es diesem gelungen, internationale Grenzen zu überwinden und zum führenden Einzelhandelsunternehmen für Handwerkerbedarf zu werden. Gegründet wurde

https://doi.org/10.1515/9783110697308-019

die WK-GmbH um 1970 herum in Hamburg und beschäftigt heute ca. 48.000 Mitarbeiter/-innen. Trotz der großen Reichweite wird das gesamte Unternehmen aus einer weit von der Gründungsstadt entfernten Kleinstadt geführt. Das Zentrum und die Verwaltung befinden sich in Wermelskirchen, einer Stadt mit ca. 34.000 Ansässigen. Mit drei Verwaltungsgebäuden und einer Filiale in der Kleinstadt ist die WK-GmbH der größte und wichtigste Arbeitgebende in dieser Region.

Herr Meier

Herr Meier ist seit einigen Jahren Geschäftsführer der WK-GmbH. Er entscheidet u. a. über neue Methoden und Prozesse, die in das Unternehmen eingeführt werden sollen. Um seine Position im Unternehmen zu festigen, dieses mit Innovationen zu stärken und neue Gewinne zu erzielen, entscheidet er sich in der nahgelegenen Großstadt Köln, ein unternehmensinternes Start-up zu gründen. Dieses soll die täglich anfallende Arbeit, ähnlich wie in der Zentrale, bearbeiten. Der Unterschied zu dieser ist jedoch ein neuartiges Arbeitsmodell, in dem sich die Mitarbeiter/-innen ihren eigenen Arbeitsraum schaffen können. Visuell als auch organisational sollen sie den neuen Standort gestalten und eigenständig ihrer gleichbleibenden Arbeit nachkommen. Da hauptsächlich junge Leute in das Start-up aufgenommen werden, verspricht sich Herr Meier durch die neuen Methoden einen Anstieg der Arbeitsmotivation, Produktivität und somit auch der Gewinne. Da er für diese Unternehmung verantwortlich ist, würde ihm bei Erfolg Lob und Ähnliches zugesprochen werden. Somit wurde von ihm beschlossen, das Projekt anzugehen und kurz darauf wurden die ersten Arbeitsräume eingerichtet. Herr Meier wollte dafür sorgen, dass sowohl die Einrichtung als auch die technische Ausstattung von der WK-GmbH übernommen wird. Somit waren die Einzugsarbeiten schnell erledigt und die Räumlichkeiten standen perfekt ausgestattet zur Verfügung. Da die zu versetzenden Mitarbeiter/-innen aus verschiedenen Abteilungen der Verwaltung zusammengesetzt werden sollten, waren bei der personellen Planung nicht nur Herr Meier, sondern zusätzlich zwei der zuständigen Abteilungsleiter involviert. Die Aufgabenstellung stand fest und strukturell kam es zu keinen Hindernissen. Kurz vor der Einweihung und Aktivierung des Start-ups sollte es jedoch anders kommen, denn aus Richtung des Vorstands und der restlichen Geschäftsführung erhielt Herr Meier die Nachricht zur sofortigen Auflösung des Projekts. Diese war darin begründet, dass der Vorstand, in welchem Herr Meier nicht vertreten ist, nicht über seine Pläne informiert worden war und dem Vorhaben nicht zugestimmt hat. Somit soll Herr Meier den Vorstand durch fehlende Kommunikation umgangen haben, um seine Pläne durchzuführen. Dem Vorhaben wird auch anschließend nicht zugestimmt, wodurch das Projekt abgebrochen wird und alle investierten Ressourcen, wie bspw. Geld und Zeit, umsonst aufgewendet wurden. In der folgenden Zeit wird jedoch klar, dass diese nicht die einzigen Folgen der Unternehmung sein sollten. Da das Unternehmen einiges an Einbußen durch das Projekt zu verzeichnen hat, wird nach einem

Verantwortlichen gesucht. Obwohl Herr Meier das Start-up ins Leben gerufen und die hauptsächliche Planung übernommen hat, streitet er alles ab. Anstatt die Verantwortung zu tragen und die Konsequenzen auf sich zu nehmen, beschuldigt er die Abteilungsleiter, die ihm bei der Planung behilflich waren. Da er mit seiner Position vieles zu verlieren hat, sorgt er dafür, dass seine untergeordneten Kollegen für seinen Fehler verantwortlich gemacht werden. Es kommt dazu, dass beide Leiter kurzfristig freigestellt und entlassen werden. Innerhalb kürzester Zeit schafft es die Führung, die freigewordenen Stellen der Abteilungsleiter zu füllen. Die lange Zeit in dem Unternehmen aktiven und nun entlassenen Angestellten werden durch neue, den Arbeitskräften der Abteilungen völlig fremde Personen ersetzt. In der folgenden Zeit wird festgestellt, dass es innerhalb der betroffenen, aber auch in anderen Abteilungen zu Unruhen und Unzufriedenheit kommt. Oft wird die Frage gestellt, worin die Freisetzung der Abteilungsleiter begründet war. Diese wird jedoch nicht beantwortet. Durch Gespräche unter den Angestellten entwickeln sich viele Theorien darüber, was genau passiert ist. Die Diskussionen und Unruhen sorgen in der ausführenden Schicht des Unternehmens schnell zu Unzufriedenheit, wodurch die Motivation zur Arbeit abzunehmen scheint. Durch Gespräche kommt heraus, dass sich viele Mitarbeiter/-innen unsicher sind, wie es um die Sicherheit ihres Arbeitsplatzes steht. Dazu kommt, dass einige der Angestellten durch ihren verlorenen Abteilungsleiter wissen, was bei der Planung und Durchführung des Projektes passiert ist. Somit verbreiten sich die Informationen in den Abteilungen schnell, was zu weiterer Unzufriedenheit führt, da bemerkt wurde, dass dem Hauptverantwortlichen, Herrn Meier, in der Geschäftsleitung keine Konsequenzen drohen.

Übersicht

Das folgende Organigramm (Abb. 19.1) beschreibt die strukturelle Konstellation der WK-GmbH. Mit diesem wird die Position von Herrn Meier und der anderen Betroffenen noch einmal deutlich gemacht, um Verständnisschwierigkeiten zu beseitigen.

Das Organigramm zeigt, dass sich Herr Meier in einer der obersten Positionen im gesamten Unternehmen befindet. Er ist, zusammen mit anderen, Geschäftsführer und steht somit über sämtlichen hierarchischen Stufen. Der Vorstand kommuniziert normalerweise mit der Geschäftsführung und setzt sich aus Teilen aller Führungskräfte verschiedener Geschäftsorte zusammen. Die Führung wiederum steht in Verbindung mit dem Vorstand, um Rücksprache zu halten und Vorhaben oder Änderungen vom Vorstand absegnen zu lassen. Die Abteilungen unterstehen in erster Linie der entsprechenden Abteilungsleitung. Die Abteilungsleiter/-innen informieren die Abteilung und vermitteln z. B. Ziele oder strukturelle Änderungen. Ebenso wird zwischen der Geschäftsführung und den Abteilungsleitenden kommuniziert. Es werden die allgemeinen Interessen des Unternehmens an die Auszuführenden weitergegeben sowie andersherum Informationen über den Stand der Arbeit und Mitarbeiter/-innen. Im

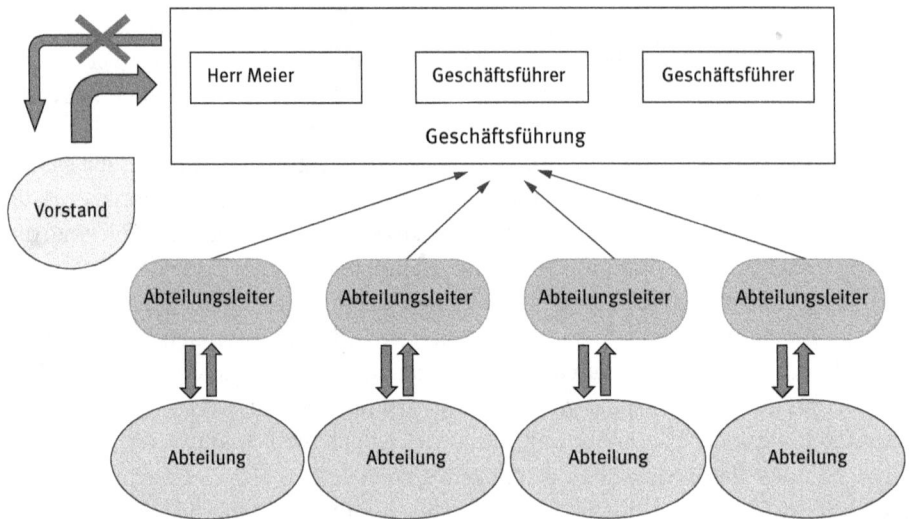

Abb. 19.1: Organigramm der WK-GmbH (eigene Darstellung).

Falle von Herrn Meier jedoch fehlte die Kommunikation zwischen Geschäftsführung und dem Vorstand, wodurch es zu den oben genannten Problemen kam. In der folgenden Situation sind zwei der Abteilungsleiter entlassen worden, wodurch zunächst zwei Abteilungen von den Handlungen Meiers betroffen waren.

19.3 Analyse

Im folgenden Kapitel wird die Fallstudie in ihren Einzelteilen untersucht. Es wird mithilfe von Theorien über Personalführung und Kriterien für ein erfolgreiches Management versucht, alle aufkommenden Aspekte der Fallstudie zu erkennen und richtig zu deuten. Die dabei erläuterten Punkte werden anschließend mit Blick auf die Theorien im Sachkontext bewertet, um im abschließenden Fazit Handlungsempfehlungen auszusprechen und die Leitfragen zu beantworten.

Theorien

In diesem Kapitel werden zunächst wichtige Begriffe definiert, die in der anschließenden Analyse aufkommen. Dabei handelt es sich um theoretische Ansätze, die auf die Fallstudie bezogen werden sollen.

Da es sich in der Fallstudie um eine Situation handelt, in der Probleme von einer Führungskraft ausgehen, müssen zunächst die Aufgaben aufgezählt werden, die unter normalen Umständen von einer solchen erfüllt werden sollten. Zu diesen gehören grob zusammengefasst die Planung und Koordination von Prozessen, die durchgeführt werden sollen, und die damit verbundenen Kontrollen. Im Wesentlichen geht es jedoch auch um die Motivation der Unterstellten oder im Falle eines Konflikts die Suche nach einer Lösung des Konflikts. Somit kommen zu den Aufgaben, die das Unternehmen bzw. die Leitung des Unternehmens direkt betrifft, ebenfalls Tätigkeiten, die sich auf das Umfeld beziehen und die Leitung des Unternehmens über das Personal indirekt beeinflussen (Luthans, Welsh, & Taylor, 1988).

Anschließend muss der Begriff des Managementerfolgs deutlicher gemacht werden. Da es sich um eine Fehleranalyse bezüglich des Verhaltens einer Führungskraft geht, muss zwischen verschiedenen Formen des Erfolgs abgegrenzt werden. Dieser fällt nämlich in unterschiedlichen hierarchischen Schichten anders aus. Während in den unteren Schichten eines Unternehmens der Erfolg eher anhand der Zufriedenheit und anderer sozialer Aspekte bewertet wird, kommt es im Topmanagement fast ausschließlich auf das Erreichen gewisser Kennzahlen an, die das gesamte Unternehmen betreffen. Diese Kennzahlen umfassen bspw. den Profit des Unternehmens (Yukl, 1989). Das bedeutet im Umkehrschluss, dass bei der Erreichung eines Ziels nicht gleichzeitig auch die Zufriedenheit der Untergeordneten ansteigt, da sich die Ziele voneinander unterscheiden können (Rybnikova, 2011).

Als letztes ist eine Theorie über destruktive Führung zu nennen. „The systematic and repeated behaviour by a leader, supervisor or manager that violates the legitimate interest of the organisation by undermining and/or sabotaging the organisation's goals, tasks, resources, and effectiveness and/or the motivation, well-being or job satisfaction of subordinates" (Einarsen, Aasland, & Skogstad, 2007). Nach dieser Definition von Einarsen et al. ist eine destruktive Führung gegeben, wenn von einer Führungskraft gezielt versucht wird, dem Unternehmen zu schaden, indem sie die Interessen des Unternehmens verletzt bzw. versucht bspw. Abläufe im Unternehmen zu sabotieren oder Unterstellte negativ zu beeinflussen (Einarsen et al., 2007). Unterschieden wird in unethische und ineffektive Führung. Ineffektive Führung ist dann gegeben, wenn die gestellten Ziele nicht in dem Maße erreicht werden, wie vorhergesagt. Unethische Führung bezieht sich auf die Wahl der Ziele. Dabei entscheidet sich die Führungskraft für ein falsches Ziel, was dann gegeben ist, wenn sie das Ziel auf die eigenen anstatt auf die generellen Interessen des Unternehmens ausrichtet (Kellerman, 2004, Lang, 2014). Schlechte Führung im Allgemeinen ist anhand von drei Aspekten erkennbar. Diese sind die negativen Eigenschaften einer Führungskraft, unethisches Verhalten und negative Konsequenzen, die Unterstellte betreffen und aus der Führung resultieren (Lang, 2014). Destruktive Führer/-innen machen Gebrauch von ihrem Einfluss im Unternehmen und können somit Macht auf andere ausüben. Dabei stellen sie z. B. die eigenen Ziele über die der anderen, wodurch viele Mitarbeiter/-innen betroffen sein können. Unter Umständen kann es sogar soweit gehen, dass dieses egoistische Verhalten Unterstellte auch außerhalb des Unternehmens beeinflusst (Lang, 2014).

Bewertung der Fallstudie

Nun soll die Fallstudie rund um die WK-GmbH und Herrn Meier auf die in den Theorien erwähnten Gesichtspunkte hin analysiert werden.

Es stellt sich zu Beginn die Frage, welche Aufgaben von einer Führungskraft dieser Position überhaupt erfüllt werden sollen und wie man den Erfolg dieser Aufgaben bemisst. Der Theorie entsprechend ist der Erfolg des Topmanagements gegeben, wenn diese einen positiven Einfluss auf die Kennzahlen des Unternehmens haben. Da das Unternehmen jedoch Ressourcen aufgewendet hat, die durch das Projekt verloren gegangen sind, ist eindeutig von einem Misserfolg die Rede. Zusätzlich kann gesagt werden, dass nicht alle Aufgaben erfüllt wurden, die von einer Führungskraft erwartet werden. Diese umfassen nämlich nicht nur die Zielsetzung und Planung, sondern auch die Kontrolle der Durchführung, Kommunikation mit allen Betroffenen und Motivation der Mitarbeiter/-innen. Da diese Punkte neben der Planung und Durchführung von Herrn Meier jedoch gänzlich unberücksichtigt gelassen wurden, kann von einer Vernachlässigung der eigenen Aufgaben gesprochen werden (Luthans et al., 1988).

Dazu kommt, dass Herr Meier wissentlich über die fehlerhafte Kommunikation mit den Abteilungsleitern zusammengearbeitet hat. Durch das Vertrauen, welches sie Herrn Meier und seiner vermeintlichen Kompetenz entgegengebracht haben, hat dazu geführt, dass sie der Kooperation zugestimmt haben. Ohne Vertrauen, welches sie über längere gemeinsame Zeit im Unternehmen aufgebaut haben, wäre die Motivation möglicherweise geringer gewesen und somit wären sie nicht von den Fehlern ihrer Führungskraft betroffen gewesen.

Anhand der in der Fallstudie folgenden Handlungen und Verhaltensweisen seitens des Herrn Meier lässt sich eine Tendenz bezüglich der Form von Führung erkennen, die bei ihm zutrifft. Es sind Muster erkennbar, die auf eine destruktive Führung hindeuten. Die destruktive Führung ist per Definition von Einarsen et al. bspw. dann gegeben, wenn eine Führungskraft die Interessen des Unternehmens verletzt, indem sie systematisch versucht, das Erreichen von Zielen und den Einsatz von Ressourcen zu sabotieren oder Unterstellte in ihrer Einstellung oder Beziehung zum Unternehmen negativ beeinflusst (Einarsen et al., 2007). Es ist aus der Situation nicht erkennbar, ob Herr Meier ein systematisches Verhalten vorweist, welches dem Unternehmen wiederholt Schaden zugefügt hat. Jedoch ist eindeutig vorlegbar, dass Herr Meier Ressourcen aus dem Unternehmen genutzt hat, um seine eigenen Interessen und nicht die des Unternehmens zu verfolgen, wodurch dieses einen Schaden erleidet. Nicht ausschließlich äußert sich dies in dem Verlust von finanziellen Mitteln, sondern viel mehr aus der steigenden Unzufriedenheit, die durch das Fehlverhalten hervorgerufen wurde. Dieser Befund wird durch die Tatsache bekräftigt, dass Herr Meier durch Einsatz seines Einflusses im Unternehmen dafür sorgt, dass nicht er, sondern zwei der beteiligten Abteilungsleiter von den Konsequenzen betroffen sind und schließlich entlassen werden. Somit ist zu vermuten, dass er dabei das Ziel verfolgt hat, sich selber zu schützen. Dieses Ziel ist ethisch als falsch zu bewerten, da er ausschließlich sein eigenes Ziel verfolgt und keine Rücksicht auf seine Unterstellten oder das Unternehmen nimmt. Ein solches egoistisches Verhalten ist ein Indiz für eine destruktive Führung (Lang, 2014). Zudem hat die Entlassung der Abteilungsleiter weitreichende Folgen im Unternehmen. Da die Abteilungen bezüglich des Mitarbeiteranteils am größten sind, betrifft es also die größte Partei in einem Unternehmen. Zwei dieser Abteilungen sind durch Herrn Meiers Verschulden auf einmal führungslos. Da sich die Betroffenen untereinander kennen, entstehen Gerüchte und Unruhen. Somit entsteht ein wesentlich größerer Schaden, als zuerst anzunehmen ist, denn mit dem Chaos in den Schichten, in denen viele Arbeiten ausgeführt werden, folgt eine steigende Demotivation. Viele Arbeitskräfte fühlen sich eventuell nicht mehr wohl und fangen an, an den Methoden und Vorgehensweisen des Unternehmens zu zweifeln. Per Definition ist diese negative Beeinflussung von Unterstellten ein weiterer Aspekt der destruktiven Führung.

Die Zusammenführung der genannten Punkte lässt erkennen, dass die destruktive Führung von Herrn Meier viele Folgen, wie Unzufriedenheit und daraus resultierende Einbußen in der Unternehmensleistung, sowie Verlust an Ressourcen, wie bspw. finanzielle Mittel oder Arbeitskräfte, hat und davon ausgehend mehrere Ansätze der schlechten Führung erkennbar sind. Zum einen wird bei der Durchführung des Projektes durch die Verfehlung des eigentlichen Ziels klar eine ineffektive Führung deutlich. Zum anderen werden im Verlauf Entscheidungen getroffen, die nur das eigene Absichern zum Ziel haben und weder dem Unternehmen noch den Unterstellten etwas entgegenkommen. Somit ist die Führung durch Herrn Meier nicht nur als ineffektiv, sondern besonders als unethisch zu bewerten (Lang, 2014).

19.4 Fazit

Um ein abschließendes Fazit ziehen zu können, ist es notwendig, die letztliche Situation erneut zu überblicken und mit dem Wissen über die Theorien neu zu urteilen. Die meisten Verhaltensweisen von Herrn Meier sind Folge aus einer einzigen kleinen Fehlentscheidung bzw. -einschätzung. Dadurch, dass die Kommunikation mit dem Vorstand vor der Durchführung des Projektes unterlassen wurde, hat sich ein Konstrukt aus Fehlern, Ausflüchten und Konsequenzen gebildet, welches insgesamt mehr Schaden anrichtet als Probleme löst. Aus diesem Grund ist es schwer, eine Handlungsempfehlung abzugeben. In der Geschäftsführung muss eine gewisse Kompetenz vorhanden sein, mit der solche Probleme nicht auftreten sollten. Die Gewissheit über die Verpflichtung der Kommunikation mit den Betroffenen bzw. dem Vorstand sollte eine jede Führungskraft besitzen. Zudem muss die Geschäftsleitung die Risiken erkennen und einordnen können, die resultieren, wenn die Kommunikation unterlassen wird. Selbst, wenn es ein Missgeschick seitens des Herrn Meier gewesen ist, hätten die darauffolgenden Schritte besser überlegt werden müssen. Auf dem Hintergrund der Theorien zur destruktiven Führung aufbauend kann gesagt werden, dass die Verantwortung bei einem Fehler nicht auf die Untergestellten abgewälzt werden sollte. Es hätte in einer solchen Situation für Klarheit und Gerechtigkeit gesorgt werden müssen, indem Herr Meier diese auf sich nimmt, um somit das Chaos zu verhindern, welches letztlich im Unternehmen eingetreten ist. Die Unterstellten sollten in einer solchen Situation an erster Stelle stehen, da sich ansonsten ein Nährboden für Gerüchte, Unzufriedenheit und Unruhen im Unternehmen bilden kann, was für eine gute Zusammenarbeit unbedingt zu verhindern ist.

Literatur

Einarsen, S., Aasland, M. & Skogstad, A. (2007). Destructive leadership behaviour: A definition and conceptual model. *The Leadership Quarterly*, 18(3), 207–216.

Kellermann, B. (2004). *Bad Leadership: What It Is, How It Happens, Why It Matters*. Boston: Harvard Business School Press.

Lang, R. (2014). Ethische und destruktive Führung: Gute Führung – schlechte Führung. In Lang, R. and Rybnikova, I. (Hrsg.), *Aktuelle Führungstheorien und -konzepte* (S. 313–353). Wiesbaden: Springer Gabler.

Luthans, F., Welsh, D. H. B. & Taylor, L. A. (1988). A descriptive model of managerial effectiveness. *Group & Organization Studies*, 13(2), 148–162.

Rybnikova, I. (2011). *Interim Management. Analyse einer atypischen Beschäftigungsform für Führungskräfte*. Wiesbaden: Gabler.

Yukl, G. (1989). *Leadership in Organisations* (2. Auflage). Englewood Cliffs: Prentice-Hall.

Andrea Kallenbach

20 Der Chef als Vorbild – eine Fallstudie und Analyse über Narzissmus und destruktive Führung

20.1 Einleitung

Die vorliegende Arbeit befasst sich mit dem Vorgesetzten als Vorbild. Ausgehend von der Fallstudie, die beschreibt, wie sich ein Vorgesetzter gegenüber seinen Arbeitskräften verhält, folgt anschließend eine Analyse anhand von Theorien über Narzissmus bei Führungskräften und destruktive Führung.

20.2 Falldarstellung

Herr Müller ist seit einem Jahr Marktleiter einer Filiale im Einzelhandel Hut. Einzelhandel Hut ist ein Baumarkt und bedient täglich Jung und Alt, Mann und Frau, Laien und Profis. Die Mitarbeiter/-innen arbeiten in einem Dreischichtsystem, bestehend aus einer Frühschicht, einer Mittelschicht und einer Spätschicht. In der Frühschicht hat das Personal von 7–16/17 Uhr zu arbeiten. Von 8/9–18/19 Uhr arbeitet die Mittelschicht und die Spätschicht fängt meistens um 10 Uhr oder 11 Uhr an und endet dann mit der Schließung des Ladens um 20 Uhr. Jeder Arbeitskraft steht dabei eine Stunde Pause zu.

Herr Müller steht bei der Führung seines Marktes unter strenger Beobachtung der Distriktleiter und hat zusammen mit zwei Marktassistenten und einem stellvertretenden Marktleiter eine Belegschaft von 24 Festangestellten und 23 Aushilfen zu managen. Vor dem Wechsel der Marktleiter vor gut einem Jahr zeigte sich der Laden in guter und ordentlicher Struktur. Die Mitarbeiter/-innen hatten Spaß an der Arbeit, standen füreinander ein und halfen sich gegenseitig. War Not am Mann oder überrannten die Kund(innen)en das Personal, griff der alte Marktleiter beherzt ein und unterstütze seine Mitarbeiter/-innen, wo er nur konnte. Natürlich gab es auch hier hin und wieder Kritik; im Großen und Ganzen konnte man aber sagen: Es lief!

Unter der Leitung von Herrn Müller ist aber das ganze Arbeitsklima gekippt und es hat sich zunehmend ins Negative verändert. Gute Mitarbeiter/-innen suchten sich schnell nach einigen Monaten eine andere Stelle. Andere wiederum sind mit der psychischen Belastung und dem Druck von Herrn Müller nicht klargekommen und schließlich an Burn-out erkrankt.

Die Mitarbeiter/-innen, die geblieben sind, sind unmotiviert und zunehmend gereizt. Personen mit einer schnellen Reizbarkeit keifen sich gegenseitig an und wenige sind noch bereit, anderen zu helfen, da viele mit ihren eigenen Aufgaben überfordert sind.

https://doi.org/10.1515/9783110697308-020

Die alleinige Schuld bei Herrn Müller zu suchen, ist zwar nicht fair, dennoch berichten viele Mitarbeiter/-innen, dass Herr Müller kommt und geht, wann er möchte. Fängt seine Schicht beispielsweise um 7 Uhr in der Früh an, ist es schon vermehrt vorgekommen, dass er erst gegen 10 Uhr gekommen ist. Endet seine Schicht dann z. B. um 20 Uhr, ist er einer der ersten, der geht, und das dann teilweise schon um 18 Uhr. Kommt es aber mal vor, dass eine Arbeitskraft sich um ein paar Minuten verspätet, wird diese direkt zu einem Gespräch gebeten und belehrt. Diese Gespräche mit Herrn Müller laufen dann auch größtenteils negativ ab. Dabei sagte Herr Müller schon öfters zu einer Mitarbeiterin: „Nur weil sie keinen Bock haben und faul sind, heißt das noch lange nicht, dass sie nicht pünktlich erscheinen brauchen!" Häufig redet er einfach drauf los, ohne überhaupt seine Mitarbeiter/-innen aussprechen und sie die jeweilige Situation erklären zu lassen.

Anders als sein Vorgänger verbringt Herr Müller auch sehr viel Zeit in seinem Büro. Da die Tür meistens offen steht und das Büro direkt auf dem Weg zum Pausenraum liegt, kommen viele Mitarbeiter/-innen genervt aus der Pause und sagen: „Der sitzt schon wieder nur da und macht nichts!" oder „Der ist schon wieder nur am essen!". Dabei wünschen sich die Mitarbeiter/-innen, dass sie von ihm unterstützt werden und dass er ihnen hilft, wenn zu viele Kund(innen)en anwesend sind – eben genauso, wie es der vorherige Marktleiter gemacht hat.

Damit auch immer eine Arbeitskraft jeder Abteilung anwesend ist und für Kundengespräche zur Verfügung steht, hat Herr Müller ebenfalls einige Regeln aufgestellt:

1. Jede Arbeitskraft – egal ob Frühschicht oder Spätschicht – hat die Pause so zu planen, dass diese bis spätestens 17 Uhr beendet ist.
2. An einem Freitag darf keiner seinen freien Tag legen.
3. An Brückentagen darf keiner seinen freien Tag legen.
4. Jeder Mitarbeitende hat so lange anwesend zu sein, wie er laut Plan eingeteilt wurde. Ausnahmen sind Krankheit oder geringe Anzahl von Kund(innen)en in Verbindung mit einer hohen Anzahl an Überstunden.

Problematisch wird es auch vor allem dann, wenn Herr Müller sich selber an keine der Regeln hält. Demnach kam es in der Vergangenheit mehrmals dazu, dass Herr Müller sich immer wieder die Freiheit nahm und sich mit einem freien Brückentag ein langes Wochenende gestaltete. Wenn dann der stellvertretende Marktleiter ihn drauf angesprochen hat, kam von Herrn Müller nur eine Antwort im pampigen Ton zurück: „Wieso? Is' doch eh egal. Ich kann's mir leisten und euch sollte es nicht interessieren."

Auch wenn das noch alles nicht genug zu sein scheint, hat Herr Müller es sich auch schon geleistet, an einem verkaufsoffenen Sonntag nicht zu erscheinen, während alle anderen Mitarbeiter/-innen sonntags im Advent von 12 Uhr bis 18 Uhr arbeiten durften. Am Folgetag hat Herr Müller dann den Tresor und die Einnahmen überprüft. Da aber der große Kundenandrang aufgrund eines Schneesturms ausblieb, waren dementsprechend auch die Einnahmen nur sehr gering. Hitzig und wahllos fing er dann an, seine Mitarbeiter/-innen auf offener Fläche und teilweise auch vor den

Kund(innen)en zu ermahnen und anzumeckern. Das ist zum einen unangenehm für die Kund(innen)en, zum anderen ist es auch für die Mitarbeiter/-innen demotivierend und frech, sodass der Zorn immer mehr wächst.

Als der Azubi einmal etwas falsch aufgestellt hatte, sodass die ganze Ware auf den Boden gefallen ist und Herr Müller das mitbekommen hatte, schrie er den ganzen Laden zusammen. „Max! Wo bist du? Komm' sofort hier hin!" Und etwas leiser ergänzte er dann noch: „Wenn ich den in die Finger kriege. Der kriegt 'ne Schelle!"

Die ganze Situation schien noch weiter zu eskalieren, als die Teamleiterin einer Abteilung einen verbalen Konflikt mit Herrn Müller führte, indem es um Arbeitskleidung ging. Laut der Mitarbeiterin, die extra im Arbeitsvertrag nachgelesen hatte, sollte Herr Müller auch die Arbeitskleidung tragen, damit direkt erkennbar ist, dass er zum Unternehmen gehört. Oftmals trifft man ihn nämlich in seiner zivilen Bekleidung an. Daraufhin fühlte sich Herr Müller zutiefst angegriffen und degradierte die Mitarbeiterin von ihrer höher gestellten Position als Teamleiterin.

Zusammengefasst befindet sich das ganze Personal in einem desolaten Zustand. Keiner scheint in Herrn Müller eine Bezugsperson gefunden zu haben. Vielmehr fürchten sich die Mitarbeiter/-innen vor ihm und es ist jedes Mal ein kleines Fest, wenn Herr Müller den Laden verlässt. Von vielen ist es der Wunsch, die Zeit zurückzudrehen und wieder unter der Leitung des Vorgängers zu arbeiten und vor allem – Spaß zu haben!

Fragen zur Fallstudie:

1. Liegt das alleinige Problem bei Herrn Müller oder können sogar die Mitarbeiter/-innen etwas dafür, da z. B. alle einheitlich gegen Herrn Müller zu sein scheinen?
2. Kann man eine narzisstische Führungskraft behandeln? Wenn ja, wie?
3. Glauben Sie, es wäre einfach für die Mitarbeiter/-innen etwas an der gesamten Situation zu ändern? (Kündigungen sind ausgeschlossen)

20.3 Die Analyse der Fallstudie

Um die Fallstudie zu analysieren, beziehe ich mich im Folgenden auf Narzissmus und auf das Modell der destruktiven Führung. Dabei kann Narzissmus von Führungskräften untergeordnet als destruktive Führung verstanden werden (Padilla, Hogan, & Kaiser, 2007).

Narzissmus muss nicht nur negativ aufgefasst werden. Narzissmus kann auch in einer gesunden Portion als gut bezeichnet werden (Rybnikova, 2014). Im vorliegenden Fall handelt es sich allerdings um reaktiven Narzissmus. Er ist zurückzuführen auf das Erleben von Unsicherheit und auf Mangel an Zuwendung in der Kindheit. Im Erwachsenenalter versucht der Narzisst das Erlebte aus der Kindheit wett zu machen, indem er sich selbst als erfolgreichsten und brillantesten Menschen bezeichnet. Da das Leben für ihn als Spiel zwischen Gewinnern und Verlierern gesehen wird, in dem der Narzisst als alleiniger Gewinnende dastehen möchte, entgegnet er Anderen oftmals mit Boshaftigkeit und Neid. Für narzisstisch geprägte Führer/-innen stehen die eigene Macht und der hervorgehobene Status stark im Vordergrund, sodass diese Führungskräfte wenig Verständnis für Kritik aufweisen und diese schlichtweg ignorieren (Rybnikova, 2014).

Ob Herr Müller auch eine eher negative Kindheit hatte, ist nicht bekannt. Demnach lässt sich nur vermuten, dass durch sein teilweise narzisstisches Verhalten diese Tatsache gegeben sein könnte. Sein Streben, als alleiniger Gewinner dastehen zu wollen, wird in der Situation verdeutlicht, als er die in seinen Augen konkurrierende und kritisierende höher gestellte Mitarbeiterin von ihrer Position entmachtet. Dazu gehört auch eine große Portion Neid. Dennoch hat Herr Müller mit dieser Tat sein Ziel erreicht. Die degradierte Mitarbeiterin ist ehrfürchtig zurückgewichen und wird wahrscheinlich auch in Zukunft keine weiteren negativen Äußerungen gegenüber Herrn Müller tätigen. Herr Müller hingegen hat die eigene Macht und den hervorgehobenen Status erweitert und jedem anderen Mitarbeitenden verdeutlicht, dass er als Gewinner aus dieser Situation hervorgeht und man mit ihm keine Diskussionen zu führen braucht, da man eh nur gegen ihn verlieren würde.

Mit Boshaftigkeit reagiert Herr Müller auch in der Situation mit dem Azubi. Dabei versucht er nicht einmal, eine ruhige Kritik zu formulieren. Er überschreitet demnach jegliche Persönlichkeitsgrenzen und greift Max indirekt in seiner Identität an, indem er ihm mit Schlägen droht (Dahms, 2008). Auch stellt er Max hier in gewisser Weise vor den anderen Kolleg(innen)en und auch Kund(innen)en bloß, indem er durch den ganzen Laden schreit. Man kann hier wahrscheinlich von Glück reden, dass Max selber zu diesem Zeitpunkt nicht anwesend war. Nicht nur das Unternehmensimage wird mit solchen Taten angegriffen, sondern auch das negative Image von Herrn Müller verstärkt.

Betrachtet man diese beiden Situationen noch einmal genauer, fällt zumindest auf, dass der erste Zusammenhang durchaus von der Mitarbeiterin provoziert wurde, während bei dem zweiten Fall einfach nur die Ware unglücklich positioniert war. Schließlich hätte das jedem passieren können. Dennoch reagiert Herr Müller in beiden Kontexten gleich schlecht. Trotzdem kann man zumindest in der ersten Situation der Mitarbeiterin zumindest für diesen Fauxpas eine Teilschuld zuweisen, denn es war durchaus bekannt, dass Herr Müller mit Kritik eher weniger umgehen kann und Provokationen mit demütigenden Reaktionen kontern würde.

Da Narzissmus als Persönlichkeitsmerkmal definiert wird, ist es trotzdem ratsam, sich das Modell der destruktiven Führung genauer anzuschauen. Demnach ist destruktive Führung ein „ […] systematisches und sich wiederholendes Verhalten der Führungskraft, indem die Führungskraft Organisationsziele, das Wohlbefinden oder die Arbeitszufriedenheit der Nachgeordneten untergräbt oder sabotiert" (Einarsen, Aasland, & Skogstad, 2007, S. 108). Destruktive Führer führen ihr Personal mit Kontrolle, Zwang und Manipulation. Sie sind durchaus egoistisch und stellen ihre eigenen Ziele und Interessen in den Vordergrund, während alles andere nebensächlich erscheint (Lang, 2014).

Unter mehreren unterschiedlich ausgeprägten Aspekten destruktiver Führung lässt sich Herr Müllers Führung am ehesten als entgleiste Führung (Einarsen et al., 2007) beschreiben. Sie definiert sich dadurch, dass die Führungskraft sowohl den Arbeitskräften als auch der Organisation selbst Schaden zufügt (Einarsen et al., 2007). Demnach sind Herr Müllers Wutausbrüche auf der Fläche vor den Kund(innen)en mehr als nur negativ. Sie schrecken die Kund(innen)en ab und verschlechtern so zunehmend das Unternehmens- und Mitarbeiterimage. Kund(innen)en wollen dann ggf. gar nicht mehr dort einkaufen und somit würden dann auch die Umsätze ausbleiben, was wieder negative Folgen für die Mitarbeiter/-innen und theoretisch für Herrn Müller selbst mit sich ziehen würde. Dadurch, dass in der Vergangenheit größere Kontrollen von z. B. der Bezirksleitung und der Zentrale ausblieben, würde es vielleicht noch nicht mal so schlimm für Herrn Müller sein, da geringe Einnahmen dann z. B. gar nicht auffallen.

Das systematische negative Vorgehen gegenüber den Mitarbeitenden äußert sich auch dadurch, dass Herr Müller gewisse Pausenregeln und Regeln für freie Tage eingeführt hat, an die nur er sich nicht hält. Er stellt sich somit wieder in eine übergeordnete Stellung, um seine eigenen Werte besser verfolgen zu können. Durch die starke Kontrolle der Einhaltung der Regeln durch Herrn Müller führt das zu einem enormen Stress bei den Arbeitskräften, weil sie immer damit rechnen müssen, beobachtet zu werden und bei jedem kleinsten Fehler wieder einen Tadel zu bekommen. Außerdem sinkt so das Selbstvertrauen stark, was wiederum negative Folgen für die Produktivität der Mitarbeiter/-innen bedeutet. Der Kreis der Folgen schließt sich dann, wenn die Mitarbeiter/-innen kündigen oder schließlich an Burn-out erkranken, wie auch im vorliegenden Fall (Lang, 2014).

Die geschlossene negative Einstellung der Mitarbeiter/-innen gegenüber Herrn Müllers Arbeitsmoral lässt sich zum einen auf die allgemeine Unzufriedenheit der Mitarbeiter/-innen projizieren, zum anderen aber auch auf die fehlende Kommunikation von Seiten des Chefs als auch von dem Personal selbst. Da viele Mitarbeiter/-innen immer das Bild von Herrn Müller vor Augen haben, wie er oben in seinem Büro sitzt und isst, und Herr Müller immer auf diese Tätigkeit herabstufen, wird deutlich, dass vielen Mitarbeiter/-innen der organisationstechnische Aufwand einer Führungskraft nicht bekannt ist. Durch stärkere Kommunikation sowie Offenheit bei Fragen und Antworten würde sich zumindest dieses Klischee des faulen Chefs beseitigen lassen und die Mitarbeiter/-innen besser verstehen, dass die Arbeit auch anspruchsvoll ist.

Als weitere Folge von destruktiver Führung lässt sich eine hohe Konfliktneigung innerhalb des Teams der Mitarbeiter/-innen beschreiben. So veranlasst destruktive Führung Konflikte in der Gruppe und sorgt dafür, dass sich vermehrt Personen mit der Gruppe nicht mehr identifizieren können. In der Fallstudie äußert sich das dadurch, dass jede Arbeitskraft nur noch für sich selbst arbeitet und Hilfsbereitschaft für andere Mitarbeiter/-innen komplett fehlt.

20.4 Zusammenfassung und Fazit

Ob die alleinige Schuld ausschließlich bei Herrn Müller zu suchen ist, ist ein Punkt, über den sich streiten lässt. Zum einen kann man davon ausgehen, dass durch die starke narzisstische Persönlichkeit von Herrn Müller er einen Großteil zu der negativen Stimmung in dem Unternehmen beiträgt. Auf der anderen Seite lässt sich zumindest auch bei einigen provokanten Arbeitskräften eine Teilschuld finden. Provokationen können ggf. auch eine Reaktion auf die destruktive Führung von Herrn Müller sein und somit als eine weitere Folge beschrieben werden. Ob dies allerdings auch in der vorliegenden Situation der Fall ist, lässt sich nur schwer beurteilen. Fest steht, dass zumindest der destruktive Führungsstil von Herrn Müller als Hauptgrund für das vorliegende Problem anzunehmen ist.

Um destruktive Führung zu behandeln, muss man sich klar machen, dass sowohl die Persönlichkeitseigenschaften des Führenden als auch das Führungsverhalten Einfluss nimmt. Dadurch, dass Persönlichkeitsmerkmale wie z. B. Narzissmus, Fairness und Gerechtigkeit zwar in der Person an sich verankert sind, aber schon von klein auf angelernt sind und durch das Verhalten in Familie und der Gemeinschaft vorgegeben und erlernt werden (Lang, 2014), lässt sich eine Änderung der Eigenschaften wahrscheinlich nur dann erzielen, wenn die Führungsperson dies auch wirklich mit voller Überzeugung und Motivation möchte. Ansonsten erscheint eine Änderung der Eigenschaften als sehr schwierig bis unmöglich. Über das Führungsverhalten von Führungskräften lässt sich vergleichsweise schwer urteilen, da insbesondere das Verhalten je nach Situation unterschiedlich positiv oder negativ auf die beteiligten Personen ausfallen kann. Richtiges Verhalten in Situationen lässt sich allerdings einüben und z. B. durch das Belegen von Fortbildungen oder Seminaren erlernen.

Ebenfalls führt eine begünstigte Umwelt dazu, dass Herr Müller weiterhin destruktiv führen kann. Dazu zählen zum einen die fehlende Kontrolle von der Bezirksleitung, als auch eine hohe organisatorische Instabilität innerhalb des Unternehmens selbst (Lang, 2014). Außerdem werden schlechte Führungskräfte in der Regel sogar belohnt und gefördert (ca. 46 %), während bei 20 % sogar gar nichts passiert und die schlechte Führungskraft einfach hingenommen wird und weiter tätig sein darf (Einarsen et al., 2007).

Für das Personal ist der letzte Ausweg die Kündigung. Schließt man aber diese aus, wird es schwer für die Mitarbeiter/-innen, etwas gegen die destruktive Führung zu unternehmen. In der Regel findet man unter den Arbeitskräften auch zwei Gruppen, die entweder aktiv bei der Gestaltung der destruktiven Führung der Führungsperson mithelfen oder die passiv das Führungsverhalten hinnehmen oder hinnehmen müssen. In der passiven Gruppe ist es deshalb häufig auch der Fall, dass sie durch Zwang oder Manipulation beeinflusst werden, dass sie durch ihr fehlendes Selbstwertgefühl dazu geführt werden oder dass ihnen durch Machtausübung der Führungskraft keine andere Wahl bleibt. Die aktive Gruppe der Mitarbeiter/-innen hingegen teilt gemeinsame Werte- oder Zielübereinstimmung mit dem destruktiven Führenden und unterstützt ihn deshalb, oder sie will durch Ehrgeiz und Gier Belohnungen und eigene Vorteile aus dem Führungsverhalten ziehen (Lang, 2014).

Zusammenfassend lässt sich über die Fallstudie urteilen, dass sie von hoher Realitätsnähe profitiert und ganz sicher kein Einzelfall ist und bleibt. Schließlich ist destruktive Führung sehr weit verbreitet, denn in einer in Norwegen durchgeführten Befragung gaben 80 % der Beteiligten an, dass sie destruktive Führung in einer oder anderen Form schon erlebt haben (Einarsen et al. 2007). Sie lässt sich nur schwer verhindern und würde sicherlich nur durch gezielte Kontrollen von höheren Instanzen gestoppt werden können. Wichtig dabei wäre auch, dass auch wirklich gehandelt wird und destruktive oder narzisstische Führende ausgetauscht werden, da sie langfristig gesehen neben den Schäden an dem Personal immer dem Unternehmen selbst Schaden zufügen.

Literatur

Dahms, M. (2008). *Motivieren, Delegieren, Kritisieren: Die Erfolgsfaktoren der Führungskraft.* Wiesbaden: Gabler Verlag.

Einarsen, S., Aasland, M. S. & Skogstad, A. (2007). Destructive leadership behaviour: A definition and conceptual model. *The Leadership Quarterly,* 18(3), 207–216.

Lang, R. (2014). Ethische und destruktive Führung: Gute Führung – schlechte Führung. In Lang, R. & Rybnikova, I. (Hrsg.), *Aktuelle Führungstheorien und -konzepte* (S. 313–353). Wiesbaden: Springer Gabler.

Rybnikova, I. (2014). Psychoanalytische Führungssicht. In Lang, R. & Rybnikova, I. (Hrsg.), *Aktuelle Führungstheorien und -konzepte* (S. 33–55). Wiesbaden: Springer Gabler.

Padilla, A., Hogan, R. & Kaiser, R. B. (2007). The toxic triangle: Destructive leaders, susceptible followers, and conducive environments. *The Leadership Quarterly,* 18(3), 176–194.

Themengebiet V: **Unfälle in Organisationen**

Laida Uspik
21 Das Zugunglück von Eschede

21.1 Einleitung

Viele Organisationen haben eine große Verantwortung gegenüber Menschen und der Umwelt zu tragen. Von besonderer Bedeutung ist dabei, diese Verantwortung als höchste Priorität zu werten, die Unternehmensphilosophie danach auszurichten und sie dementsprechend in den Mittelpunkt aller Unternehmenstätigkeiten zu stellen. Die Sicherheit sollte stets die ökonomischen Ziele des Unternehmens übertreffen.

Im Rahmen dieser Hausarbeit befasse ich mich mit einer Fallstudie, die von Fehlentscheidungen in einer Organisation und deren Auswirkungen handelt. Ziel dieser Arbeit ist es, basierend auf einer ausführlichen Literaturrecherche und mithilfe einer theoretischen Analyse, die Fehlentscheidung in der vorliegenden Organisation, welche ich im weiteren Verlauf vorstellen werde, zu interpretieren. Diese Organisation, um die es sich in der Fallstudie handelt, ist ein beliebtes Reise- und Mobilitätsunternehmen. Meine Fallstudie ist daher auf Basis der großen Medienresonanz, die sich im Jahr 1998 bezüglich dieser Organisation entwickelt hat und bis heute nicht in Vergessenheit geraten ist, entstanden.

Bevor ich mit der Anwendung der Theorie beginne, erläutere ich zunächst bedeutende Informationen über das Unternehmen, welche als Zusatzinformationen in der Analyse einen fundamentalen Wert darstellen. Nach der theoretischen Anwendung schließe ich meine Arbeit mit einer Zusammenfassung der wichtigsten Erkenntnisse und einem daraus resultierenden Fazit ab.

21.2 Falldarstellung

Am 03.06.1998 ereignete sich das größte Zugunglück der Deutschen Bundesbahn aufgrund technischer Ursachen. Der Intercity-Express (ICE) 884 „Wilhelm Conrad Röntgen" befand sich auf der Fahrt von München nach Hamburg, wobei dieser mit 200 Kilometer pro Stunde (km/h) im niedersächsischen Eschede entgleiste und gegen eine Brücke krachte. Von insgesamt ca. 300 Reisenden kamen 101 Menschen um ihr Leben und weitere 105 wurden verletzt (National Geographic, 2014).

Der Regelverkehr der Hochgeschwindigkeitszüge bzw. ICEs begann im Juni 1991. Das Ziel der Deutschen Bahn war es, einen neuen Standard an Luxus und Fahrkomfort an Reisende im Fernverkehr anzubieten. Ein besonderes Merkmal des Luxuszuges war der Speisewagen mit einem reichlichen Angebot an Getränken und Speisen. Doch die Euphorie dauerte nicht lange an, denn ein paar Monate nach der Startfreigabe

https://doi.org/10.1515/9783110697308-021

kam es zu ersten Problemen, welche den Fahrkomfort beeinflussten und dem Image des Luxuszuges schadeten. Grund dafür waren die Stahlräder, welche sich unregelmäßig abnutzten und vor allem bei einer hohen Geschwindigkeit zu Vibrationen und Geräuschen führten, was sich besonders im Speisewagen bemerkbar machte. Unter dem Druck zunehmender Kritik beschloss die Deutsche Bahn, die bestehenden Räder durch zweiteilige zu ersetzen, da eine andere Lösung zu kostenaufwendig gewesen wäre. Dies war die preisgünstigste und schnellste Alternative, mit der sich in erster Linie der Fahrkomfort schlagartig verbessern konnte (National Geographic, 2014).

1998, auf der Fahrt von München nach Hamburg, kam es bereits wenige Minuten vor dem Zugunfall zu dem ersten Ereignis. Einem Augenzeugen zufolge riss ein riesiger Metallstreifen von unten in den Wagonboden ein. Eine sofortige Notbremsung ist jedoch nach Vorschrift nicht möglich gewesen, da der alarmierte Zugbegleiter sich zuerst ein Bild über den Schaden machen musste. In diesem Zeitintervall raste der beschädigte Zug jedoch weiterhin mit einer Geschwindigkeit von 200 km/h. Bevor die Notbremse gezogen werden konnte, geriet der Zug bereits ins Schleudern und entgleiste gegen eine Brücke (National Geographic, 2014).

Mithilfe modernster Computersimulationen wurde das folgenschwere Zugunglück rekonstruiert und dessen Ursache nachgegangen. Ein beschädigter Radreifen war für das Zugunglück verantwortlich, welcher durch die Materialermüdung gebrochen und von unten in den Wagonboden eingedrungen war (National Geographic, 2014).

Das zweiteilige Rad wurde noch nie zuvor bei Höchstgeschwindigkeitszügen eingesetzt, da gewöhnlich zweiteilige Räder nur bei denjenigen Schienenfahrzeugen verwendet werden, die mit einer Durchschnittsgeschwindigkeit von 24 km/h fahren. Fast ein Jahr vor dem Zugunglück in Eschede entdeckte die Betreibergesellschaft der Straßenbahn bereits gefährliche Ermüdungsbrüche an ihren zweiteiligen Rädern (National Geographic, 2014).

Es wurde entschieden, die zweiteiligen Räder öfter auszutauschen, bevor ein Defekt auftreten kann. Wenige Monate vor dem Zugunglück wurde ebenfalls die Deutsche Bahn über die Problematik der vorzeitigen Materialermüdung und deren einfachen Behebung unterrichtet. Der Straßenbahngesellschaft zufolge antwortete die Deutsche Bahn, dass sie bislang keinerlei Probleme mit Materialermüdung gehabt habe (National Geographic, 2014).

Vor dem Zugunfall, als die Techniker/-innen im ICE-Werk München Inspektionen mit modernen Ultraschallprüfgeräten durchgeführt hatten, waren permanent Fehlermeldungen aufgetaucht. Zudem wurde in der Woche vor dem Zugunglück das Rad, welches den Unfall auslöste, bei drei unabhängig voneinander automatischen Prüfungen als defekt eingestuft. Diese Fehlermeldungen wurden jedoch als unzuverlässig klassifiziert. Weitere Sicherheitskontrollen an den Zugrädern haben die Ingenieur(innen)e der Deutschen Bahn mit Leuchtstoffröhren durchgeführt, wodurch nur die großen Schäden zu erkennen gewesen seien – kleinste Ermüdungsbrüche in ihrer Anfangsphase keinesfalls. Als der Fehlerspeicher aus dem Computer des Zuges ausgelesen wurde, stellte man fest, dass bereits zwei Monate vor dem Zugunglück das Bahnpersonal bis zu acht Meldungen über Lärm und Vibrationen machte, welche von dem Drehgestell des defekten Rades ausgingen. Die Deutsche Bahn tauschte das Rad jedoch nicht aus (National Geographic, 2014).

Fragen zur Fallstudie:

1. Wie interpretieren Sie das unveränderte Verhalten der Ingenieur(innen)e trotz der Informationen über die schnell abnutzbaren Räder?
2. Wie erklären Sie die Entscheidung der Deutschen Bahn, die günstigste Variante zu wählen?

21.3 Die Privatisierung der Deutschen Bahn

„Seit den frühen 1990er-Jahren haben wechselnde parlamentarische Mehrheiten teilweise unter Einbindung der Opposition die Privatisierung der früheren Bundes- und Reichsbahn (DDR) trotz eines wachsenden Widerstandes in weiten Teilen der Bevölkerung vorangetrieben" (Engartner, 2008, S. 11). Im Januar 1994 wurde der überschuldete Staatsbetrieb Deutsche Bahn im Rahmen der Bahnreform dennoch privatisiert, blieb allerdings im Besitz des Staates. Eines der bedeutsamsten Ziele der Bahnreform war eine Entlastung des Bundeshaushaltes, doch der Staat führte die Subventionen fort, welche jährlich knapp 10 Milliarden € betrugen, was etwa 4 % des Bundeshaushalts entsprach (Hellwig, 2006). Darüber hinaus verschuldete sich die Deutsche Bahn wiederholt und die Altschulden blieben bestehen. Als Folge der zweiten Stufe der Bahnreform sollte außerdem ein Börsengang der Bahn erfolgen, welcher jedoch in Abhängigkeit von Subventionen ein politisches Risiko hätte darstellen können (Hellwig, 2006).

21.4 Die neoinstitutionalistische Organisationstheorie

Für die Erklärung der Fehlentscheidung in der vorliegenden Organisation werde ich die vorliegende Fallstudie mit Hilfe der neoinstitutionalistischen Organisationstheorie analysieren, da diese derzeit als ein überaus erfolgreiches Forschungsprogramm in der Organisationswissenschaft darstellt. Die neoinstitutionalistische Organisationstheorie ist eine sozialwissenschaftliche Theorie, die von den US-amerikanischen Organisationstheoretikern DiMaggio und Powell (1983), Meyer und Rowan (1977) und Zucker (1977) in den späten 1970er-Jahren begründet wurde (Walgenbach & Meyer, 2008). In den meisten Organisationstheorien und auch im Alltagsverständnis wird eine Organisation mit dem Ziel, eine technisch ökonomische Effizienz zu erreichen, definiert (Walgenbach & Meyer, 2008). Die neoinstitutionalistische Organisationstheorie konzentriert sich hingegen auf die Austauschbeziehungen zwischen einer Organisation und ihrer Umwelt. Daraus folgt, „dass Organisationen ihre Strukturen entsprechend den Anforderungen und Erwartungen in ihrer gesellschaftlichen Umwelt gestalten" (Walgenbach, 2019, S. 300). Umwelt ist dabei ein Sammelbegriff für alles, was außerhalb einer Organisation angesiedelt ist. Zu den bedeutsamsten Einflussfaktoren zählen Werte, Normen und Rationalitätsvorstellungen – finanzielle Abhängigkeiten fallen dabei geringer aus. Nach Meyer und Rowan (1977) werden die Anforderungen und Erwartungen einer bestimmten Zielgruppe aus Sicht der Organisation rationalisiert und zum Erreichen der Unternehmensziele als angemessene Mittel eingesetzt. Formale Organisationsstrukturen sind demnach Folgen des Legitimationsdrucks, welche zu einer selbstverständlichen Übernahme von Strukturen und Lösungen führen. Organisationen stehen jedoch vor der Problematik, mit unterschiedlichen Erwartungen konfrontiert zu werden. Diese Divergenzen können sowohl innerhalb der Organisation als auch zwischen den institutionellen Umwelten entstehen. Aufgrund dessen entsteht eine Entkopplung mit der Möglichkeit, eine Legitimationsfassade zu bewahren und diese Widersprüche zu beseitigen (Walgenbach & Meyer, 2008). DiMaggio und Powell (1983) gehen zusätzlich auf die Homogenität von organisationalen Strukturen und Managementpraktiken ein, welche unter Druck in einem Zusammenschluss von Organisationen entstehen können. Es wird dabei festgestellt, dass Organisationen sich bezüglich ihrer Organisationsstrukturen immer ähnlicher werden (Walgenbach & Meyer, 2008). „Nach Zucker weisen Institutionen eine hohe Beständigkeit auf. Sie werden über Generationen hinweg übertragen, werden beibehalten und zeigen sich gegenüber Änderungsversuchen in hohem Maß resistent" (Walgenbach & Meyer, 2008, S. 56).

21.5 Anwendung der neoinstitutionalistischen Organisationstheorie

Die herkömmlichen Erwartungen an Organisationen, die von einer Gesellschaft ausgehen, sind etwa, dass sie moderne Technologien oder bestimmte Verfahren nutzen. So kann man die Innovation der Hochgeschwindigkeitszüge als eine Erwartung und Vorstellung, die von einer bestimmten Anspruchsgruppe an die Deutsche Bahn ausgegangen ist, erklären. Dieser Anspruch wurde aus Sicht der Deutschen Bahn als rationalisiert und angemessen eingestuft, mit der die Unternehmensziele erreicht und die Überlebenschancen der Organisation durch einen hohen Ressourcenzufluss verbessert werden können (Walgenbach & Meyer, 2008). Die genannte Gruppe wird in der neoinstitutionalistischen Organisationstheorie als institutionelle Umwelt bezeichnet, die eigene Rationalitätsvorstellungen, Normen und Werte besitzt (Walgenbach & Meyer, 2008). Für die Organisation ist es außerdem von Bedeutung, sich zu legitimieren, denn erst dann kann das Vertrauen und der Glauben der internen und externen Akteure gewonnen werden, um die Vorstellungen und Erwartungen der Umwelt innerhalb der Organisation verwirklichen zu können (Walgenbach & Meyer, 2008). Um das Vertrauen und den Glauben an eine Organisation zu erhalten, werden Spezialisten eingestellt, welche mit institutionalisierten Vorstellungen und Erwartungen konfrontiert sind und eine Fassade der rationalen Organisation aufrechterhalten und vor allem öffentliche Einmischungen zu verhindern versuchen (Walgenbach & Meyer, 2008).

So kann angenommen werden, dass die Deutsche Bahn über solche Spezialisten verfügt haben könnte, die das Eindringen der Information über unbrauchbare Räder verhindert haben und diese somit den Ingenieur(innen)en vorenthalten wurden. Dies war vor allem wichtig, damit sich die Ingenieur(innen)e von den eingespielten Routinen und von den vorherrschenden Strukturen nicht ablenken ließen und basierend ihres Vertrauens gegenüber der Organisation die vorgegebenen Tätigkeiten ausführten. Deshalb könnte es für die Deutsche Bahn von großer Bedeutung gewesen sein, eine „Aura der Vertrauenswürdigkeit" (Walgenbach & Meyer, 2008, S. 31) aufrechtzuerhalten, um die Existenz der Organisation zu sichern. Trifft man die Annahme, dass die Deutsche Bahn seit der Gründung die gleiche Organisationsstruktur verfolgt und erhalten hat, ist sie daraus folgend gegenüber den Änderungsversuchen in hohem Maße resistent und von der eigenen Organisationsstruktur überzeugt gewesen.

Aus den gegebenen Informationen hervorgehend, befindet sich die Deutsche Bahn des Weiteren im Eigentum des Bundes. Das bedeutet nichts anderes, als dass der Staat Aufgaben, die er bisher selbst wahrgenommen hat, durch private Unternehmen ausführen lässt. Die Deutsche Bahn war von Anfang an somit in ein organisationales Feld eingebunden, in dem ein gemeinsames Sinnsystem herrschte und eine Strukturangleichung nicht zu umgehen war (Walgenbach & Meyer, 2008). Ein organisationales Feld ist nach DiMaggio und Powell (1983) als ein Konzept zu verstehen, welches für eine Gruppe von Organisationen steht, die in ein gemeinsames Sinnsystem eingebunden sind und durch aufeinander bezogene Handlungen und gemeinsame Regulationsmechanismen erkennbar wird (Walgenbach & Meyer, 2008). Die Organisationen innerhalb eines Feldes haben gemeinsam eine Umwelt geschaffen, wodurch es schwierig ist, eine bestimmte Änderung vorzunehmen. Der staatliche Einfluss sorgt daher für eine Homogenität, die in einem organisationalen Feld stattfindet und verhindert das Entstehen der Unterschiede zwischen einzelnen Organisationen. Diese Homogenität äußert sich vor allem dadurch, dass die ehemaligen staatlichen Unternehmen privatisiert und auf den Börsengang vorbereitet worden waren; die bekanntesten Beispiele sind die Deutsche Telekom oder die Deutsche Post. So ist die Deutsche Telekom beispielsweise auf dem fünften Platz der größten börsenorientierten Unternehmen Deutschlands, das Grundkapital ist in rund 4,76 Milliarden € eingeteilt, wodurch 68,1 % Anteile dem Bund gehören (Finanzen100, 2019; KfW, 2019). Da die Umsätze der Deutschen Telekom steigen, kann man davon ausgehen, dass der Staat von der Privatisierung profitiert (Fuchs, 2019). Es kann also angenommen wer den, dass der Staat von der Privatisierung der Deutschen Bahn ebenfalls profitieren wollte. Abgesehen davon sollte die Deutsche Bahn auf einen Börsengang vorbereitet werden, welcher laut den veröffentlichten Zahlungen der Bundesregierung nicht möglich gewesen sei. Die Deutsche Bahn war daher mit den Umweltbedingungen konfrontiert und war somit gezwungen, mit den Leistungen des Bundes sparsam umzugehen, um vor allem die Steuerzahler/-innen zu entlasten und den gewünschten Börsengang zu erreichen. Der geplante Börsengang mit den bestimmten Vorgaben und Regelungen bewirkte ebenfalls einen Zwang zur Homogenität. Somit lässt sich die Entscheidung seitens der Deutschen Bahn, sich für die günstigste Variante zu entscheiden, erklären.

21.6 Lösungsvorschläge auf Basis der Theorie

Basierend auf der institutionellen Vermittlung gesellschaftlicher Einflüsse, die von staatlichen Regierungseinrichtungen an die Deutsche Bahn ausgehen und somit eine Strukturangleichung beeinflussen, stelle ich einen Lösungsvorschlag vor, der der Fehlentscheidung, die aus der Fallstudie sichtbar wurde, entgegenwirken kann.

Der Vorschlag basiert auf der Strategie der Entkopplung, welche nur demonstrativ die Anpassung an die Erwartungen der institutionellen Umwelt signalisiert. Diese Strategie verhindert die Abgabe einer Bewertung aller beteiligten Akteure über die vorherrschende formale Organisationsstruktur. Demnach wäre mein Lösungsvorschlag ein Vertrauen zwischen den internen und externen Akteuren aufzubauen, indem man eigentliche Aktivitäten der Organisation sowie Probleme offenbart. Es lässt sich vermuten, dass, wenn die institutionelle Umwelt – hier die Gesellschaft – mit der finanziellen Lage als auch mit dem Konformitätsdruck seitens der Regierung an die Deutsche Bahn vertraut gewesen wäre, es nicht zu der vorzeitigen Kritik über Geräusche und Vibrationen gekommen wäre, da man dieses Problem mit späteren möglichen Gewinnen der Bahn hätte beseitigen können.

21.7 Zusammenfassung und Fazit

Die detaillierten Untersuchungen, die sich größtenteils auf die beiden Leitfragen konzentriert haben, ergaben, dass die Ursachen für die in der Fallstudie entstandenen Folgen nicht immer ein eigenes Verschulden des Unternehmens darstellen, sondern ein Zusammenspiel von vielschichtigen Faktoren sind. Die Ergebnisse meiner Analyse zeigen daher, dass die Umwelt, die außerhalb eines Unternehmens angesiedelt ist, einen großen Einfluss auf die organisatorischen Strukturen ausüben kann. Da die Deutsche Bahn AG 1998 im Besitz des Bundes war, eignet sich hierbei die neoinstitutionalistische Organisationstheorie, um diesen Einfluss seitens der Regierung zu verdeutlichen.

Aus gesellschaftlicher Sicht sollten die Ergebnisse dieser Fallstudie ebenfalls bedacht werden. Die Folgen von Beschwerden und hohen Erwartungen an Organisationen bezüglich neuer Technologien sind meist nicht bewusst, sodass diese verdeutlicht werden müssen, um zu verhindern, dass sie infolge von Druck seitens der Gesellschaft Sicherheitslücken aufweisen. Zudem ist es für den Einzelnen wichtig, sich über Sicherheitsmaßnahmen zu informieren, bevor diese neuen Technologien genutzt werden und Vertrauen in die jeweilige Organisation geschenkt wird.

Literatur

DiMaggio, P. J. & Powell, W. W. (1983). The Iron Cage Revisted: Institutional Isormorphism and Collective Rationality in Organizational Fields. *American Sociological Review*, 48(2), 147–160.

Engartner, T. (2008). *Die Privatisierung der Deutschen Bahn: Über die Implementierung marktorientierter Verkehrspolitik*. Wiesbaden: VS Verlag für Sozialwissenschaften.

Finanzen100 (2019). Die Top100 größten börsenorientieren Unternehmen Deutschlands: Nach Marktkapitalisierung. Verfügbar unter https://www.finanzen100.de/top100/die-grossten-borsennotierten-unternehmen-deutschlands/ (letzter Aufruf: 13.05.2019).

Fuchs, A. (2019). Deutsche Telekom setzt Wachstumskurs im Rekordjahr 2018 fort und übertrifft Finanzziele. Verfügbar unter https://www.telekom.com/de/medien/medieninformationen/detail/geschaeftszahlen-2018-563878 (letzter Aufruf: 13.05.2019).

Hellwig, M. (2006). Zum Börsengang der Deutschen Bahn AG: Wie bringt man einen Verlustmacher an die Börse? *Orientierungen zur Wirtschafts- und Gesellschaftspolitik*, 109, 4–5.

KfW (2019). Privatisierung der Deutschen Telekom. Verfügbar unter https://www.kfw.de/KfW-Konzern/Über-die-KfW/Auftrag/Sonderaufgaben/Privatisierung-der-Deutschen-Telekom/ (letzter Aufruf: 13.05.2019).

Meyer, J. W. & Rowan, B. (1977). Institutionalized Organizations: Formal Sturcture as Myth and Ceremony. *The American Journal of Sociology*, 83(2), 340–363.

National Geographic (2014). Fahrt in den Tod – Die ICE Katastrophe von Eschede – Doku/Dokumentation. [YouTube]. Verfügbar unter https://www.youtube.com/watch?v=XIcAXRAw4Zc (letzter Aufruf: 01.04.2019).

Walgenbach, P. (2019). Neoinstitutionalistische Ansätze in der Organisationstheorie. In Kieser, A. & Ebers, M. (Hrsg.), *Organisationstheorien* (8. Auflage, S. 300–350). Stuttgart: Kohlhammer Verlag.

Walgenbach, P. & Meyer, R. (2008). *Neoinstitutionalistische Organisationstheorie*. Stuttgart: Kohlhammer Verlag.

Zucker, L. G. (1977). The Role of Institutionalization in Cultural Persistence. *American Sociological Review*, 42(5), 726–743.

Melina Mantikowski

22 Germanwings-Flug 4U9525 am 24.03.2015

22.1 Einleitung

Wo Mitarbeiter/-innen als zentrales Element für den Unternehmenserfolg angesehen werden, zeigt sich auch wirtschaftlicher Erfolg. So wirbt auch die Germanwings auf ihrer Website: „Qualität, Professionalität und Begeisterung – mit diesen Werten wollen wir unsere Kunden überzeugen. Deswegen setzen wir ausschließlich auf bestens ausgebildete, hoch qualifizierte Mitarbeiter" (Eurowings, 2019).

Doch in jeder gut funktionierenden Organisation gibt es auch schwarze Stunden. So auch am Dienstag, den 24.03.2015 für die deutsche Fluggesellschaft Lufthansa. Denn dieser Tag ist einer der schwärzeren in der deutschen Luftfahrt. Andreas Lubitz, angestellter Pilot bei der Germanwings, bringt sich und 149 weitere Menschen in den französischen Alpen ums Leben. Hintergrund der Tat soll erweiterter Suizid sein (Bureau d'Enquêtes et d'Analyses pour la Sécurité de l'Aviation civile [BEA], 2016). Dieser fand während seiner Arbeitszeit statt und weckt daher mein Interesse nach dem Warum.

In meiner Analyse möchte ich tiefer auf die mögliche Ursache des Unglücks eingehen und beginne zuerst mit dem objektiven Unfallhergang. Anschließend folgt eine Erläuterung über den Piloten. Abschließend werde ich in meiner Analyse den Fragestellungen auf den Grund gehen und einen Zusammenhang zur Personalführung herstellen. Dabei werde ich mich an dem offiziellen Unfallbericht orientieren. Dieser wurde von dem Bureau d'Enquentès et d'Analyses pour la sécurité de l'aviation civile (BEA) erstellt. Die BEA ist die französische Behörde für Sicherheitsuntersuchungen in der zivilen Luftfahrt. Vorrangig beschäftigt sich diese Behörde auf eine Verbesserung der Sicherheit in der Luftfahrt. Die Schuld- oder Haftungssuche ist dabei nicht relevant (BEA, 2016).

22.2 Fallstudie

Am 24. März 2015 startete der Germanwings-Flug 4U9525 von Barcelona nach Düsseldorf. Dies war ein Linienflug der Tochtergesellschaft der deutschen Lufthansa, der am selben Tag aus Düsseldorf kommend in Barcelona gelandet ist. An Bord waren insgesamt 150 Menschen. Diese kamen jedoch nie in Deutschland an.

Das Flugzeug war bereits am Morgen um 08:57 Uhr des 24. März 2015 in Barcelona gelandet und sollte planmäßig um 09:35 Uhr wieder zurück nach Deutschland abheben, dies verzögerte sich jedoch auf 10:01 Uhr. Die Maschine war mit insgesamt

https://doi.org/10.1515/9783110697308-022

sechs Besatzungsmitgliedern ausgestattet und hatte 144 Passagiere an Bord. 72 davon kamen aus Deutschland, 51 waren spanische Passagiere und weitere 21 Menschen kamen aus 19 weiteren Ländern. Der Start der Maschine wurde vom ersten Offizier Andreas Lubitz gesteuert, diese erreichte dann um 10:27 Uhr ihre zugewiesene Reiseflughöhe von 11.582 Metern. Drei Minuten danach gab es den letzten Funkkontakt zur Flugsicherung durch den Kapitän, der dem zuständigen Fluglotsen in Marseille den Kurs bestätigte. Anschließend wurde die Durchführung des Funkverkehrs an den ersten Offizier übergeben. Der Kapitän verließ daraufhin das Cockpit. Um 10:30:53 Uhr, nur wenige Sekunden, nachdem der Kapitän die Cockpittür wie vorgeschrieben hinter sich verschlossen hatte, stellte der erste Offizier beim Autopiloten die Zielhöhe von 11.582 Meter auf 30 Meter um. Das Flugzeug ging in den Sinkflug und die Geschwindigkeit erhöhte sich von 510 km/h auf 600 km/h (Stockrahm, 2016).

Um 10:34 Uhr scheiterte der erste Kontaktversuch der Flugsicherung mit dem Cockpit. Gleichzeitig wurde über den Türsummer Zugang zum Cockpit angefordert. Dieser konnte durch eine Schaltleiste im Cockpitinneren abgelehnt werden. Dies dient zur Sicherung des Cockpitpersonals bei feindlichen Übergriffen während des Fluges. Das Kontrollzentrum versuchte indes weiter, die stetig sinkende Maschine anzufunken. Um 10:38 Uhr versuchte die französische Luftverteidigung dreimal die Flugbesatzung zu erreichen. Durch die spätere Auswertung des Stimmrekorders aus dem Cockpit lässt sich feststellen, dass der Kapitän durch Tritte und Schläge versuchte, in das Innere des Cockpits zu gelangen. Das gewaltsame Öffnen scheiterte jedoch, genauso wie jegliche Form der Kommunikation zum Copiloten. Durch den Stimmrekorder ist klar herauszuhören, dass der Copilot keine Reaktion von sich gab, lediglich seine Atemgeräusche waren zu hören. Um 10:40 Uhr ertönt im Cockpit das Warnsignal „Terrain, Terrain, Pull Up, Pull Up". Es fordert auf, die Maschine hochzuziehen. Kurz darauf aktiviert die Flugsicherung den Notfallalarm für das Flugzeug, denn vom Flugzeug selber hat das Kontrollzentrum kein Notsignal empfangen. Nur eine Minute, nachdem die akustische und visuelle Warnung im Cockpit Alarm geschlagen hatte, schlug das Flugzeug in einer Höhe von 1.550 Metern im Bergmassiv Trios-Eveches in den französischen Alpen auf. Aufgrund der erfolglosen Kontaktversuche erklärte die Flugsicherung um 10:40 Uhr die Notstufe, woraufhin ein französischer Kampfjet losgeschickt wurde, um die Situation des Flugzeugs zu überprüfen. Dieser konnte den Absturz der Maschine bestätigen (Stockrahm, 2016).

Andreas Lubitz flog seit 2014 als Copilot für die deutsche Billigfluggesellschaft Germanwings und hatte seine zweijährige Ausbildung bei dem Mutterkonzern Lufthansa Group beendet. Mit seinen 27 Jahren hatte der deutsche Staatsbürger bis zum letzten Arbeitstag eine gesamte Flugstundenanzahl von 919 Stunden. Vor Beginn seiner Ausbildung wurde durch eine Berufsgrunduntersuchung festgestellt, dass er die grundlegenden Fähigkeiten eines Piloten mitbringt. Andreas Lubitz war im Besitz eines Tauglichkeitszeugnisses der Klasse 1, welches im April 2008 zum ersten Mal ausgestellt wurde, nachdem er erfolgreich am Auswahlverfahren der Lufthansa Flight

School teilgenommen hatte. Dieses Zeugnis muss jährlich neu ausgestellt werden, eine Verlängerung im April 2009 bekam er nicht. Im September 2008 begann dann der Grundkurs der Pilotenschule in Bremen. Bereits im November 2008 musste er die Ausbildung aus medizinischem Grund aussetzen, nach einer Dauer von neun Monaten setzte er die Ausbildung im August 2009 fort. Sein Tauglichkeitszeugnis fundierte aber ab Juli 2009 auf einer Sondergenehmigung, da der medizinische Grund für seine Pausierung eine schwere depressive Episode ohne psychotische Symptome war. In dieser Sondergenehmigung war festgelegt worden, dass das Tauglichkeitszeugnis ungültig werden würde, sobald ein Rezidiv der Depression auftreten würde. Fünf Monate nach der letzten Verlängerung seines Tauglichkeitszeugnisses begann Andreas Lubitz jedoch Symptome zu zeigen, die zu einer psychotisch depressiven Episode passten. Er suchte daraufhin mehrere Ärzt(innen)e und auch einen Psychiater auf, die ihm antidepressiv wirkende Medikamente verschrieben. Zwischen dem Beginn der Verschlechterung seines Gesundheitszustandes im Dezember 2014 und dem Tag des Unfalls hatte der Copilot keinen Fliegerarzt kontaktiert. Sein letztes Tauglichkeitszeugnis bekam Andreas Lubitz am 28. Juli 2009, dies sollte bis zum 14. August 2015 gültig sein (Stockrahm, 2016).

Im Februar 2015 diagnostizierte ein Arzt eine psychosomatische Störung sowie eine Angststörung und überwies den Copiloten an einen Psychiater. Dieser diagnostizierte eine mögliche Psychose und empfahl ihm eine Behandlung in einem psychiatrischen Krankenhaus. Keiner der Gesundheitsdienstleister informierte die Luftfahrtbehörde über die psychische Verfassung des Piloten, diese standen aber auch unter dem Eid der Schweigepflicht. Des Weiteren wurden die zuständigen Behörden auch von niemand anderem, wie z. B. Angehörigen oder zuständigen Ärzten informiert. Bis heute wird von den Angehörigen abgestritten, dass Andreas Lubitz unter schweren Depressionen litt. Demnach lässt es sich nur erahnen, wie verschlossen Andreas Lubitz mit seiner Erkrankung gelebt hat. Es wurden mehrere Arbeitsunfähigkeitsbescheinigungen ausgestellt, wovon nicht alle an Germanwings weitergeleitet wurden. Somit konnte weder eine Behörde noch Germanwings eingreifen, um zu verhindern, dass der Copilot an diesem Tag den Flug 4U 9525 nach Düsseldorf durchführte (Stockrahm, 2016).

Fragen zur Fallstudie:

1. Welche Mitverantwortung trägt die Lufthansa für das Unglück?
2. Lässt sich das Unglück zweifellos durch die Depressionen erklären?

22.3 Analyse

Nachfolgend wird die vorgestellte Fallstudie auf Basis von gesetzlichen Bestimmungen und relevanten theoretischen Konzepten (in dem Fall die Bedürfnispyramide nach Maslow sowie die Leistungsmotivationstheorie nach McClelland) analysiert. Zudem werden Lösungsansätze hinsichtlich der genannten Fragestellungen bezüglich der Fallstudie formuliert.

Gesetzliche Lage

Die Internationale Zivilluftfahrtorganisation (International Civil Aviation Organisation, ICAO) stellt die Regelungen für die medizinische Tauglichkeit von Piloten (BEA, 2016). Zu den Aufgaben dieser Sonderorganisation der Vereinten Nationen mit dem Hauptsitz in Montreal gehören u. a. die Standardisierung und Sicherheit des Flugverkehrs, die Entwicklung von Infrastrukturen sowie die Erarbeitung von internationalen Verkehrsrechten. Das für Europa zuständige ICAO-Regionalbüro befindet sich in Paris. Deutschland wird durch eine ständige Delegation des Bundesministeriums für Verkehr und digitale Infrastruktur vertreten. Die ICAO hat Richtlinien für die Lizenzierung von Luftfahrtpersonal vorgelegt, die eine international einheitliche Handhabung verschiedenster praktischer Aspekte der Luftfahrt ermöglichen und die weltweiten Mindeststandards für diese Dienstleistungen definieren (BEA, 2016).

Alle Flugpilot(innen)en müssen eine gültige Untersuchung für die Tauglichkeit der Klasse 1 besitzen, um ihren Job durchführen zu dürfen. Alle Antragsteller müssen bestimmte körperliche und psychologischen Voraussetzungen erfüllen. Denn nur so kann sichergestellt werden, dass die Bewerber/-innen nicht an einer Krankheit oder Behinderung leiden und somit nicht in Gefahr geraten, das Flugzeug nicht mehr führen zu können (BEA, 2016). Die Lufthansa führt diese Untersuchung mittels einer Befragung durch, um so die Stimmung, die Denkprozesse und die Einsicht der Bewerber/-innen zu ermitteln. Die psychiatrische Beurteilung wird bei jeder Untersuchung durchgeführt und anschließend wird eine Besprechung der Ergebnisse durch den flugmedizinischen Sachverständigen erwartet (BEA, 2016).

Um eine Untersuchung durchführen zu dürfen, müssen die Mediziner/-innen in der Luftfahrtmedizin ausgebildet sein. Die medizinischen Untersucher/-innen dürfen bei komplizierten und ungewöhnlichen Fällen die Beurteilung aufschieben, dann muss der Fall aber an medizinische Gutachter/-innen der Lizensierungsbehörde für eine abschließende Beurteilung weitergereicht werden (BEA, 2016).

In Bezug auf Depressionen wird empfohlen, dass Antragsteller/-innen, die mit Antidepressiva behandelt werden, als nicht tauglich eingestuft werden sollen, es sei denn, die Ärzt(innen)e haben Zugang zu Einzelheiten und können eine sichere Ausübung der Lizenzprivilegien versichern (BEA, 2016).

Des Weiteren werden vom ICAO im „Manual of Civil Medicine Paragraph 3.2" Richtlinien für die Untersuchung von Pilot(innen)en mit Depressionen gestellt. Außerdem wird ein akzeptables Risikolevel für den Ausfall eines Besatzungsmitglieds während des Fluges definiert. Die „1-%-Regel" besagt durch statistische Berechnungen, dass das Risiko eines Ausfalls des Piloten auf 1 % im Jahr beschränkt ist und auch gleichzeitig impliziert wird, dass von 100 Pilot(innen)en mit identischer Verfassung nur eine/r im Jahr erkranken würde – die anderen 99 nicht (BEA, 2016). Das Risiko dieser 1 % pro Jahr basiert auf dem Multi-Crew-Betrieb, bei dem die/der zweite Pilot/-in im Falle einer plötzlich eintretenden Erkrankung übernehmen kann. Die Schwierigkeit bei dieser Regel ist jedoch, dass die Anwendung nicht immer stattfinden kann, da ausreichende epidemiologische Daten nicht immer zur Verfügung stehen.

Die Vorschriften für den Fall einer Verschlechterung des Gesundheitszustands lauten: „Holders of licenses provided for in this Annex shall not exercise the privileges of their licenses and related ratings at any time when they are aware of any decrease in their medical fitness which might render them unable to safely and properly exercise these privileges" (BEA, 2016, S. 50).

Zusätzlich wird angeraten: „States should ensure that license holders are provided with clear guidelines on medical conditions that may be relevant to flight safety and when to seek clarification or guidance from a medical examiner or Licensing Authority" (BEA, 2016, S. 50).

Von der Europäischen Union (EU) wird gefordert, dass Bewerber mit einer negativ auffallenden Stimmungs-, Persönlichkeits- oder Verhaltensstörung sich einer psychiatrischen Beurteilung unterziehen müssen, bevor die Flugtauglichkeit bewertet werden kann.

Das Personalmanagement von Pilot(innen)en bei der Lufthansa Group

Jede/r Pilot/-in, die/der für die Lufthansa Group angestellt ist, hat seine Ausbildung in der Lufthansa Flight Training School (LFT) absolviert (BEA, 2016). 2008 wurden dort von 6.530 Bewerbenden insgesamt 384 ausgewählt, um die Ausbildung anzutreten. Mehrere Auswahlverfahren sollen sicherstellen, dass die Kandidat(innen)en u. a. Kenntnisse der Elektrotechnik, Mechanik, Wärme und Strömungslehre, logisches und kognitives Denken sowie Multitasking vorweisen können und dass sie psychomotorische Fähigkeiten besitzen. Außerdem wird jeder Auszubildende auf seine Teamfähigkeit und Loyalität getestet (BEA, 2016). Die Pilot(innen)en profitieren von der hauseigenen Pilotenschule. Bei einem erfolgreichen Abschluss werden alle Absolvent(innen)en von der Lufthansa Group übernommen, verlieren aber im Falle einer Kündigung ihre Pilotenlizenz. Diese kann auch ihre Gültigkeit verlieren, wenn die Pilot(innen)en die Rahmenbedingungen des Arbeitgebenden nicht mehr erfüllen. Diese werden durch die Flugmedizinische Tauglichkeitsuntersuchung schon beim Bewerbungsverfahren getestet und anschließend jährlich kontrolliert. Durch hauseigene

Fliegerärzte wird die Gesundheit der Pilot(innen)en sichergestellt. Nach erfolgreicher Beendigung der Ausbildung findet eine Einstellung der Flugschüler/-innen durch die Lufthansa statt. Am Ende des Trainings an der LFT entscheidet das Management, ob die Einstellung bei der Lufthansa oder der Germanwings stattfinden wird (BEA, 2016).

Die Ausbildung zum Piloten kostet ca. 150.000 €, von denen die Schüler/-innen selbst 60.000 € zahlen (BEA, 2016). Diese werden üblicherweise über einen Kredit finanziert, den die Pilot(innen)en dann abbezahlen, wenn sie eine Anstellung bei der Lufthansa Group bekommen haben.

Mit dieser Anstellung bekommen die Pilot(innen)en auch eine betriebliche Versicherung. Diese enthält die Minimumabdeckung für das Risiko eines Lizenzverlusts. Diese Versicherung ist ein Teil des Tarifvertrags, das bedeutet, dass die Pilot(innen)en eine Frühberentung im Falle eines Lizenzverlustes erhalten. Dafür müssen die Pilot(innen)en aber mindestens seit zehn Jahren Mitarbeiter/-innen sein und mindestens 35 Jahre alt sein. Sollte dies nicht der Fall sein, würde eine Einmalzahlung erfolgen. Die Höhe dieser Zahlung hängt wieder von der Dauer der Beschäftigung ab (BEA, 2016). Im Fall von Andreas Lubitz (angestellt seit 2013) läge die Höhe der Zahlung bei 58.799 €, da er unter fünf Jahren angestellt war.

Hätte er die 5-Jahres-Grenze überschritten, wären es 79.250 € gewesen (BEA, 2016). Obwohl es nicht vorgeschrieben ist, haben die meisten Pilot(innen)en eine zusätzliche Versicherung, die potentielle Einkommensverluste aufgrund von Fluguntauglichkeit übernommen hätte. Diese hatte Andreas Lubitz aber nicht, da er diese durch seinen Vermerk im Tauglichkeitszeugnis nicht genehmigt bekommen hätte.

Maslowsche Bedürfnispyramide

Alles Böse und Schlechte sei nicht auf die Natur des Menschen zurückzuführen, sondern auf die Art und Weise, wie nicht artgerecht mit ihm umgegangen wird. Wenn eine Entwicklung ohne eine Behinderung stattfindet, wird er sich angetrieben von seinen Bedürfnissen entwickeln (Maslow, 2010). Dabei wird in zwei verschiedenen Bedürfnissen unterschieden. Die Defizitbedürfnisse sorgen für die Zufriedenheit in der Entwicklung, dabei wird das Überleben gesichert. Die Voraussetzung dieser Befriedigung ist eine dauerhafte psychische und körperliche Gesundheit.

Eine Vollendung dieses Bedürfnisses führt zur Zufriedenheit. Als zweites Bedürfnis steht das Wachstumsbedürfnis. Der Unterschied zum ersten Bedürfnis ist sehr einfach. Beim ersten kann eine Vollendung erfolgen, denn ein Hungergefühl kann gestillt werden. Das Wachstumsbedürfnis stellt dem Menschen aber die Schwierigkeit der Selbstverwirklichung, die bis zum Tod unerreichbar sein kann. Da die Vollendung eher in kleinen Etappen dem Ziel immer näherkommt, ist das Gefühl der Vollendung Glück (Maslow, 2010).

Ein anstehender Jobverlust kann beide Bedürfnisse in Gefahr bringen und somit ein Unwohlsein auslösen. Hauptsächlich das Bedürfnis nach Wachstum in der Selbstverwirklichung wird durch die Kündigung bedroht. Die meisten Piloten werden motiviert durch die Leidenschaft zum Fliegen, eine Selbstverwirklichung im Traumberuf würde durch den Jobverlust nicht mehr stattfinden können. Die Maslowsche Bedürfnispyramide sollte somit in dieser Fallstudie als Basis dienen, um die psychologische Motivation des Copiloten Andreas Lubitz zu verstehen.

Leistungsmotivationstheorie nach McClelland

Diese Theorie lässt sich in drei verschiedene Bedürfnisse eingruppieren, die laut dem Autor erst nach der Geburt erlernt werden können.

Als Erstes steht das Bedürfnis „need for achievement", das Streben nach Leistung. Hier steht das Erreichen eines gesetzten Zieles im Fokus. Das soll durch die eigene Leistung erreicht werden. Begleitet wird dieses Bedürfnis von zwei Variablen: das Hoffen auf Erfolg und die Angst vor dem Misserfolg (McClelland, 1961). Eine einseitige Orientierung kann durch die Mitarbeiter/-innen erfolgen. Das Resultat ist dann entweder eine Orientierung an Erfolg – diese wählen meist schwierige Aufgaben. Mitarbeiter/-innen, die sich an der Variable Misserfolg orientieren, versuchen schwierige Aufgaben zu vermeiden.

Als zweites Bedürfnis beschreibt McClelland das soziales Streben – „need for affiliation" (McClelland, 1961, S. 160). Hier begrenzt sich der Inhalt auf das Streben nach Zugehörigkeit und die zwischenmenschlichen Beziehungen. Dabei ist es dem Menschen wichtig, von anderen durch die eigene erbrachte Leistung wertgeschätzt zu werden. Diese Menschen halten sich stets an die Regeln, eine Änderung der Regeln hat für sie keine Notwendigkeit. Sie befolgen diese Regeln hauptsächlich aus Angst davor, abgelehnt zu werden.

Die letzte Leistungsmotivation ist das Streben nach Macht. Dieses Bedürfnis beinhaltet den Willen, Einfluss über Dritte zu erlangen und somit in der Unternehmenshierarchie aufzusteigen.

Mitarbeiter/-innen, bei denen der dominierende Motivator das Bedürfnis Macht ist, kontrollieren und beeinflussen andere, um einen höheren Status und mehr Prestige zu erlangen. Diese Menschen pflegen den Konkurrenzkampf. Oft entwickeln sich diese Menschen zu starken Führungspersonen, wenn sie über ausreichend Fähigkeiten verfügen, um ihre Wünsche zu befriedigen.

In dem beschriebenen Fall lassen sich diese Motivatoren ableiten, um zu verstehen, wie die Handlung des Copiloten zustande gekommen ist. Denn die Motivation etwas durchzuführen wird durch Energie und Ausdauer begleitet, die durch diese Theorie erklärt wird. Als Basis wird hier die Entwicklungs- und Persönlichkeitspsychologie beschrieben. Im Allgemeinen wird hier die Tendenz beschrieben, sich für oder gegen eine Handlung zu entscheiden. Da Andreas Lubitz vor mehreren Handlungsalternativen stand, kann diese Theorie als Hilfestellung berücksichtigt werden, um dieses Unglück besser zu verstehen.

Die Analyse der Fragen zur Fallstudie

Obwohl die Medien den Tatbestand subjektiv in eine Richtung lenken, ist es gerade in einem so tragischen Fall wichtig, nicht nur in eine Blickrichtung zu schauen.

Fakten belegen, dass Andreas Lubitz unter Depressionen litt. Mehrere Krankschreibungen belegen, dass diese ihm die Teilnahme am Leben erschwert haben (BEA, 2016). Doch welche Mitverantwortung trägt dabei die Lufthansa?

Der Traumberuf Pilot/-in ist für viele tatsächlich nur ein Traum. Die hohen Kosten, die die Ausbildung mit sich bringt, bremst die meisten schon bei der Bewerbung. Durch Kredite der Lufthansa Group wird es aber vielen ermöglicht, die Ausbildung trotzdem absolvieren zu können. Diese Kredite müssen die werdenden Berufspilot(innen)en dann ab Beginn ihres Arbeitseinsatzes abbezahlen (BEA, 2016). Doch wenn die Absolvent(innen)en sehr schnell erkranken und ihnen sogar frühzeitig das berufliche Aus droht, droht ihnen dann nicht auch der persönliche finanzielle Ruin? Eine Tatsache, die einen psychisch Vorgeschädigten keine Besserung seiner Gesundheit verspricht.

Die Lufthansa Group steht dabei aber nicht teilnahmslos daneben, es gibt eine betriebliche Versicherung die mit dem Tarifvertrag verbunden ist. Diese Frühberentung tritt aber erst in Kraft, wenn man schon mindestens seit zehn Jahren Mitarbeiter/-in der Lufthansa Group ist und das 35. Lebensjahr vollendet hat (BEA, 2016). Andreas Lubitz hat diese Anforderung nicht erfüllt und hätte somit eine Einmalzahlung von 58.799 € bekommen. Dieser Betrag wird ebenso durch die Dauer der Berufsvereinbarung begründet. Die Summe hätte tatsächlich gereicht, um seine Schulden zu bezahlen, jedoch nicht, um ein sorgenfreies Leben führen zu können. Zusätzlich hätte er eine externe Berufsunfähigkeitsversicherung abschließen können, doch das tat er nicht, da ihm klar war, dass er mit dem Eintrag in sein Tauglichkeitszeugnis keine Versicherung abschließen kann (BEA, 2016).

Bei der Betrachtung all dieser Punkte lässt sich zusammenfassen, dass die Zukunft für Andreas Lubitz sehr vage aussah. Ohne eine Frühberentung durch den Arbeitgebenden und ohne eine Berufsunfähigkeitsversicherung sind Pilot(innen)en durch eine Krankheit finanziell sehr eingeschränkt, nahezu belastet. Womöglich hat ihn das sehr belastet, da er sich durch seinen Arbeitgebenden sehr alleine gelassen gefühlt hat, obwohl er doch sehr viel Geld in seine Ausbildung gesteckt hat. Diese Unzufriedenheit könnte ihn auf den Gedanken gebracht haben, einen Weg zu finden, wie er der Lufthansa am meisten Schaden zuführen könnte.

Die allgemeine Unzufriedenheit der Pilot(innen)en lässt sich auch belegen, da es in der Zeit seit 2014 mehrere Pilotenstreiks bei der Lufthansa gab, da die Pilot(innen)en bessere Vertragskonditionen verlangen.

Im Falle einer Erkrankung an Depressionen nimmt die Luftfahrtbehörde an, dass die Pilot(innen)en sich selbst berufsunfähig melden (BEA, 2016). Das Andreas Lubitz sich seinem Krankheitsverlauf im Klaren war und auch die Konsequenzen kannte, die damit einkehren, zeigen seine selbst gewählten Gänge zu den verschiedensten Ärzt(innen)en sowie die durchgerissene Arbeitsunfähigkeitsbescheinigung vom 24.03.2015. Trotzdem fand die Selbstmeldung nicht statt, da ihm auch die Konsequenzen des Jobverlusts bekannt waren (BEA, 2016).

Rund 10,6 % aller Deutschen leiden an chronischen Depressionen (Eurostat, 2014). Eine Depression kann auch Symptome einer psychiatrischen Störung mit sich bringen und somit die mentalen Fähigkeiten des Erkrankten beeinflussen. Dies kann auch bei Andreas Lubitz der Fall gewesen sein, somit hätte er an Realitätsverlust gelitten und konnte damit die Situation, in der er sich befand, nicht mehr einschätzen (BEA, 2016). Die Medikamente, die er verschrieben bekommen hatte, haben den Effekt womöglich noch verstärkt. Während der toxikologischen Untersuchung der Überreste des Copiloten fand man Rückstände von Citalopram, Mirtazapin (Antidepressiva) und Zopiclon (Schlafmittel) (BEA, 2016). Eine objektive Sichtweise der Situation war so für ihn eventuell nicht mehr möglich. Dies kann sehr belastend sein, ein Abwägen seiner Möglichkeiten hat ihn womöglich noch depressiver gemacht, da der richtige mögliche Ausweg für ihn nur eine negative Konsequenz hatte. Diese Erkenntnis kann einen psychisch Erkrankten schnell in einen Teufelskreislauf bringen, aus dem er dann nicht mehr rauskommt. Die schlimmste Auswirkung einer Depression ist oftmals der letzte Ausweg aus diesem Kreislauf – die Selbsttötung. Dabei können wir aber nicht von einem erweiterten Suizid im Falle von Andreas Lubitz sprechen, denn bei dieser Art von Selbsttötung nimmt man Menschen aus dem näheren Umfeld mit in den Tod. Die Passagiere aus dem Flug 4U9525 hatten keine tiefere Bindung zu dem Copiloten. Die Frage, ob eine Depression dieses Unglück ausgelöst hat, lässt sich somit nur teilweise beantworten. Die Ausweglosigkeit des Piloten lässt sich leider nur erahnen.

22.4 Fazit und Handlungsempfehlung für das Personalmanagement

Nach Anbetracht aller Punkte ist es unmöglich, einen Schuldigen für dieses Unglück zu finden. Bei der Betrachtung dieses Fallbeispiels sollte auch nicht die Frage der Schuld im Raum stehen, sondern sollte man sich fragen, wie man solche Katastrophen in Zukunft vermeiden kann. Dabei ist es wichtig, die Menschheit auf das Thema Depressionen zu sensibilisieren, damit sich jeder Hilfe sucht, der Hilfe braucht. Denn egal ob Angestellter oder Führungskraft, es kann jedem passieren, dass es im Leben nicht gut läuft. Dann ist es wichtig, sich nicht alleine zu fühlen. Dieses Gefühl wird Andreas Lubitz wohl auch gehabt haben, denn weder seine engsten Verwandten noch sein näheres Umfeld waren darüber informiert, wie es ihm geht (BEA, 2016).

Wir als Arbeitnehmer/-innen verbringen die meiste Zeit unseres Tages in dem Unternehmen, in dem wir angestellt sind. Daher ist es von großer Wichtigkeit, dass es dort Möglichkeiten gibt, sich mitzuteilen und sich Hilfe zu suchen. In der Luftfahrt gibt es dafür ausgebildete Fliegerpilot(innen)en, da die Pilot(innen)en eine hohe Verantwortung bei der Beförderung von Passagieren mit sich tragen. Eine regelmäßige

Beurteilung der Gesundheit ist also sehr wichtig, sollte eine Beeinträchtigung festgestellt werden, sollte es den Ärzt(innen)en dann möglich sein, die Schweigepflicht zu brechen, um andere Menschen schützen zu können. Dieser Handlungsvorschlag wird in den Medien kontrovers diskutiert, denn der Mensch ist nicht statisch, sondern reagiert auf veränderte Regeln. Wenn die Pilot(innen)en wissen, dass die ärztliche Schweigepflicht in einer für sie extra abgeschwächten Version existiert, dann ist die Wahrscheinlichkeit, dass keiner mehr zu medizinischem Fachpersonal geht, sehr hoch. Denn die Konsequenzen eines Verlusts der Fluglizenz sind sehr radikal. Andreas Lubitz hätte nach seiner Selbstmeldung keine Chance auf eine Fortführung seines Berufes gehabt, womöglich wäre dadurch sein Traum geplatzt. Die Tatsache, gesagt zu bekommen, dass man seine Leidenschaft nicht mehr ausführen darf, muss sehr niederschmetternd gewesen sein. Man sollte daher den Pilot(innen)en im Falle eines Verlusts der Pilotenlizenz anbieten, eine Position innerhalb des Unternehmens übernehmen zu können. Solch eine Aussicht kann auch die Motivation stärken, sich selbst zu melden. In dem Fall von Andreas Lubitz hätte somit die Tat verhindert werden können. Durch die frühzeitige Kenntnis der Berufsunfähigkeit hätte ein frühzeitiger Abzug aus dem Flugverkehr stattfinden können und Andreas Lubitz hätte nie den Flug nach Düsseldorf angetreten.

Literatur

Bureau d'Enquêtes et d'Analyses pour la Sécurité de l'Aviation civile (2016). Abschlussbericht. Verfügbar unter https://www.bea.aero/uploads/tx_elyextendttnews/BEA2015-0125.de-LR_04.pdf (letzter Aufruf: 28.06.2019).

Eurowings (2019). Unsere Crew. Verfügbar unter https://www.eurowings.com/de/informieren/ueber-uns/crew.html (letzter Aufruf: 28.06.2019).

Maslow, A. (2010). *Motivation und Persönlichkeit* (P. Kruntorad, Übersetz.). Hamburg: Rowohlt.

McClelland, D. (1961). *The achieving society*. Princeton: Van Nostrand.

Stockrahm, S. (2016). War der Absturz vermeidbar? Verfügbar unter https://www.zeit.de/wissen/2015-03/airbus-a320-germanwings-absturz-frankreich-faq (letzter Aufruf: 28.06.2019).

Jasper Konertz

23 Die Flugzeugkollision von Überlingen

23.1 Einleitung

Am 1. Juli 2002 um 23:35 Uhr kollidierten zwei Verkehrsflugzeuge auf etwa 10.600 Metern Höhe über dem Bodensee. Besonders tragisch ist die Tatsache, dass ein Flugzeug fast ausschließlich mit hochbegabten Kindern aus Russland besetzt war, die aufgrund ihrer guten schulischen Leistungen mit einer Reise nach Barcelona belohnt werden sollten.

In meiner Analyse möchte ich den Verlauf der Geschehnisse in einer Fallstudie darlegen und im weiteren Verlauf die Unfallursachen herausarbeiten. Da bei den Unfallursachen die Rolle des Individuums in einer Gruppe eine große Rolle gespielt hat, lassen sich diese sehr gut mit Theorien aus dem Bereich des Personalmanagements analysieren. Ich möchte mithilfe dieser Theorien neue Ansätze finden, mit denen man das menschliche Verhalten in der Unglücksnacht erklären kann. Mit diesen Erkenntnissen möchte ich auf Faktoren, die Flugunfälle begünstigen, aufmerksam machen.

23.2 Falldarstellung

Am frühen Abend des 1. Juli 2002 startete eine Tupolew Tu-154M der russischen Bashkirian Airlines von der Startbahn des Flughafens Moskau-Domodedowo und machte sich auf den Weg nach Barcelona. Die 60 Passagiere und neun Crewmitglieder erwarteten eine ruhige Nacht auf dem viereinhalbstündigen Flug. Wenig später, in der Dämmerung über Bergamo, machte sich auch die zweiköpfige Crew einer Boeing 757-200 des Frachtunternehmens DHL zum Take-off nach Brüssel bereit. Die Flugroute beider Maschinen wird sich über dem Bodensee kreuzen (Bundesstelle für Flugunfalluntersuchung [BFU], 2004).

Der betreffende Luftraum wurde durch das schweizerische Flugsicherungsunternehmen Skyguide überwacht. An diesem Abend hatte nur ein Fluglotse Dienst im Kontrollraum des Area Control Centers (ACC) Zürich. Vorgeschrieben sind jedoch mindestens zwei, auch in der eher wenig frequentierten Nachtschicht. Für den Fluglotsen kam erschwerend hinzu, dass seine Flugsicherungssysteme gewartet wurden und somit akustische und visuelle Warnungen vor Kollisionen deaktiviert waren. Weiterhin war die gesamte Telefonanlage außer Betrieb. Als um etwa 23:20 Uhr ein verspätetes Flugzeug in Friedrichshafen landen wollte, sah sich der Lotse mit einer Doppelbelastung konfrontiert: Er musste zwischen dem Bildschirm für den Anflug Friedrichshafen und dem Bildschirm für den gesamten Luftraum hin- und herwech-

https://doi.org/10.1515/9783110697308-023

seln, um alle Aufgaben erfüllen zu können. Beide Bildschirme waren etwa zwei Meter voneinander entfernt (BFU, 2004).

Zu diesem Zeitpunkt befanden sich die DHL-Maschine und das russische Flugzeug auf der Flughöhe 360 (36.000 ft Höhe) und damit bereits auf Kollisionskurs. Um einer Kollision durch ein fehlendes Eingreifen des Fluglotsen entgegenzuwirken, waren beide Flugzeuge mit einem Kollisionswarn- und Ausweichsystem, dem Traffic Alert and Collision Avoidance System (TCAS), ausgerüstet. Das System erkennt auf Kollisionskurs befindliche Flugzeuge und gibt automatisiert Ausweichbefehle an beide Pilotencrews, wenn eine Lösung des Konflikts durch den Lotsen unterbleibt und die Kollision unmittelbar bevorsteht. Es wurde entwickelt, um eine Verkettung von technischen Fehlern und/oder menschlichem Versagen zu unterbrechen. Das System arbeitet bodenunabhängig, der Fluglotsende wird nicht informiert (BFU, 2004).

Da der Fluglotse mit dem landenden Flugzeug in Friedrichshafen beschäftigt war und durch die Wartungsarbeiten auch keine Kollisionswarnung auf seinem Monitor angezeigt wurde, löste das TCAS in beiden Flugzeugen um 23:34:42 (60 Sekunden vor der Kollision) eine Meldung aus und wies die Piloten auf den Konfliktverkehr hin. Als der Fluglotse sich wieder dem anderen Bildschirm zuwendete, bemerkte er endlich die drohende Kollision. Um 21:34:49 gab der Lotse der TU-154 den Befehl, schnell auf Flughöhe 350 (35.000 ft) zu sinken: „[…] descend flight level 350, expedite, I have crossing traffic" (BFU, 2004, S. 9).

Nur sieben Sekunden später löste das TCAS einen Ausweichbefehl aus. Es gab der DHL-Maschine die Anweisung zu sinken und dem russischen Flugzeug die Anweisung zu steigen. Die russischen Piloten waren verwirrt, da sie zwei unterschiedliche Instruktionen erhalten hatten – Copilot: „Es (TCAS) sagt (говорит) ‚steigen'" (BFU, 2004, S. 9). Der aktuell nicht fliegende Pilot sagte dann: „Er […] (Flugverkehrskontrolle) fordert uns zum Sinken auf!". Daraufhin der Copilot fragend: „Zum Sinken?" (BFU, 2004, S. 9).

Da die russischen Piloten nicht reagierten, wiederholte der Lotse die Anweisung zu sinken um 23:35:03 Uhr noch einmal und erhielt sofort die Bestätigung des Sinkflugs durch den verantwortlichen Piloten, der unmittelbar danach das Steuerhorn nach vorne drückte. Der Lotse sah die Situation als entschärft an und wendete sich wieder dem landenden Flugzeug auf dem anderen Bildschirm zu. Um 23:35:10 leitete der DHL-Pilot aufgrund der TCAS-Meldung ebenfalls den Sinkflug ein, den dazugehörigen Funkspruch hörte der Lotse nicht, da er an dem anderen Arbeitsplatz mit der landenden Maschine kommunizierte. Beide Flugzeuge waren nun im Sinkflug und weiter auf Kollisionskurs. Um 23:35:13 sprach der Lotse letztmalig mit den russischen Piloten und warnte sie irrtümlich vor einem Konfliktverkehr auf der rechten Seite, das DHL-Flugzeug kam jedoch von links. Etwa acht Sekunden vor der Kollision wies das TCAS-System die russischen Piloten an, den Steigflug zu beschleunigen: „Increase climb" (BFU, 2004, S. 10). Lediglich der Copilot kommentierte diese Meldung: „Steigen, sagte es! (‚climb' он говорит)" (BFU, 2004, S. 10). Keiner der anderen Crewmitglieder reagierte auf diesen Einwand. Eine Sekunde vor der Kollision kam es zum Sichtkontakt und der russische Pilot versuchte, die Tupolew noch stark hochzuziehen, doch es war zu spät. Um 23:25:32 kam es zur Kollision: Das Leitwerk der Boeing durchtrennte den Rumpf der Tupolew und beide Maschinen stürzten nördlich von Überlingen zu Boden. Es gab keine Überlebenden. Mit 71 Opfern, davon 49 Kinder, war es bis dato der folgenschwerste Flugunfall in Deutschland (BFU, 2004).

Frage zur Fallstudie:

Inwiefern spielt individuelles Fehlverhalten als Ursache für den Unfall eine Rolle?

23.3 Analyse

Bei den meisten Unfällen in der Luftfahrt lässt sich keine alleinige Ursache feststellen. Hier macht auch die Kollision über Überlingen keine Ausnahme. Es lässt sich eine Kombination von personeller Überbelastung, Missachtung von Vorschriften und unglücklicher Umstände erkennen, die zu diesem schwerwiegenden Unfall geführt hat (BFU, 2004).

Aus diesem Grund möchte ich mich in meiner Analyse auf die zwei meiner Meinung nach schwerwiegendsten Ursachen beschränken: die Situation des Fluglotsen und die Situation im Cockpit des russischen Flugzeugs.

Die Situation des Fluglotsen

In der Fallstudie lässt sich erkennen, dass der Lotse seiner Kernaufgabe der korrekten Staffelung der Flugzeuge zueinander unzureichend nachgekommen ist. Dies liegt vor allem in den seit Jahren durchgeführten Praktiken des schweizerischen Unternehmens Skyguide begründet. Gemäß Dienstplan waren in der Nachtschicht zwei Personen für den Luftraum Zürich zuständig. Ein Lotse war für das sogenannte Radar-Planning und der zweite für das Radar-Executive zuständig. Des Weiteren hatte ein Lotse Aufgaben der Dienstleitung zu übernehmen. Da für Fluglotsen alle zwei Stunden mindestens halbstündige Pausen vorgeschrieben sind, lässt sich mit einer zweiköpfigen Besetzung kein reibungsloser und vorschriftsgemäßer Betrieb aufrechterhalten. Es war üblich, dass ein Lotse in der verkehrsarmen Nachtschicht den Raum verlässt und erst in den frühen Morgenstunden an seinen Arbeitsplatz zurückkehrt. Das war in der Unglücksnacht der Fall. Diese Arbeitsweise führte zu einem Mangel an menschlicher Redundanz, da niemandem gemachte Fehler oder wie im vorliegenden Fall falsche Aufmerksamkeitsverteilung auffallen konnte. Das Prinzip der Redundanz gehört zu den wichtigsten Prinzipien in der zivilen Luftfahrt, da Systeme und Menschen fehlerhaft arbeiten können und eine Korrektur nur durch ein im Normalfall redundantes System erfolgen kann. Der Führung der Firma Skyguide war dieser Mangel seit Jahren bekannt, man unterließ es jedoch, diesen abzustellen (BFU, 2004).

Durch die Wartung der Flugsicherungssysteme entzog man dem Lotsen an jenem Abend wichtige technische Hilfsmittel, die ihn vor einer drohenden Kollision warnen sollten. Obwohl es sich bei der Wartung der Systeme um eine Standardprozedur handelte, zu denen man auch Dienstanweisungen herausgab, wurde es von der Führung der Firma Skyguide versäumt, den Umfang der Arbeiten den Lotsen mitzuteilen: „Eine Auflistung der erforderlichen Arbeiten und deren Auswirkungen auf die einzelnen Arbeitsplätze im ACC Zürich bei Abschaltung der Systeme im Nachtdienst war nicht Bestandteil der Weisungen" (BFU, 2004, S. 39). „Ein Hinweis, dass das System SWI-02 (Boden-Boden Direkt-Telefonverbindungen) abgeschaltet werden musste, fehlte." (BFU, 2004, S. 40).

Ungeachtet dessen wurde der Fluglotse während der Pause seines Kollegen mit den Aufgaben alleine gelassen. Durch die außerplanmäßige Landung eines Flugzeugs in Friedrichshafen sah sich der Lotse mit einer Menge an Aufgaben konfrontiert, die eigentlich von drei Lotsen an drei Monitoren betreut werden sollten. Durch den Ausfall der Telefonanlage gelang es ihm nicht, das landende Flugzeug an den Tower von Friedrichshafen weiterzuleiten. Dadurch verkomplizierte sich die Lösung einer seiner Aufgaben so sehr, dass er ihr zu viel Aufmerksamkeit beimessen musste und seiner Kernaufgabe, der sicheren Führung von Flugzeugen durch den Luftraum, nicht mehr nachkommen konnte. Die drohende Kollision wurde viel zu spät bemerkt. Erst nach Eingriff des TCAS, das als letzter Ausweg zur Kollisionsvermeidung konzipiert ist, gab er einen Sinkbefehl, obwohl ihm hätte klar sein müssen, dass das TCAS bereits ausgelöst hatte. Die Kolleg(innen)en der Flugsicherungszentrale Karlsruhe bemerkten die drohende Kollision rechtzeitig und versuchten Skyguide Zürich dreimal telefonisch zu erreichen, der Anruf kam aufgrund der ausgeschalteten Telefonanlage nicht durch. Ein direkter Kontakt mit den betreffenden Flugzeugen ist ihnen gemäß Luftfahrtverkehrsgesetz untersagt (BFU, 2004). Nach der hastigen Sinkanweisung an das russische Flugzeug wechselte der Lotse wieder seinen Arbeitsplatz, um sich wieder dem landenden Flugzeug in Friedrichshafen zuzuwenden, da dieses ebenfalls seine volle Aufmerksamkeit forderte. Erst als er das Problem mit dem landenden Flugzeug lösen konnte, wendete er sich wieder den beiden Flugzeugen zu. Der Zusammenstoß war zu diesem Zeitpunkt jedoch schon geschehen (BFU, 2004).

Obwohl dem Fluglotsen in diesem Fall der Vorwurf der falschen Prioritätensetzung gemacht werden muss, liegt die Ursache für seine Fehler viel mehr in den Personalmanagementmethoden der Firma Skyguide. Wie hier dargestellt wurde, haben sich gefährliche und geltendes Recht verletzende Normen im täglichen Betriebsablauf eingeschlichen, die von der Führung gebilligt wurden und maßgeblich zum Unfall beigetragen haben.

Die Situation im Cockpit der russischen Piloten

Wie aus der Fallstudie zu entnehmen ist, hat die Crew der Tupolew ein Manöver durchgeführt, das der Anweisung des TCAS widersprach. Dies liegt u. a. in dem weltweit nicht einheitlichen Regelwerk zur Anwendung des TCAS begründet: „Das für ACAS/ TCAS II von der ICAO veröffentlichte Regelwerk und in der Folge damit auch die Regelungen der nationalen Luftfahrtbehörden sowie die Betriebs- und Verfahrensanweisungen des TCAS-Herstellers und der Luftfahrtunternehmen waren nicht einheitlich, lückenhaft und teilweise in sich widersprüchlich." (BFU, 2004, S. 112).

Da in der Russischen Föderation das TCAS 2002 noch nicht vorgeschrieben war, wurde es nur auf Flügen in Länder eingesetzt, in denen TCAS verpflichtend war. Dementsprechend hatte die Crew, obwohl fliegerisch gut ausgebildet und sehr erfahren, in der Praxis kaum Erfahrung mit dem TCAS. Nach einer einmaligen Ausbildung im Umgang mit dem System war der Kommandant der Tupolew, mit lediglich zwölf Flügen in Regionen, in denen TCAS Vorschrift ist, das erfahrenste Crewmitglied im Umgang mit dem System (BFU, 2004). Im Gegensatz dazu war das TCAS-Training der DHL-Piloten Bestandteil jedes Flugsimulator-Trainings (BFU, 2004).

Im weiteren Verlauf möchte ich noch genauer auf Entscheidungsfindung im Cockpit eingehen. Obwohl die russischen Piloten mit dem TCAS wenig Erfahrung hatten, wurden, bis auf den Flugingenieur, alle Crewmitglieder hinsichtlich der Funktionsweise geschult. Bei allen vier Besatzungsmitgliedern lag die TCAS-Ausbildung keine zwei Jahre zurück. Wieso haben sie dennoch gegen die Anweisungen des Systems gehandelt (BFU, 2004)?

Zur Beantwortung dieser Frage analysiere ich die Entscheidungsfindung mithilfe des Gruppendenkens nach Janis (1972) und den Kulturdimensionen nach Hofstede (1980).

Gruppendenken nach Janis (1972)

Janis beschreibt in seiner Theorie u. a., dass Menschen, wenn sie in einer Gruppe arbeiten, in einen Modus verfallen, in dem sie sich so sehr um vollständige Übereinstimmung bemühen, dass alternative Ansätze nicht in Erwägung gezogen werden. In diesem Modus wird nur eine Meinung geduldet, die häufig von einer charismatischen und angesehenen Führungsperson der Gruppe kommt. Die Gruppe glaubt so sehr an ihre eigene Überlegenheit, dass eine fehlerhafte Entscheidung nicht in Betracht gezogen wird. Ausgangsbedingungen, die Gruppendenken fördern, sind: hohe Kohäsion der Gruppe, Isolierung, Stress und autoritäre respektive charismatische Führung (Janis, 1972).

Im Falle der Crew der russischen Piloten lässt sich eine recht stark ausgeprägte Form des Gruppendenkens feststellen. Die Ausgangsbedingungen, die Gruppendenken fördern, waren ausnahmslos erfüllt: Die Fluggesellschaft Bashkirian Airlines war relativ klein und die Crew flog sehr oft in ähnlicher Besetzung. Die Gruppe war demzufolge sehr kohäsiv und im Cockpit logischerweise auch stark isoliert. Der verantwortliche Pilot bzw. Kommandant war sehr erfahren, aber auch recht autoritär. Es herrschte ein verhältnismäßig hohes Autoritätsgefälle im Cockpit. So hat der verantwortliche Pilot die Entscheidung der Anweisung des Lotsen zu folgen eigenmächtig entschieden, obwohl eine Rücksprache mit der restlichen Crew hier die demokratischere und bessere Wahl gewesen wäre. In der Stresssituation des drohenden Zusammenstoßes wurden Symptome des Gruppendenkens deutlich: So wurde der Hinweis des Copiloten zur „Climb"-Meldung des TCAS ignoriert und die eigenmächtige Entscheidung des verantwortlichen Piloten zum Sinkflug wurde von keinem Crewmitglied hinterfragt (BFU, 2004).

Warum aber herrschte ein so hohes Autoritätsgefälle im Cockpit? Eine Antwort können hier die Theorien zu den Kulturdimensionen von Geert Hofstede geben.

Die Kulturdimensionen nach Hofstede (1980)

Das Modell nach Hofstede beschreibt sechs Dimensionen einer Kultur, in denen jedes Land, je nach Höhe der Ausprägung, eine bestimmte Anzahl an Punkten (0–100 Punkte) erhält. Durch Befragung von über 116.000 Beschäftigten multinationaler Unternehmen in 40 Ländern konnte Hofstede aussagekräftige Daten sammeln und individuelle Werte für die Länder berechnen. Im vorliegenden Fall möchte ich mich auf die Dimensionen Machtdistanz und Unsicherheitsvermeidung beschränken. Von den Ausprägungen der Dimensionen Machtdistanz und Unsicherheitsvermeidung lassen sich bestimmte Verhaltensweisen ableiten, die für ein Land typisch sind (Hofstede, 1980).

Russland erreicht in der Dimension Machtdistanz 93 Punkte. Dieser hohe Wert spricht für eine Kultur, in der ranghöhere Vorgesetzte kaum hinterfragt werden (Hofstede, Hofstede, & Minkov, 2010).

Im vorliegenden Fall wird dies besonders deutlich: Die russische Crew hinterfragte ihren Kommandanten nicht und auch der Kommandant zweifelte die Anweisung seines Vorgesetzten (in diesem Moment der Fluglotse) nicht an. Es fällt auf, dass der Copilot als einziges Crewmitglied dem TCAS Bedeutung beimisst und er seine Meinung auch mitteilen möchte. Er weist zweimal auf die anderslautende TCAS-Anweisung hin, tut dies aber ohne die Entscheidung des Kommandanten zu kritisieren: „Es (TCAS) sagt (говорит) ‚steigen' [...] „Steigen, sagte es! (‚climb' он говорит)" (BFU, 2004, S. 10). Es ist zu vermuten, dass ein Copilot aus einer Kultur mit geringerer Machtdistanz seinen Kommandanten direkter kritisieren würde und dieses Verhalten zu einer anderen Entscheidung geführt hätte (Hofstede, 2003).

In der Dimension Unsicherheitsvermeidung erreicht Russland 95 Punkte. Daraus lässt sich ableiten, dass in der russischen Kultur schnelle Lösungen bevorzugt werden, da der Zustand der Unsicherheit als sehr unangenehm empfunden wird. In der Unglücksnacht war die russische Crew froh, dass überhaupt jemand eine Entscheidung gefällt hat, eine Diskussion dieser hätte sie wieder in den Zustand der Unsicherheit geführt, den sie unbedingt vermeiden wollten (Hofstede, Hofstede, & Minkov, 2010).

Die im vorherigen Absatz angeführten Verhaltensweisen der russischen Cockpitcrew lassen sich somit theoretisch auch durch die Eigenheiten der russischen Kultur erklären (Hofstede, 2003).

Es ist somit anzunehmen, dass die russischen Piloten auch auf Grund ihrer russischen Staatsbürgerschaft einem direkten Befehl eines Vorgesetzten mehr Beachtung schenkten, als einem System, das selbst in der Betriebsanleitung der TU154M als Unterstützung und nicht als äquivalent zu einem Vorgesetzten aufgeführt war: „Das TCAS-System ist ein zusätzliches Mittel, dass die rechtzeitigen Feststellung entgegenkommender Flugzeuge, die Klassifizierung des Gefahrenpotentials und, falls erforderlich, die Ausarbeitung eines Kommandos zur Durchführung eines vertikalen Manövers gewährleistet." (BFU, 2004, S. 54).

Beurteilung der Theorien im Bezug zur Fallstudie

Die Theorie des Gruppendenkens kann die Handlungen der russischen Piloten relativ genau erklären, da Symptome dessen klar erkennbar sind und alle Ausgangsbedingungen zur Bildung desselbigen gegeben waren. Ich würde sogar soweit gehen und behaupten, dass Gruppendenken den Unfall maßgeblich verursacht hat.

Auch die Kulturdimensionen nach Hofstede lassen sich sehr gut auf den Fall anwenden: Die Einflüsse der russischen Kultur spiegeln sich in dem Verhalten der Tupolew-Crew eindeutig wider. Es ist jedoch zu beachten, dass jeder Mensch zu individuell ist, um seine Entscheidungen und Handlungen allein an seiner Kultur zu erklären. Daher bewerte ich die Einflüsse der russischen Kultur als Faktor, der den Unfall, gerade in Verbindung mit dem Gruppendenken, begünstigt hat, jedoch nicht als unmittelbare Ursache dessen.

Es wird deutlich, dass individuelles Fehlverhalten eine geringe Rolle bei der Kollision gespielt hat, auch wenn der Lotse am Unfall klar beteiligt war. Die Schuld allein beim Fluglotsen zu suchen, greift jedoch zu kurz. Rechtswidrige Normen in der Gestaltung des Arbeitsablaufs bei Skyguide, Gruppendenken bei der russischen Crew und auch kulturelle Unterschiede sind hier die zu benennenden Ursachen.

23.4 Handlungsempfehlungen auf Basis der Erkenntnisse

Da der Unfall schon mehrere Jahre zurückliegt, wurden die Sicherheitsempfehlungen, die die Bundesstelle für Flugunfalluntersuchung herausgegeben hat, in der Luftfahrt schon umgesetzt. In der Analyse aufgedeckte Missstände wurden beseitigt und die Luftfahrt ist heute um einiges sicherer geworden.

Ich möchte auf Basis meiner gewonnenen Erkenntnisse im Rahmen der Analyse hinsichtlich der angewendeten Theorien noch Folgendes hinzufügen: Gruppendenken ist nicht nur schädlich in Unternehmen, sondern kann, wie im vorliegenden Fall, sogar tödliche Unfälle verursachen. Eine Lösung wäre hier eine stärkere Rotation der Cockpitbesatzungen, um kohäsive Gruppen aufzubrechen, sowie flachere Hierarchien im Cockpit, um vermeidbare Ausgangsbedingungen für Gruppendenken zu eliminieren.

Weiterhin ist ersichtlich geworden, dass auch kulturelle Unterschiede für die Luftfahrt gefährlich sein können. Die Vereinigten Staaten entwickelten das TCAS auf Grundlage ihres kulturellen Verständnisses. Die Kollision von Überlingen zeigt jedoch, dass das System nicht überall auf der Welt gleich umgesetzt und gleich verstanden wurde. Da die Lösung kultureller Unterschiede nicht möglich ist, sollte in Zukunft darauf geachtet werden, neue Systeme in der Luftfahrt unter größerer Beachtung dieses Umstands zu entwickeln.

Literatur

Bundesstelle für Flugunfalluntersuchung (2004). Untersuchungsbericht. Verfügbar unter https: //www.bfu-web.de/DE/Publikationen/Untersuchungsberichte/2002/Bericht_02_AX001-1- 2.pdf;jsessionid=263F55AB9C83D80D100E23B2823D8DF5.live21302?__blob=publicationFile (letzter Aufruf: 17.05.2019).

Hofstede, G. (1980). *Culture's Consequences: International Differences in Work Related Values*. Newbury Park CA: Sage Publications.

Hofstede, G. (2003). *Culture's consequences: Comparing values, behaviors, institutions, and organizations across nations* (2. Auflage). Thousand Oaks CA: Sage Publications.

Hofstede, G., Hofstede, G. J. & Minkov, M. (2010). *Cultures and organizations: Software of the mind* (Revised and Expanded 3rd Edition). New York NY: McGraw-Hill.

Janis, I. L. (1972). *Group Think: A Psychological Study of Foreign Policy Decisions and Fiascoes*. Oxford: Houghton Mifflin.

Niclas Olschenka

24 Die Katastrophe der Loveparade 2010 in Duisburg

24.1 Fallstudie

Bei der 19. Veranstaltung der Loveparade am 24. Juli 2010 in Duisburg ereignete sich eine der größten Katastrophen, die es jemals bei Großveranstaltungen in Deutschland gegeben hat. Während dieser Technoparade entstand dieses verheerende Unglück aufgrund nachweisbarer Organisationsfehler in der Planung dieser Veranstaltung. An diesem Tag verloren 21 Menschen aus sieben verschiedenen Ländern ihr Leben, weitere 541 Menschen wurden schwer verletzt (Wikipedia, 2018a).

Zunächst wurde eine Massenpanik als Grund für dieses Unglück herangezogen, doch im Laufe der Untersuchungen zu diesem Unglück stellten sich einige fatale Organisations- und Kommunikationsfehler als Grund für dieses Unglück heraus. Daraufhin begann eine dauerhafte Schuldzuweisung unter den beschuldigten Parteien. Die Loveparade ist eine Techno-Musikveranstaltung, die in den Jahren von 1989 bis 2010 veranstaltet wurde und stets hunderttausende Besucher/-innen anlockte. Bis zum Jahr 2006 fand diese Parade in Berlin statt. Der Leiter der Loveparade-Veranstaltung und zugleich Inhaber einer Fitnessstudiokette, Rainer Schaller, beschloss im Februar 2007 diese Veranstaltung von Berlin ins Ruhrgebiet zu verlegen. Dort sollte sie in wechselnden Standorten stattfinden. Im Juni 2007 entschließ sich die Stadt Duisburg einstimmig für eine Ausrichtung der Loveparade. Die Stadt Bochum hingegen entschied sich im Jahr 2009 gegen eine Ausrichtung der Loveparade aufgrund mangelnder Infrastruktur und Voraussetzung für ein Event von solcher Größe (Wikipedia, 2018a).

Nachdem die Stadt Duisburg im Jahr 2007 eine Austragung der Loveparade genehmigte, stand bis Anfang 2010 noch kein Veranstaltungsort fest. Bereits im Februar 2009 äußerte der damalige Polizeipräsident von Duisburg Bedenken aufgrund von enormen Sicherheitsmängeln, dieser wurde jedoch kurze Zeit später pensioniert. Ende 2009 trafen sich die beteiligten Parteien, da es bereits „[...] Bedenken zu Engstellen und Sicherheitsrisiken [...]" (Stern, 2016) gab. Daraufhin wurde verlangt, ein Gutachten zu erstellen, das die Sicherheit des Veranstaltungsgeländes und der Zu- und Abwege überprüfen sollte. Dieses Gutachten wurde jedoch erst zwei Monate vor Beginn der Loveparade im Mai 2010 in Auftrag gegeben. Über eine Absage der Loveparade wurde jedoch zu keinem Zeitpunkt von Seiten der Stadt gedacht, da die Angst vor einem Imageschaden überwiegte (Stern, 2016).

Am 14. Juni 2010 fehlten immer noch wichtige Unterlagen von Seiten des Veranstalters, wie das Brandschutzkonzept und ein Sicherheitskonzept. Bei einem erneuten Treffen der Parteien wurde bereits vor zu wenigen Fluchtwegen gewarnt (Stern, 2016).

https://doi.org/10.1515/9783110697308-024

Einen Monat vor Beginn der Loveparade, am 25. Juni 2010, legte der Veranstalter ein neues Konzept vor, in dem die Besucher/-innen durch einen Tunnel zum Festivalgelände gelangen und durch den selbigen das Gelände wieder verlassen sollten, da das Gelände eingezäunt war. Aufgrund der hohen erwarteten Besucherzahlen hielt die Bauaufsicht dieses Konzept für nicht durchsetzungsfähig. Bei einer Besprechung zwischen der Polizei und Staatsanwaltschaft Duisburgs über das Konzept der Veranstaltung ergab sich jedoch, dass die Polizei keine Bedenken hatte in Bezug auf die Ausrichtung der Loveparade. Die Loveparade wurde dem Veranstalter daraufhin erst vier Tage vor Beginn des Festivals offiziell genehmigt (Stern, 2016).

Der Innenminister von Nordrhein-Westfalen sagte der Presse einen Tag vor Beginn der Veranstaltung noch bedenkenlos: „Alle sind hoch motiviert und haben sich professionell vorbereitet" (Stern, 2016).

Am 24. Juli 2010 öffnete der Veranstalter um etwa 12 Uhr mittags die Tore zur Veranstaltung. Bereits tausende Menschen warteten auf den Einlass und strömten in den Tunnel, der aus zwei Richtungen zum Festivalgelände führte. In der Mitte trafen sich diese Menschenströme an einer Rampe, die zum Gelände hinaufführte. Bereits zu diesem Zeitpunkt erkannte das Ordnungsamt, dass der westliche Tunnel zu 100 % ausgelastet war, dabei hatte man nur mit einer Auslastung von 50 % gerechnet. Am Ende der Rampe fuhren 16 Paradewagen um ein altes Gebäude herum, da dieses Jahr kein Umzug durch die Stadt möglich war. Unter anderem deshalb entstand an der Rampe zum Gelände der Veranstaltung eine Menschenmasse, die danach als Pfropf bezeichnet wurde, da die Besucher/-innen dort oben stehen blieben, um die Paradewagen zu betrachten oder vorbei fahren zu lassen. Damit so etwas nicht passiert, werden bei solchen Großveranstaltungen normalerweise sogenannte Pusher eingesetzt, die die Menschen weiterführen und einen solchen Pfropf verhindern sollen. Diese waren jedoch nicht ausreichend vorhanden und konnten deshalb dieses Problem nicht beheben (Stern, 2016).

Auch ein Befehl, die Eingangstore wieder zu schließen und so den Zustrom weiterer Besucher/-innen zu vermeiden, konnte nicht vom Gelände an die Polizei weitergegeben werden, da die Handynetze aufgrund von Überlastung nicht funktionierten. Jedoch ist dies ein verhinderbares Problem. Normalerweise stellt die Polizei einen Antrag auf Rufnummer-Priorisierung bei solchen Veranstaltungen, da bereits bekannt ist, dass die Handynetze bei solchen Menschenmassen oft versagen. Dies wurde jedoch von der Polizei vorher nicht gemacht. Erst nach 30 Minuten um 15:45 Uhr begann die Polizei Polizeiketten aufzustellen, um weitere Besucher/-innen daran zu hindern, zur Rampe zu drängen. Diese Menschenkette hielt jedoch nicht stand und die Menschenmasse geriet außer Kontrolle. Die Menschen auf der Rampe versuchten einen Ausweg zu finden, was dazu führte, dass Menschen auf den Boden stürzten und unter den Massen nicht mehr hervorkamen. Viele Besucher/-innen sahen eine kleine Treppe am Rand der Rampe als Ausweg aus dieser Katastrophe, jedoch wurde diese zur Todesfalle, da Besucher/-innen abstürzten oder bei dem Versuch dorthin zu gelangen Quetschungen und Verletzungen erlangten, die schließlich lebensgefährlich waren (Stern, 2016).

Erst um 17 Uhr kam eine Meldung bei der Polizeizentrale an, in der von Toten und Verletzten berichtet wurde. Die Veranstaltung wurde jedoch an der Hauptbühne weitergeführt, um eine noch größere Massenpanik zu verhindern. Dieser Entschluss wurde im Nachhinein als eine der einzig richtigen Entscheidungen bezeichnet. Bis 17 Uhr sprachen die Veranstalter noch von einer erfolgreichen und friedlichen Loveparade 2010 (Stern, 2016).

Erst am Abend wurde das Ausmaß der Katastrophe deutlich. Bereits zu diesem Zeitpunkt gab es 19 Tote an der Rampe zum Festivalgelände zu beklagen, weitere 650 wurden verletzt, viele schwer bis lebensgefährlich. Tage danach verloren noch zwei weitere Frauen im Krankenhaus ihr Leben aufgrund der Verletzungen. Der Selbsthilfeverein LoPa 2010 e. V. gab im Juli 2014 außerdem bekannt, dass mindestens sechs weitere Überlebende aufgrund der seelischen Belastungen Suizid begangen haben (Wikipedia, 2018a).

Am 25. Juli 2010 verkündete der Veranstalter der Loveparade Rainer Schaller, dass die Loveparade aufgrund dieser Katastrophe nicht mehr veranstaltet wird. Sie war bereits für 2011 in Gelsenkirchen geplant. Wie oben genannt wurde als Grund für dieses Unglück zunächst auf eine Massenpanik verwiesen. Da die Untersuchungen menschliche Fehler aufdeckten, begann ein Prozess. Dieser Strafprozess begann jedoch erst am 8. Dezember 2017. In diesem Prozess gab es zehn Angeklagte, darunter vier Beschäftigte des Veranstalters Lopavent und sechs Mitarbeitende der Stadtverwaltung, u. a. der Stadtentwicklungsdezernent und die für Baurecht und Bauberatung zuständigen Amtsleitenden (Wikipedia, 2018a). Weder der Veranstalter Rainer Schaller noch der damalige Oberbürgermeister von Duisburg, der gegen seinen Willen mit großer Mehrheit von den Bürgern Duisburgs abgewählt wurde, wurden angeklagt. Dies führte zu einer großen Empörung unter den Betroffenen (SpiegelOnline, 2017). Im Mai 2020 wurde der Prozess ohne ein Urteil aufgrund der Verjährung eingestellt.

24.2 Analyse

Im folgenden Abschnitt dieser Arbeit werden die einzelnen Aspekte, die zur Katastrophe der Loveparade geführt haben, erneut aufgegriffen und analysiert. Der Schwerpunkt der Analyse liegt darin, die begangenen Fehler zu identifizieren, die Entstehung dieser zu erläutern und Möglichkeiten aufzuzeigen, solche Fehler bei zukünftigen Organisationen zu verhindern.

Die Fehlerkette, die zu diesem tragischen Unglück führte, beginnt bereits drei Jahre vor der Ausrichtung der Loveparade in Duisburg. Im Jahr 2007 hat sich die Stadt Duisburg dazu entschlossen, die Loveparade 2010 auszutragen (vgl. Wikipedia, 2018b). Dieser Entschluss wurde gefasst, nachdem lediglich die Rahmenbedingungen geklärt wurden, wie das gewählte Veranstaltungsgelände. Ein fundiertes Veranstaltungs- und Sicherheitskonzept für eine solche Großveranstaltung lag hier noch nicht vor (vgl. Wikipedia, 2018b; WDR, 2010).

Eine Möglichkeit zu erklären, weshalb eine Gruppe von Menschen eine solche Entscheidung trifft, bietet in diesem Fall die Ressourcenabhängigkeitstheorie. Einen Ansatz dazu findet man in dem Buch „Grundlagen moderner Organisationsgestaltung" von Georg Schreyögg und Daniel Geiger.

Schreyögg und Geiger beschreiben in ihrem Buch verschiedene Umweltdimensionen, die Entscheidungen von Menschen beeinflussen können. Eine dieser Umweltdimensionen ist der „[...] Umweltdruck oder die Illiberalität" (Schreyögg & Geiger, 2016, S. 198). Diese Umweltdimension beschreibt, dass Organisationen und Menschen Kräften ausgesetzt sind, die durch ihre Umwelt entstehen. Wie sehr diese Kräfte die Organisation beeinflussen, ist nicht pauschal nennbar, da dies von der Konstitution der Organisation abhängig ist.

Bezieht man nun diese Theorie auf die Entscheidung der Stadt Duisburg, die Loveparade austragen zu wollen, lassen sich mögliche Kräfte benennen, die diese Entscheidung beinflusst haben. Eine Kraft ist die Politik, da die Austragung der Loveparade in Duisburg gewünscht wurde. Die Veranstaltung sollte aus Imagegründen unbedingt ausgeführt werden. „Eine Absage könne daher lediglich aus gravierenden Sicherheitsbedenken erfolgen" (Zeit, 2010), hieß es vom damaligen Ministerpräsidenten des Landes Nordrhein-Westfalen (NRW) Jürgen Rüttgers. Diese Aussagen des Ministerpräsidenten von NRW erzeugten Druck auf den Veranstalter und die Menschen, die für die Planung der Loveparade zuständig waren. Deshalb könnten diese erzeugten Kräfte seitens der Politik ein Grund dafür sein, dass erste Bedenken seitens des Polizeipräsidenten im Jahr 2009 schlicht ignoriert wurden.

Ein Gegenbeispiel bietet in diesem Fall die Stadt Bochum, die sich ebenfalls im Gespräch befand, die Loveparade 2010 auszutragen. Im Gegensatz zur Stadt Duisburg stimmte Bochum gegen eine Ausrichtung der Technoparade, da man trotz der möglichen Vorteile einer solchen Veranstaltung sich zunächst darauf konzentrierte, ob die Stadt überhaupt in der Lage ist, eine sichere Veranstaltung auszutragen. Aufgrund mangelnder Infrastruktur und anderer Voraussetzungen entschloss man sich trotz den genannten Einflussfaktoren, die die Stadt Duisburg hingegen zu einer Austragung bewog, wie dem Druck der Umwelt, gegen die Loveparade 2010 (vgl. Wikipedia, 2018b).

In der Zeit nach der Loveparade-Katastrophe begann eine dauerhafte Schuldzuweisung unter den Verantwortlichen der Loveparade. Doch ein expliziter Schuldige lässt sich auf den ersten Blick nicht identifizieren, da ein Großteil der Entscheidungen bezüglich der Planung in einer Gruppe von Menschen getroffen wurde. Betrachtet man nun den Aspekt der Gruppenentscheidung, stellt sich schnell die Frage, weshalb viele Menschen gemeinsam die begangenen Fehler nicht erkannt bzw. nicht beachtet haben.

Um dieses Fehlverhalten zu erklären, eignet es sich, die Theorie „Groupthink" des Psychologen Irving L. Janis auf den Fall zu beziehen. Die Theorie versucht zu erklären, weshalb eine Gruppe von normalerweise fachkundigen Menschen dazu neigt, schlechte Entscheidungen zu treffen. Janis ist der Meinung, dass grundsätzlich alle Menschen anfällig sind, in das Schema des Gruppendenken zu verfallen, wenn sie Entscheidungen in einer Gruppe treffen (Janis, 1972; Kuntz, 2007).

Damit das Problem des Groupthink überhaupt entstehen kann, müssen drei Voraussetzungen erfüllt werden, die „[...] in ihrem Zusammenspiel Groupthink-Tendenzen produzieren können" (Kuntz, 2007, S. 56). Diese drei Vorbedingungen werden nun erläutert und in Bezug auf den Fall der Loveparade 2010 analysiert.

Die erste Bedingung ist die Gruppenkohärenz. Gruppenkohärenz beschreibt das Gefühl der Gemeinschaft in einer Gruppe, welches dazu führt, dass Gruppenmitglieder dazu bereit sind, ihre eigenen Bedürfnisse hintenanzustellen und gewisse Risiken einzugehen (Kuntz, 2007). „Wenn kritisches und unabhängiges Denken in sozialen Gruppen durch starken Druck zur Übereinstimmung untergraben wird, bezeichnet Janis dies als ‚Gruppendenken'" (Manstead & Semin, 1997, S. 80).

Dieser Zusammenhalt war ebenfalls in der Planung der Loveparade zu beobachten, da dort zumeist die gleiche Gruppe an Entscheidungsbefugten tätig war und sie das gemeinsame Ziel hatten, die Loveparade unbedingt auszuführen, das durch den obengenannten Druck der Politik verstärkt wurde (vgl. Jacobsen, 2010). Durch diesen Willen hat sich in der Gruppe die Gruppenkohärenz entwickelt, was dazu führte, dass Risiken eingegangen wurden, wie z. B. das Tolerieren von fehlenden Sicherheitsunterlagen bis kurz vor Beginn der Veranstaltung.

Die nächste Voraussetzung bezieht sich auf die strukturellen Aspekte der Entscheidungsträgergruppe (Kuntz, 2007). Der erste Aspekt ist die „Isolation der Entscheidungsträgergruppe" (Kuntz, 2007, S. 57), diese Isolation war bei der Gruppe der Entscheider der Loveparade vorhanden. Dies erfüllt ebenso das zweite Kriterium, das Fehlen einer unabhängigen Partei in der Entscheidungsfindung (Kuntz, 2007). Die dritte Bedingung, das „Fehlen von Normen hinsichtlich der Methoden und Prozeduren, um mit der Aufgabe zu verfahren [...]" (Kuntz, 2007, S. 57), wird ebenfalls bei der Loveparade deutlich, da eine geregelte Organisation nicht vorhanden war und dadurch z. B. im Fall der Loveparade das Veranstaltungsgelände erst kurz vor Beginn der Veranstaltung gefunden wurde.

In Bezug auf die genannten strukturellen Merkmale des Entscheidungsprozesses lässt sich ein weiterer Abschnitt in der Organisation der Loveparade erläutern, der für viel Unverständnis gesorgt hat: die Genehmigung, die Loveparade auf dem genannten Gelände mit dem vorgestellten Konzept zu veranstalten, welche erst vier Tage vor dem Event von der Polizei erteilt wurde. Diese Genehmigung wurde erteilt, trotz der Meinung der Bauaufsicht, die dieses Konzept für nicht durchsetzungsfähig erklärte (vgl. Hebel, 2010). Solch ein Verhalten seitens der Polizei tritt in komplexen Entscheidungssituationen häufig auf. Dieses Verhalten wird Kontraktion genannt und beschreibt, dass die Entscheidungsgruppe in komplizierten Situationen weniger Informationen von außen aufnimmt (Kuntz, 2007). Diese Isolation der kohäsiven Gruppe führt dazu, dass die Mitglieder „[...] Experteninformationen und kritische Bewertungen von anderen Organisationsmitgliedern oder Außenstehenden [...]" (Kuntz, 2007, S. 57) nicht beachten und somit Fehler begangen werden, die im Normalfall verhindert werden können. Im Falle der Loveparade wurden die kritischen Bewertungen nicht beachtet, welche das Unglück hätten verhindern können.

Nachdem nun die Kohärenz und die strukturellen Aspekte, die zu prozeduralen Mängeln führen, in Bezug auf die Fallstudie erläutert wurden, folgt die finale Bedingung für Groupthink, der stressproduzierende situative Kontext.

Der stressproduzierende situative Kontext beschreibt, dass Stress zusätzlich in einer Entscheidungsfindung bei den einzelnen Gruppenmitgliedern dazu führen kann, dass die Mitglieder „[...] wenig Hoffnung auf eine bessere Lösung [...]" (Kuntz, 2007, S. 58) haben und sich umso mehr auf ihren Plan fokussieren. Des Weiteren führt der zusätzliche Stress in dieser Situation zu einem erneuten Anstieg der oben beschriebenen Gruppenkohärenz.

Dieser stressproduzierende situative Kontext ist in der Planung eindeutig zu finden, da die Mitglieder der Planung unter enormen Zeitdruck standen, da die Planung erst im Jahr 2010 begann und bis kurz vor der Austragung der Veranstaltung nicht abgeschlossen wurde (vgl. Hebel, 2010). Der Zeitdruck wird von Kuntz als ein expliziter Aspekt dieser Vorbedingung beschrieben, der die Tendenzen der Groupthink-Symptome verstärkt (Kuntz, 2007). Somit könnte der Zeitdruck in der Planung der Loveparade als ein möglicher Anhaltspunkt betrachtet werden, um zu erklären, weshalb Entscheidungen, die in späterer Hinsicht als fatal empfunden wurden, trotzdem getroffen worden sind.

Die Folge einer Erfüllung aller Vorbedingungen für Groupthink, wie im Fall der Loveparade erläutert, führt zu unterschiedlichen Groupthink-Symptomen. Im Falle der Loveparade lässt sich ein Symptom explizit erörtern: die Selbstüberschätzung der Gruppe. Dieses Symptom ist zutreffend, da die Verantwortlichen nach der Loveparade-Katastrophe versucht haben, die Schuld anderen zuzuweisen, da sie ihrer Auffassung nach nicht an der Verursachung der Katastrophe schuld waren. Janis nennt diese Verhaltensweise die Illusion der Unverletzlichkeit, in der die Mitglieder der Gruppe in Folge ihrer Überschätzung „[...] die negativen Folgen ihrer Handlungsstrategie[n] herunterspielen [...]" (Kuntz, 2007, S. 60).

24.3 Fazit

In der Nachbetrachtung dieser Analyse zu der Katastrophe der Loveparade 2010 in Duisburg werden die begangenen Fehler und ihre Entstehung sichtbar. Die Analyse verdeutlicht, dass die Schuld an dieser Tragödie nicht bei einer einzelnen Person zu finden ist, da die Entscheidungen in einer Gruppe getroffen wurden. In dieser Gruppe entwickelte sich eine Dynamik, die zu diesem verheerenden Unglück beigetragen hat. Mithilfe der Groupthink-Theorie lassen sich Ansätze finden, um diese Dynamik der Entscheidungsgruppe zu erläutern, wie die genannte Gruppenkohärenz, der Zeit-druck und strukturellen Merkmale der Entscheidungsträgergruppe.

Außerdem stellte sich die Ressourcenabhängigkeitstheorie als eine Möglichkeit dar, mit dem Aspekt des Umweltdrucks, welcher seitens der Politik ausgeübt wurde, gewisse fragwürdige Entscheidungen zu erklären.

Schlussendlich ist festzuhalten, dass dieses Unglück der Loveparade 2010 verhin-derbar gewesen wäre, wenn man die oben beschriebenen Probleme und Aspekte der einzelnen Theorien frühzeitig erkannt und diesen entgegengewirkt hätte.

Literatur

Hebel, C. (2010). Der Weg zur Katastrophe. Die Chronologie der Loveparade-Genehmigung. Ver-fügbar unter https://www1.wdr.de/archiv/loveparade/loveparade366.html (letzter Aufruf: 30.09.2020).

Jacobsen, J. (2010). Loveparade-Unglück. Keiner ist ohne Schuld. Verfügbar unter https://www.zeit.de/gesellschaft/zeitgeschehen/2010-08/loveparadesicherheitskonzept-analyse/komplettansicht (letzter Aufruf: 30.09.2020).

Janis, I. L. (1972). Group Think: A Psychological Study of Foreign Policy Decisions and Fiascoes. Ox-ford: Houghton Mifflin.

Kuntz, F. (2007). Der Weg zum Irak-Krieg. Groupthink und die Entscheidungsprozesse der Bush-Regierung. Wiesbaden: Verlag für Sozialwissenschaften.

Manstead, A. S. R. & Semin, G. R. (1997). Methoden der Sozialpsychologie: Ideen auf dem Prüfstand. Berlin: Springer-Verlag.

SpiegelOnline (2017). Auftakt zum Love-Parade-Prozess: Die Akte Duisburg. Verfügbar unter http://www.spiegel.de/panorama/justiz/love-parade-prozess-in-duisburg-darum-geht-es-im-mammutverfahren-a-1181836.html (letzter Aufruf: 28.06.2018).

Spiegel TV Magazin (2011). Ermittlungsakte Love Parade (1/4) Chronik einer Katastrophe – Spiegel TV Magazin. [YouTube]. Verfügbar unter https://www.youtube.com/watch?v=OpdoirZVsspQ (letzter Aufruf: 07.05.2020).

Stern (2016). Loveparade in Duisburg: Chronologie einer Tragödie. Verfügbar unter https://www.stern.de/tv/loveparade-in-duisburg--chronologie-einer-tragoedie-6782118.html (letzter Auf-ruf: 28.06.2018).

Wikipedia (2018a). Loveparade. Verfügbar unter https://de.wikipedia.org/wiki/Loveparade#Ung%C3%BCck_bei_der_Loveparade_2010 (letzter Aufruf: 28.06.2018).

Wikipedia (2018b). Unglück bei der Loveparade 2010. Verfügbar unter https://de.wikipedia.org/wiki/Ung%C3%BCck_bei_der_Loveparade_2010#Ermittlungen_und_Strafverfahren (letzter Aufruf: 28.06.2018).

Stichwortverzeichnis

Abmahnung 139
Alters-Diversity-Management 18
Anreiz-Beitrags-Theorie 67
Arbeitsüberforderung 21
Arbeitsunzufriedenheit 71
Ausbildungsmotiv 40
Aushilfskraft 101
Bedürfnispyramide nach Maslow 110, 176
Benachteiligung von ausländischen Mitarbeitenden 93
Benachteiligung von Frauen 113
Bore-out 18
Destruktive Führung 151, 155
Einsatz von Familienmitgliedern 57
Einzelhandel 155
Entgeltungerechtigkeit 63
Etablierte und Außenseiter 104
Fehlentscheidung 165
Flugunfall 183
Gastronomie 53, 85
Geschäftsführung 149
Gruppendenken 187, 195
Gruppennorm 25
Job-Enlargement 19
Konflikt 85
Kündigung 65
Kulturdimensionen nach Hofstede 188
Leiharbeit 109
Leiharbeitsunternehmen 93
Leistungsmotivationstheorie nach McClelland 176
Mobbing am Arbeitsplatz 77
Muddling-Through-Modell 142
Narzissmus 155
Neoinstitutionalistische Organisationstheorie 167

Organisationsfehler 191
Personalbesetzung 32
Personalmangel 31
Pflegedienst 29
Qualitätszirkel 19
Ressourcenabhängigkeitstheorie 24, 34, 40, 93, 127, 136, 194
Sexuelle Belästigung 125, 133, 139
Theorie der statistischen Diskriminierung 113
Transaktionskostentheorie 55
Vertikale Kommunikation 18
Vertrauensarbeitszeit 47
Weg-Ziel-Theorie der Führung 85
XY-Theorie von McGregor 50
Zentralisation 33

https://doi.org/10.1515/9783110697308-025